A gestão da seguridade social brasileira

Entre a política pública e o mercado

Dados Internacionais de Catalogação na Publicação (CIP)
(Câmara Brasileira do Livro, SP, Brasil)

Silva, Ademir Alves da
A gestão da seguridade social brasileira : entre a política pública e o mercado / Ademir Alves da Silva. – 3. ed. – São Paulo : Cortez, 2010.

Bibliografia.
ISBN 978-85-249-1085-2

1. Previdência social – Brasil 2. Seguridade social – Brasil I. Título.

04-6249

CDD-368.400981

Índices para catálogo sistemático:

1. Brasil : Seguridade social : : Gestão : Serviços sociais
   368.400981

Ademir Alves da Silva

A gestão da seguridade social brasileira:
entre a política pública e o mercado

3ª edição
3ª reimpressão

A GESTÃO DA SEGURIDADE SOCIAL BRASILEIRA: entre a política pública e o mercado
Ademir Alves da Silva

*Conselho editorial:*Ademir Alves da Silva, Dilséa Adeodata Bonetti, Maria Lúcia Carvalho da Silva, Maria Lúcia Silva Barroco e Maria Rosângela Batistoni

Capa: DAC
Revisão: Maria de Lourdes de Almeida
Preparação de originais: Carmen Teresa da Costa
Composição: Linea Editora Ltda.
Assessoria editorial: Elisabete Borgianni
Secretaria editorial: Flor Mercedes Arriagada
Coordenação editorial: Danilo A. Q. Morales

Nenhuma parte desta obra pode ser reproduzida ou duplicada sem autorização expressa do autor e do editor.

© 2004 by Autor

Direitos para esta edição
CORTEZ EDITORA
Rua Monte Alegre, 1074 — Perdizes
05014-001 — São Paulo-SP
Tel.: (11) 3864-0111 Fax: (11) 3864-4290
E-mail: cortez@cortezeditora.com.br
www.cortezeditora.com.br

Impresso no Brasil — fevereiro de 2013

Aos meus pais Dirce e Noêmio.
À minha mulher Cris.
Aos meus filhos Rafael e André.

"... o pesquisador e o militante que habitam em mim nunca estão completamente separados. Enquanto cada um deles tem sua própria forma de rigor e paixão, meu objetivo é sempre o de atingir a unidade interna..." Lifton (1987: 14)

Agradecimentos

A Maria Lúcia Carvalho da Silva, por compartilhar do meu projeto, por estimular e apoiar sua realização e pela decisiva e segura orientação da tese de doutorado, agora convertida em livro.

À minha mulher, Cris, companheira e cúmplice, ocupando-se de seu mestrado em Direito Civil, pela carinhosa contribuição, compartilhando apreensões, trocando impressões, fazendo sugestões, permitindo estreita interlocução entre o Serviço Social e o Direito.

Aos meus alunos dos Cursos de Serviço Social e de Relações Internacionais, que me dão os mais fortes motivos para o constante aprimoramento intelectual e profissional.

Aos meus colegas assistentes sociais, especialmente da PUC-SP e da Secretaria Municipal de Assistência Social, pelo reconhecimento, respeito e estímulo à incessante busca de excelência na docência, na pesquisa e no exercício profissional do Serviço Social.

Aos meus pais, pela compreensão quanto ao tempo e energia exigidos para a elaboração deste trabalho e que deixei de dedicar a eles.

Sumário

Prefácio 19

Introdução 23

CAPÍTULO 1 — A gestão social na virada do século: entre a política pública e a estratégia de mercado 31

CAPÍTULO 2 — O Estado do Bem-Estar Social e a ofensiva neoconservadora: o *estado da arte* quanto à gestão social no capitalismo contemporâneo 55
 1. Natureza, características e finalidades do Estado do Bem-Estar Social 56
 2. Condicionantes históricos da emergência, consolidação, crise e reforma do Estado do Bem-Estar Social 62
 3. Regimes de Bem-Estar Social 65
 4. Crise capitalista, contradições, avanços e retrocessos do Estado do Bem-Estar Social 74

CAPÍTULO 3 — Desigualdade e mercantilização da gestão social na América Latina 89
 1. A questão da democracia 90
 2. A desigualdade social 103
 3. O ajuste neoliberal 111
 4. A reforma da seguridade social 115

CAPÍTULO 4 — As relações entre Estado e Sociedade: "novas" formas da gestão social no Brasil 137

1. O novo marco legal: organizações sociais, filantropia e terceiro setor 141

2. A "cidadania empresarial" e o voluntariado 156

3. Gestão das políticas sociais: municipalização ou desobrigação? 168

CAPÍTULO 5 — A reforma da Previdência Social brasileira: entre a repartição social e a competitividade mercantil 187

1. A Previdência Social pós-reforma de 1998 188

2. A polêmica pré-reforma de 2003 211

3. A previdência privada complementar e a estratégia incrementalista de privatização 223

Considerações finais 237

Bibliografia 245

Lista de quadros, tabelas e gráficos

Quadros

1. Capitalismo organizado e desorganizado 41
2. Modelos de Estado do Bem-Estar Social 67
3. Sistemas de Bem-Estar Social 71
4. Modelos europeus de Estado do Bem-Estar Social 73
5. Estágios do Estado do Bem-Estar Social 75
6. Problemas da Política Social na América Latina 118
7. Regime de capitalização: características e riscos 126
8. Modelo de Seguridade Social do Banco Mundial 130
9. Principais aspectos da reforma na América Latina 134
10. Organizações não-governamentais: organizações sociais, filantrópicas, terceiro setor 143
11. Sistema supletivo de saúde: os modelos de gestão privada da saúde 147
12. Modelo de balanço social 159
13. Planos de benefícios de entidades fechadas e de entidades abertas .. 225
14. Posições quanto à reforma da Previdência Social — 2003 234

Tabelas

1. Pobres e indigentes na América Latina — 1980-1999 104
2. O "mercado" de saúde no Brasil 146

3. Situação de habilitação dos municípios segundo as condições de gestão da NOB/SUS 01/96 174

4. Distribuição dos alunos por dependência administrativa — Brasil .. 175

5. Matrículas do ensino fundamental na rede pública — 1984-1998 — Estado de São Paulo 177

6. Assistência Social: habilitação para a gestão municipal — São Paulo 179

7. Transferências do FNAS para o FEAS e o FMAS — 2000 179

8. Despesa anual com Assistência Social — Orçamentos Estaduais — Função 8 183

9. Contribuição previdenciária dos funcionários ativos nos Estados 199

10. Desempenho da previdência privada aberta 227

11. Posição dos Fundos de Pensão — Agosto — 2001 229

Gráficos

1. América Latina: mudanças no coeficiente de GINI da distribuição de renda — 1990-1999 .... **105**

Lista de siglas

ABRAMGE	Associação Brasileira de Medicina de Grupo
ABRASPE	Associação Brasileira de Serviços de Saúde Próprios de Empresas
AFP	Administradora de Fundos de Pensão
AISS	Associação Internacional de Seguridade Social
ALADI	Associação Latino-americana de Integração — Grupo Andino
ALCA	Aliança de Livre Comércio para as Américas
ANFIP	Associação Nacional dos Fiscais de Contribuições Previdenciárias
BPC	Benefício de Prestação Continuada
BID	Banco Interamericano de Desenvolvimento
BIRD	Banco Internacional para a Reconstrução e o Desenvolvimento
CARICOM	Comunidade do Caribe
CEPAL	Comissão Econômica para a América Latina
CNAS	Conselho Nacional de Assistência Social
CNS	Confederação Nacional de Saúde
COFINS	Contribuição para o Financiamento da Seguridade Social
CONAMGE	Confederação Nacional de Auto-regulamentação das Empresas de Medicina de Grupo
CPC	Capitalização Parcial Coletiva
CPI	Capitalização Plena Individual
CPMF	Contribuição Provisória de Movimentação Financeira
CSLL	Contribuição Sobre o Lucro Líquido
CUT	Central Única dos Trabalhadores
EBES	Estado do Bem-Estar Social
EUA	Estados Unidos da América
FAPI	Fundo de Aposentadoria Programada Individual

FEF	Fundo de Estabilização Fiscal
FENAJUFE	Federação Nacional dos Trabalhadores do Judiciário Federal
FENASEG	Federação Nacional das Empresas de Seguros Privados
FGTS	Fundo de Garantia por Tempo de Serviço
FHC	Fernando Henrique Cardoso
FMI	Fundo Monetário Internacional
FEAS	Fundo Estadual de Assistência Social
FMAS	Fundo Municipal de Assistência Social
FNAS	Fundo Nacional de Assistência Social
GIFE	Grupo de Institutos e Fundações Empresariais
INSS	Instituto Nacional de Seguro Social
IPEA	Instituto de Pesquisas Econômicas Aplicadas
IRB	Instituto de Resseguros do Brasil
LRF	Lei de Responsabilidade Fiscal
MCCA	Mercado Comum Centro-Americano
MERCOSUL	Mercado Comum do Sul
MPAS	Ministério da Previdência e Assistência Social
NAFTA	Acordo de Livre Comércio da América do Norte
NOB	Norma Operacional Básica
OCDE	Organização para a Cooperação e o Desenvolvimento Econômico
OIT	Organização Internacional do Trabalho
ONG	Organização Não-Governamental
ONU	Organização das Nações Unidas
OS	Organização Social
OSCIP	Organização da Sociedade Civil de Interesse Público
PAS	Plano de Atendimento à Saúde
PASEP	Patrimônio do Servidor Público
PEA	População Economicamente Ativa
PEC	Proposta de Emenda Constitucional
PGBL	Plano Gerador de Benefícios Líquidos
PIB	Produto Interno Bruto
PIS	Programa de Integração Social
PREVI	Fundo de Pensão do Banco do Brasil
PROER	Programa de Estímulo à Reestruturação do Sistema Financeiro Nacional
PROES	Programa de Reestruturação do Sistema Financeiro Estadual

RGPS	Regime Geral da Previdência Social
RPPS	Regime Próprio de Previdência Social
SEAS	Secretaria de Estado de Assistência Social
SINAMGE	Sindicato Nacional das Empresas de Medicina de Grupo
SPC	Secretaria de Previdência Complementar
SUS	Sistema Único de Saúde
SUSEP	Superintendência de Seguros Privados
UNAFISCO	Sindicato dos Auditores Fiscais da Receita Federal
UNIMED	Cooperativa Médica
VGBL	Vida Gerador de Benefício Líquido (plano de benefícios)

Prefácio

Nas duas últimas décadas testemunhamos um significativo avanço do protagonismo político/profissional do Serviço Social em nossa sociedade. Esse protagonismo manifesta-se de inúmeras formas, entre as quais merece especial referência a inserção dos profissionais nas lutas pela construção de direitos sociais na esfera pública. Como afirma o professor Francisco de Oliveira, "a categoria está em todos os conselhos de defesa e promoção de direitos sociais, numa incessante atividade. Deve-se dizer que sem os assistentes sociais a criação e a invenção de direitos no Brasil não teria conhecido os avanços que registra" (Oliveira, 2003).

A inserção do Serviço Social no campo da defesa das políticas de Proteção Social e particularmente no âmbito da Seguridade Social brasileira, tem sido uma característica do desempenho dessa profissão nos anos recentes, no Brasil.

Uma análise das principais características desse processo de maturação do Serviço Social e de sua direção social, comprometida com os interesses de seus usuários, nos mostra, entre outros aspectos, uma profissão que vem participando ativamente do debate político e intelectual contemporâneo no país. Neste debate, o Serviço Social hegemonicamente inspirado nas vertentes do pensamento social crítico, vem avançando na compreensão do Estado capitalista e de suas lógicas contemporâneas; no desvendamento de questões referentes ao emergente sistema de proteção social brasileiro pós Constituição de 1988; na análise das políticas sociais e em especial das políticas de Seguridade Social; na abordagem dos movimentos sociais; do poder local; dos direitos sociais; da democracia, da cidadania e de outros tantos temas. Com especial ousadia, em um contexto adverso, a profissão enfrentou o desafio de repensar a Assistência Social, colocando-a como objeto de suas investigações.

Em tempos difíceis de capitalismo globalizado e de transformações societárias; tempos em que a economia e o ideário neoliberal intensificam as desigualdades sociais, com suas múltiplas faces; tempos em que crescem as massas descartáveis, sobrantes e à margem dos direitos e dos sistemas de proteção social, mais do que nunca, a profissão vem resistindo, participando e comprometendo-se com a defesa da Proteção Social pública e universal, solidária e democrática.

Nunca é demais lembrar que esse processo de lutas e resistência supõe sujeitos coletivos e militantes que falam em nome de uma coletividade, que expressam referências coletivas e que mais do que isso contribuem para construí-las.

Este é o perfil de Ademir Alves Silva, autor deste livro, originariamente sua tese de Doutoramento no Programa de Pós-Graduação em Serviço Social da PUC-SP. Ademir é, sem dúvida, um assistente social "pleno", envolvido com múltiplas possibilidades da profissão: é professor, pesquisador e exerce com paixão e competência o cotidiano de sua profissão. É por possuir esse perfil que o autor vai imprimir a este trabalho, como afirma, "o sentido de um combate", de uma denúncia e de resistência "à ditadura do mercado". Estamos, portanto, face a um trabalho que, rigorosamente construído, do ponto de vista teórico metodológico, responde simultaneamente às exigências acadêmicas da pesquisa e da docência e aos objetivos de uma prática profissional militante e comprometida com a construção da justiça e de direitos sociais de seus usuários.

Sabemos que os sistemas de proteção social representam formas históricas de consenso político, de sucessivas e intermináveis pactuações, nem sempre favoráveis aos interesses da maioria da população. Nesse sentido, o caso brasileiro é extremamente ilustrativo. Chegamos ao século XXI com um sistema de proteção social precário, inacabado, descontínuo, com baixíssima efetividade, pleno de duplicidade de esforços, e, sobretudo, injusto e distante das demandas dos segmentos mais vulneráveis da população.

Sabemos também que "a articulação: trabalho, direitos e proteção social pública que configurou os padrões de regulação sócio estatal do Welfare State, cuja institucionalidade sequer alcançamos está em crise. Crise que expressa o aprofundamento da cisão entre o econômico e o social, instala desregulações públicas, reitera as desigualdades, confronta práticas iguali-

GESTÃO DA SEGURIDADE SOCIAL

tárias e constrói uma forma despolitizada de abordagem da questão social fora do mundo público e dos fóruns democráticos de representação e negociação dos diferentes interesses em jogo nas relações Estado e Sociedade" (Yazbek, 2002: 172). Tratamento, que, em termos mais gerais, insere-se nos marcos da reestruturação dos mecanismos de acumulação do capitalismo globalizado e que vem sendo implementados por meio de uma reversão política neoliberal caracterizada, entre outras coisas, pela destituição de direitos trabalhistas e sociais legais, pela erosão das políticas de Proteção Social e por mudanças no ideário político que conferia um caráter público à demanda por direitos.

Neste cenário, a reforma da Seguridade Social, no contexto da reforma do Estado brasileiro, nos anos recentes, é temática polêmica e de necessário enfrentamento. Como afirma o autor deste livro, a "concepção de seguridade social integra um modo de vida, tendo marcado a gestão pública na metade do século XX, especialmente na Europa, ao compor o elenco dos direitos sociais constitutivos da cidadania, sob a égide de valores democráticos. E como a política não se dissocia de economia, continuarão os embates em torno das propostas de redução ou ampliação da cobertura social, como parte da gestão pública."

Para enfrentar a questão, Ademir Alves Silva coloca em foco a gestão da Seguridade Social brasileira em seu sentido amplo, envolvendo a Saúde, a Previdência e a Assistência Social, embora o foco mais detalhado de análise seja a Reforma da Previdência. Assim, apresenta as tendências da gestão social sob os impactos do neoliberalismo, suas estratégias a favor do mercado e os tensionamentos que permeiam esse processo face à defesa de uma concepção de Seguridade Social sob a primazia da responsabilidade do Estado. Para o autor, o problema central de sua pesquisa é justamente a tensão entre "garantia de proteção social sob critérios de universalidade ou do acesso seletivo a *produtos* do mercado de seguros sob critérios de mérito individual". Apoiado na teoria social crítica, e portanto, partindo da posição de que a Seguridade Social expressa as relações sociais e não pode ser abordada fora dos processos sociais mais amplos, "determinados em última análise, pela crise do capitalismo", Ademir desvenda fundamentos das reformas em diferentes planos, colocando em evidência sua subordinação aos ajustes neoliberais.

Seu percurso teórico e a organização escolhida para apresentar ao leitor os elementos envolvidos com a tensão: política pública *versus* competitividade mercantil, resulta em um texto riquíssimo do ponto de vista de problematizações sobre a gestão social entre o mercado e a política pública; as novas formas de gestão do social no Brasil, seu marco legal, seu apelo à filantropia e ao voluntariado; o Estado de Bem-Estar Social como referência histórica e a ofensiva neoconservadora de que é alvo; a questão da desigualdade e da democracia face ao ajuste neoliberal e finalmente enfrenta as reformas da Previdência: a de 1998 e a proposta de sua continuidade em 2003. Mostra como essas reformas ocultaram (e revelaram) interesses que extrapolam o sistema previdenciário público "em favor dos negócios privados; dissociaram a política da economia; reduziram a concepção de seguridade ao cálculo financeiro e atuarial, concebendo como avanço o que, na realidade é retrocesso"...

Em síntese, estamos diante de um texto que enfrenta grandes desafios, polêmicas e dilemas; explora amplas questões contemporâneas no âmbito da gestão da Seguridade Social e volta-se para o futuro, em defesa de valores democráticos, pela crítica social, revelando resistências possíveis para superar as perplexidades do presente.

Uma última palavra neste prefácio: participar da banca de defesa do doutorado de Ademir Alves da Silva e poder ler este trabalho que agora é socializado para um público maior, não foi apenas um exercício acadêmico, mas um privilégio.

Maria Carmelita Yazbek
Agosto de 2004

Introdução

O *objeto* desta pesquisa é a gestão da seguridade social brasileira em sua acepção ampla abrangendo a previdência social, a saúde e a assistência social, embora o foco da análise seja a reforma da previdência social.

Procurei perquirir as tendências da gestão social, o que equivale dizer, da polêmica em torno das opções de reforma da seguridade social como parte da *reforma* do Estado que vem se processando sob a égide do que se convencionou chamar de *modelo neoliberal*, pelo qual articulam-se estratégias de enfrentamento da crise e de revitalização da economia capitalista contemporânea. Iniciada na conjuntura da forte *onda neoliberal*, a pesquisa encerra-se em um contexto em que são evidentes os sinais de esgotamento daquela estratégia de recuperação e reafirmação dos postulados liberais e da *racionalidade do mercado*.

A *escolha da temática* deveu-se ao *objetivo* de aprofundar a investigação e o domínio de uma área que constitui o objeto de meu cotidiano profissional como assistente social, seja na docência, onde atuo há 24 anos no âmbito das disciplinas de Política Social e de Serviço Social, seja no poder público, onde também atuo há 20 anos, justamente na área da Seguridade Social, tendo como foco a gestão da Assistência Social.

Então, aqui o esforço de apropriação do objeto de análise opera-se pela reflexão e pela elaboração teórica que, no entanto, estão diretamente sustentadas na prática que informam e que modificam e da qual se alimentam. Este trabalho responde, simultaneamente, às exigências da docência e da prática profissional, derivando desta última a preocupação com a gestão, o confronto de modelos, o enfoque programático. Mas tem também o sentido de um combate. Por coligir evidências e por articular argumentos de denúncia e de resistência à ditadura do mercado, particularmente em sua fração financeira.

Por entender que as mudanças em curso respondem a uma estratégia incrementalista de favorecimento do mercado — o que equivale dizer, de privatização — em detrimento da concepção de seguridade social universal, solidária, democrática, sob a primazia da responsabilidade do Estado, é que interessei-me por investigar as tendências em torno de uma questão que, a meu ver, repõe na agenda político-social contemporânea recorrentes bipolaridades, tais como Estado e sociedade civil, democracia e capitalismo, bem-estar social e economia de mercado, política e economia. Vale ressaltar desde já que, em minha *perspectiva de análise*, privilegio o esforço de apreensão do objeto de investigação no interior dos processos mais amplos que o determinam, sob a perspectiva da totalidade histórica.

O *problema central* de minha pesquisa é justamente a tensão em torno da garantia de proteção social sob critérios de universalidade ou do acesso seletivo a *produtos* do mercado de seguros sob critérios de mérito individual. É o próprio papel do Estado capitalista contemporâneo que está em jogo ao ter que responder pelas funções de acumulação e de legitimação, na esfera do *interesse público*, articulando política econômica e política social, segundo opções e prioridades constitutivas de uma *vontade política*, dando sustentação a determinado projeto — como procuro demonstrar — para o conjunto da sociedade.

Apoiando-se na teoria social crítica, sob a perspectiva do projeto societário identificado com os anseios democrático-populares, a pesquisa pautou-se pelo seguinte conjunto de *princípios metodológicos*: a abordagem histórica de seu objeto e dos projetos em confronto na arena sociopolítica e institucional; a articulação entre política e economia e a concepção da seguridade social como expressão das relações sociais, partindo do pressuposto de que a reforma do Estado, da economia e da seguridade não pode ser compreendida se deslocada dos processos mais amplos determinados, em última análise, pela crise do capitalismo em escala supranacional.

Em outros termos, procurei perquirir os fundamentos da crise e dos projetos de reforma da seguridade social, de modo a desvencilhar-me das armadilhas de uma racionalidade técnica — *tecnicista* —, buscando o texto oculto, a informação bloqueada, o dado não revelado, o propósito não explicitado.

Então, um primeiro movimento metodológico foi a recusa e a negação de alguns clichês — colocados em questão — como o da *crise do Estado, crise do Estado do Bem-Estar Social, crise da previdência social,* embora tenham sido — esses mesmos clichês — motivadores e desencadeadores do processo investigativo. O segundo implicou em explorar o potencial heurístico de um marco conceitual básico articulado a partir da premissa de que a seguridade social exprime um padrão dominante de relação social, inapreensível senão na totalidade do processo histórico mais amplo que a circunscreve e determina. O terceiro movimento contemplou a caracterização do objeto de estudo em relação ao conjunto das questões pertinentes. Pelo quarto movimento procurei identificar e confrontar os diversos pólos da questão e tendências. E, por último — nem sempre ao final, mas, às vezes, entremeando a caracterização e a análise —, foram articuladas a crítica e a proposição.

Talvez seja desnecessário registrar que os procedimentos não ocorreram, evidentemente, nessa seqüência linear aqui utilizada como recurso de relato e exposição. O *processo de pesquisa,* embora sistemático e metódico, é marcado por movimentos contraditórios de afirmação e negação, avanços e recuos, perguntas e respostas, que dão conta de um intenso movimento intelectual do pesquisador, inapreensível — o próprio processo de pesquisa — senão pelas suas contradições. Não é apenas o objeto da investigação — realidade em movimento — que é eivado de contradições, mas também o processo de pesquisa e o pesquisador.

Trata-se de uma *pesquisa documental* para a qual foram selecionados textos de várias naturezas: construção e análise de modelos teóricos, textos de referência conceitual, textos de referência histórica, informes institucionais, estudos técnicos, relatórios estatísticos, textos legais e normativos, orçamentos públicos, projetos de lei e propostas setoriais.

Quanto às *fontes* utilizadas, recorreu-se a autores europeus na análise do Estado de Bem-Estar Social. Para a América Latina, foram utilizadas publicações da CEPAL e da AISS, a par de autores conhecidos pela reflexão quanto à questão da democracia e da desigualdade social ou pela produção na área da seguridade social. Para o Brasil, além das obras selecionadas, foram utilizados os estudos do IPEA e os textos e propostas de organizações representativas de trabalhadores, tais como a CUT, a ANFIP, a UNAFISCO Sindical e a FENAJUFE. O recurso a matérias de periódicos foi decisivo em face da contemporaneidade da questão em estudo e da celeridade da tramitação da proposta de emenda constitucional relativa à reforma da previdência.

As *fontes* foram, portanto, obras de autores brasileiros, latino-americanos e europeus; periódicos nacionais — jornais e revistas — tanto na forma convencional quanto eletrônica; publicações técnicas institucionais e legislação. E, obviamente, a Internet foi decisiva para coligir informações de variadas fontes, segundo os interesses da pesquisa.

Seria de pouca utilidade reconstruir aqui todo o trajeto da investigação. Todavia, considero válido registrar, em síntese, o conjunto de procedimentos articulados que concorreram para a apropriação do objeto de análise: a seleção, leitura e resenha de obras, as traduções, a leitura sistemática de periódicos organizando dossiês temáticos, o trabalho de coligir material informativo (boletins, informes etc.) das diversas organizações que são sujeitos e interlocutores da área em estudo, o cotejamento de posições político-ideológicas e teóricas sobre as temáticas abordadas, a análise da legislação pertinente, as consultas ao orçamento público, as buscas na Internet, a participação em debates públicos, as sessões de orientação, a organização de sinopses, quadros, gráficos e tabelas.

Não houve a preocupação de demarcar, *a priori,* o *referencial teórico-metodológico,* o qual foi se delineando no movimento de busca e de enfrentamento da *indagação central*: é possível consolidar a gestão social da seguridade como política pública ou ela vai sucumbir à estratégia de mercado, sendo reduzida à condição de subsidiária dos negócios na esfera privada? Em outros termos, formulei a *hipótese* de que, na tensão entre o projeto de consolidação da seguridade social brasileira como política pública e as estratégias incrementalistas de privatização, as condições históricas no continente latino-americano e, particularmente, no Brasil, apontam em direção a modelos híbridos ou mistos de gestão, que combinam a ação do Estado com a do mercado, em favorecimento deste último, como parte da ofensiva neo-liberal.

O *primeiro capítulo* esclarece e demarca as preocupações centrais da pesquisa, situando-as no contexto das transformações da sociedade contemporânea nos planos *político-institucional* (da *reforma* do Estado), *econômico* (da reestruturação produtiva e da transição do modo *fordista* de produção para o modo de acumulação flexível, do chamado capitalismo desorganizado, da "nova economia", da globalização e da *financeirização* da economia), *científico* (da terceira revolução técnico-científica), e *cultural* (da crise identitária e da solidão do sujeito "pós-moderno" pela perda das noções de alteridade e de coletivo, sob a ilusão de liberdade). E no plano *político-social* são explicitadas as concepções de *gestão social* — que informa a pesquisa pela crítica à noção de *good governance,* concebida como instrumento ideológico da reforma neo-liberal — de *política social* e de *seguridade social.*

A relação de contemporaneidade com o objeto da pesquisa tornou, certamente, mais difícil o percurso investigativo. Ora, como não se deixar conduzir pelo impulso de conhecer melhor o tempo presente para melhor intervir nele? Mais do que conhecer uma realidade dada, trata-se de pensar as possibilidades de uma realidade em movimento.

Com o *segundo capítulo* procurei coligir elementos básicos e indispensáveis para responder à indagação sobre a compatibilidade — esgotada a etapa fordista do capitalismo — do Estado do Bem-Estar Social com o capitalismo contemporâneo, perquirindo as tendências da gestão social no contexto das *novas* relações entre Estado, sociedade civil e mercado. O capítulo consiste em um estudo da emergência, consolidação, crise e reforma do Estado do Bem-Estar Social, a partir de sua matriz européia e do paradigma keynesiano-beveridgeano, referência indispensável para a reflexão em torno dos vários sistemas de proteção social, pelas suas repercussões teórico-políticas na América Latina e no Brasil.

De indiscutível relevância para a pesquisa, a construção de "tipos ideais", "modelos" ou taxonomias constitui uma marca recorrente das várias obras consultadas, podendo representar, porém, limites ou vieses na abordagem do objeto de estudo. Todavia, a concepção — norteadora da pesquisa — dos vários sistemas como expressões de relações sociais em uma arena sociopolítica contraditória e a preocupação metodológica em situar os condicionantes históricos das opções adotadas ou descartadas afastaram os riscos de uma abordagem refém de tipologias, cuja construção, por envolver algum grau de arbitrariedade do formulador, acaba por dificultar a apreensão do movimento contraditório da realidade que se quer conhecer.

Com esse capítulo e o anterior foi possível identificar algumas das principais tendências da sociedade contemporânea, estabelecendo-se o marco teórico e histórico da presente investigação em torno da gestão social.

Com o *terceiro capítulo* procurei apreender as tendências quanto a reforma da seguridade social, na América Latina, como parte do ajuste neoliberal, tendo como referência a questão da democracia e as estratégias de combate à desigualdade social, a comporem uma agenda comum para o continente latino-americano, que inclui a busca de uma estratégia global para enfrentar os fundamentos da propalada *crise*.

Aqui, explorei exaustivamente as experiências de reforma em seus diversos formatos e tendências, dos quais os modelos do Chile e da Argentina têm sido paradigmáticos, seja pelo suposto sucesso ou pelas *vantagens* realçadas por alguns, seja pelas contradições e malogro — amplamente demonstrados — dos próprios princípios e metas norteadores da privatização parcial ou total consoantes, portanto, com a *racionalidade do mercado*.

A resenha da literatura pertinente — especialmente as obras de Mesa-Lago e de Schwarzer — permitiu-me organizar um inventário dos principais *desafios* da reforma inconclusa, apontando suas possibilidades, limites e contradições. E postular, com base nos elementos ali coligidos, a consolidação da seguridade social como instrumento de garantia de renda pela transferência, substituição, reposição ou complementação, o que supõe articulação, mas não subordinação ao mercado.

Tendo sido o primeiro a ser redigido, o *quarto capítulo* mereceu tal inserção por consistir em uma maior aproximação, agora mais circunscrita, ao objeto de estudo, a seguridade social brasileira. Ali são identificados os deslocamentos e tendências mais importantes quanto à gestão social no Brasil, destacando-se o estudo da legislação quanto às OSCIPs (Organizações da Sociedade Civil de Interesse Público), OS (Organizações Sociais) e Organizações Filantrópicas. Aqui, o recurso hermenêutico foi de grande validade para a pesquisa, em face da força simbólica de termos e expressões do que se poderia chamar de uma *ideologia da globalização*, capaz de operar uma fantástica *metamorfose semântica* em favor do projeto societário dominante, seja pela revitalização da *cultura da benemerência* em suas vertentes laica ou confessional, aí destacado o voluntariado, seja pelos apelos à responsabilidade social da *empresa cidadã* ou à *comunidade solidária*.

No *quinto capítulo*, cujo foco é a reforma da previdência social brasileira, procurei caracterizar o sistema previdenciário pós-reforma de 1998 e identificar os principais pólos da polêmica em torno da reforma — ou de sua continuidade —, uma das prioridades do programa de governo federal iniciado em janeiro de 2003.

Tratei de demonstrar que a polêmica em torno de modelos alternativos para a organização do sistema previdenciário remete aos fundamentos do papel do próprio Estado e de sua relação com a sociedade. E que, mais que isso, trata-se de pôr em questão — seja pela recuperação, revitalização e/ou pelo questionamento e perspectiva de ruptura — os fundamentos da própria economia contemporânea, uma vez que, malgrado afirmar-se o contrário, o que está em crise é o modo de organização e gestão da vida social, e não o sistema previdenciário, expressão daquele.

Com esse capítulo foi possível apreender que a reforma de 1998 e sua continuidade em 2003 ocultam e — ao mesmo tempo, conforme a posição adotada — revelam interesses que extrapolam o sistema previdenciário público, dissociam a política da economia, reduzem a concepção de seguridade social ao cálculo financeiro e atuarial, isolam a questão do *déficit* do conjunto das questões relacionadas ao financiamento das ações do Estado, subordinam-se às exigências do Banco Mundial e do FMI, negligenciam o caráter redistributivo das políticas sociais e representam mais uma forma de confisco aos trabalhadores, opondo os do setor privado e os do setor público.

Na seqüência, são apresentadas as considerações finais e as principais conclusões da pesquisa.

Capítulo 1

A gestão social na virada do século: entre a política pública e a estratégia de mercado

No início desta pesquisa minha intenção era a de identificar as principais tendências quanto aos *sistemas de proteção social* na sociedade contemporânea, caracterizando a situação do Brasil no contexto da reforma do Estado. No decorrer da investigação, pareceu-me conveniente utilizar a expressão *gestão social*, por ser mais abrangente e por encerrar — o próprio uso da expressão, que vem se generalizando — um conjunto de tendências na área em questão.

Referindo-se primordialmente ao âmbito de ação do Estado — a esfera pública — a expressão *gestão social* ganhou relevância, no entanto, precisamente no contexto da reforma do Estado, sob a égide do pensamento neoliberal, o que equivale dizer do deslocamento da gestão social da esfera público-estatal para a esfera privada, seja pela redução da ação do Estado, pela gestão compartilhada na forma de parcerias, pela transferência de responsabilidades ou — no caso de empresas — pela privatização *tout court*, como ocorreu na década de 1990.

Então, o uso da expressão, que remete a políticas públicas, generalizou-se, paradoxalmente, em um clima — retórico e fático — de desobrigação do Estado quanto à gestão do *social* e de interpelação ao empresariado (o segundo setor) e às organizações da sociedade civil (o chamado terceiro setor) para que assumam crescentemente responsabilidades do poder público (o primeiro setor), tendência que será objeto de análise no quarto capítulo.

E foi se impondo o reconhecimento de uma esfera de interesse público embora não estatal, seja pela estratégia neoliberal voltada à *minimização* do Estado, seja pela estratégia do fortalecimento da sociedade civil como condição, inclusive, para exigir do Estado o rigoroso cumprimento de suas indelegáveis funções, seja ainda devido à concepção de que o *público* compreende, obviamente, o *locus* do Estado, embora o transcenda.

Compartilhando destas duas últimas vertentes, entendo a gestão social como um conjunto de estratégias voltadas à *reprodução da vida social* no âmbito privilegiado dos *serviços* — embora não se limite a eles — na esfera do *consumo social*, não se submetendo à lógica mercantil. A gestão social ocupa-se, portanto, da ampliação do acesso à riqueza social — material e imaterial —, na forma de fruição de bens, recursos e serviços, entendida como direito social, sob valores democráticos como equidade, universalidade e justiça social.

Refiro-me, portanto, ao âmbito da política social enquanto estratégia de governo. Política social que não se dissocia da política econômica. Primazia, mas não exclusividade, da responsabilidade do Estado. Estratégia de governo que supõe articulação com setores privados. Reprodução social que remete, inelutavelmente, a pensar a produção. Redistribuição que põe em questão as formas de geração e de apropriação de riqueza. Consumo social que resiste à mercantilização.

O objeto central da pesquisa é a seguridade social. A expressão *segurança social* — *social security* no inglês, *seguridad social* no espanhol, *seguridade social* na Constituição Federal de 1988 — refere-se à proteção social ao cidadão em face do risco, da desvantagem, da dificuldade, da vulnerabilidade, da limitação temporária ou permanente e de determinados acontecimentos previsíveis ou fortuitos nas várias fases da vida. Uma responsabilidade do conjunto da sociedade, na esfera do interesse público.

Em minha perspectiva de análise, a política social[1] é concebida como uma arena de confronto de interesses contraditórios em torno do acesso à riqueza social, na forma da parcela do excedente econômico apropriada pelo Estado. A política social está em permanente contradição com a política econômica, uma vez que aquela confere primazia às necessidades sociais, enquanto esta tem como objeto fomentar a acumulação e a rentabilidade dos negócios na esfera do mercado. Combinam-se, então, as duas funções básicas

---

1. Cf. meus trabalhos anteriores: Silva (1992 e 1997).

do Estado capitalista:[2] criar condições que favoreçam o processo de *acumulação* e articular mecanismos de *legitimação* da ordem social e econômica.

As políticas sociais não podem ser *antieconômicas*, mas é freqüente que as políticas econômicas sejam *anti-sociais*. Responsável pela formulação e execução daquelas políticas, o Estado constitui a esfera comum a todos — embora desiguais —, em luta pela cidadania. Expressa as relações sociais pelo confronto, pela negociação, pela cooptação, pela busca de consenso e de pactuação, mas sempre sob a hegemonia de determinado projeto societário. O que equivale dizer que as políticas públicas, sociais e econômicas, longe da idéia de consenso social, são a expressão de conflitos de interesses das camadas e classes sociais. Posições em confronto na sociedade expressam-se no Estado, privilegiada arena de luta política, em torno das políticas sociais e econômicas, ou seja, opções, decisões e ações estratégicas, adotadas ou que se deixa de adotar, segundo os interesses preponderantes em determinadas conjunturas históricas.

Sob tal perspectiva, não é possível pensar as políticas sociais — o âmbito da reprodução — sem que sejamos remetidos, inelutavelmente, à esfera das relações de produção e das políticas econômicas. Sem dúvida, o anseio por *bem-estar social* põe em questão a *esfera econômica*. Na passagem do século XX para o XXI, repõe-se, continuamente, na agenda político-social a questão das formas de produção, repartição e fruição de bens, recursos e serviços. Em outros termos, sob novas expressões, ganha força a luta pela democratização do acesso à riqueza social, em suas expressões materiais e imateriais.

A despeito da disseminação e da generalização, na década de 1990, do uso da expressão *gestão social*, sob perspectiva multidisciplinar, a mesma constitui objeto da intervenção profissional do Serviço Social brasileiro desde a sua gênese na década de 1930, ainda que sob diferentes abordagens, tributárias de projetos societários oponentes: a) o conservadorismo católico sob a pretensa eqüidistância entre o liberalismo e o socialismo; b) a consolidação da socialidade burguesa em diferentes estágios (o "espírito social" do empresariado das primeiras décadas do século XX, o controle social estadonovista, o desenvolvimentismo, a modernização conservadora da ditadura militar, a reforma e a contra-reforma da década de 1980, o projeto neoliberal); c) e a perspectiva de questionamento e ruptura com os modos dominantes de pensar a sociedade e suas influências na área profissional,

---

2. Cf. O' Connor (1977).

buscando alternativas no âmbito de um projeto societário escorado em valores democráticos de horizonte socialista.

Procurando estabelecer o diálogo crítico com os diversos e multifacetados sujeitos e interlocutores e tendências da esfera da gestão social contemporânea, a Faculdade de Serviço Social da PUC-SP inseriu no Curso de Graduação a disciplina Gestão Social, a partir de sua última reforma curricular. A própria organização interna da faculdade aglutina os docentes em duas áreas — a dos Fundamentos do Serviço Social e a da Política Social e Gestão Social. E as preocupações acadêmicas em torno da temática vêm motivando iniciativas como a organização de eventos, a realização de pesquisas e a docência em cursos da área,[3] na PUC-SP e em outras IES.

Então, a gestão social constitui campo de docência, de pesquisa, de intervenção profissional e de intensa militância organizativo-representativa da categoria profissional dos assistentes sociais em interlocução e colaboração com profissionais de outras áreas. Em primeiro lugar no poder público, depois nas empresas e no chamado terceiro setor, o Serviço Social participa do planejamento e gestão de programas e projetos habitacionais e ambientais, de geração e garantia de renda, de prevenção, promoção ou recuperação da saúde, de serviços e benefícios previdenciários, de defesa de direitos, de segurança social e prevenção do risco pessoal e social, de proteção social à criança e ao adolescente, de combate à pobreza e às mais diversas formas de exclusão social, de saúde ocupacional ou de melhoria da qualidade de vida, de economia solidária e trabalho cooperativo, de apoio a movimentos sociais urbanos e rurais, de fomento à organização e funcionamento de fóruns e conselhos de políticas públicas, entre outros.

---

3. Como o seminário promovido em 1998 pelo IEE-PUC-SP, CENPEC (Centro de Estudos e Pesquisas em Educação, Cultura e Ação Comunitária) e IBEAC (Instituto Brasileiro de Estudos e Apoio Comunitário) com a colaboração do GIFE (Grupo de Institutos, Fundações e Empresas), da ABONG (Associação Brasileira de ONGs), do Instituto C & A e das seguintes unidades da PUC-SP: COGEAE (Coordenadoria Geral de Especialização, Aperfeiçoamento e Extensão), Faculdade de Serviço Social, Programas de Estudos Pós-Graduados em Serviço Social e em Administração. O referido seminário resultou na publicação, pelo IEE e EDUC, do livro *Gestão social: uma questão em debate*, organizado pelas assistentes sociais Profa. dra. Raquel Raichelis e Profa. dra. Elizabeth de Melo Rico, em 1999. Outro evento foi o seminário Empresa Social promovido em 1996 pelo CHP (Centro de Habilitação PROMOVE) e vários parceiros, dentre os quais o IEE-PUC-SP, através da assistente social, Profa. dra. Elisabeth de Melo Rico. Quanto aos cursos, ministrei, no primeiro semestre de 1999, o Curso sobre Planejamento e Gestão Social na UNOESC (Universidade do Oeste Catarinense). Ressalte-se, ainda, a proposta de curso de Mestrado Profissionalizante em Gestão Social, do Programa de Estudos Pós-Graduados em Serviço Social.

Esta pesquisa inscreve-se, portanto, no campo da política social e dos mecanismos de acesso — e efetiva fruição — aos direitos sociais constitutivos da cidadania. Há uma perspectiva de universalidade a reger as preocupações em torno do objeto de estudo: o do anseio por justiça social. E o Estado, esfera comum a todos, embora desiguais, é concebido como arena contraditória de equacionamento dos interesses em confronto *na* sociedade, constituindo-se em instrumento privilegiado para a gestão das condições coletivas de existência sob aquela perspectiva de universalidade.

Como sustentar tal posição no contexto da reestruturação econômica capitalista global e da reforma do Estado em curso? A indagação é se há possibilidade histórica de consolidar a gestão social como política pública ou se ela vai sucumbir inexoravelmente à estratégia de mercado, sendo reduzida — na verdade, jogando papel decisivo — à condição de subsidiária dos negócios na esfera privada.

Ora, a reiteração do papel do Estado, da esfera pública, do direito social, da centralidade da política como arena de equacionamento dos negócios de interesse público, da gestão social das condições coletivas de existência é, hoje, de uma paradoxal inospitalidade e desconforto frente às tendências em curso. É como se aquela assertiva — a da primazia da esfera pública — fosse metáfora de um tempo ou de um projeto que, em vez de lançar-se para a frente, quanto mais se reitera, tanto mais avança em direção ao passado nostálgico de um projeto inconcluso, um sonho não realizado, uma obra inacabada.

Vou tratar adiante das contribuições de alguns autores que, ao identificarem as principais tendências da sociedade contemporânea, podem elucidar os fenômenos que determinam aquela sensação de fenecer, agarrado à bandeira de uma utopia.

Gestão social, na perspectiva desta pesquisa, não se confunde com a noção de *good governance* pela qual postula-se a eficiência dos governos na criação de condições favoráveis à revitalização e consolidação da economia de mercado.

Alertando quanto ao sentido muito elástico do termo, Reis (1995: 50-51) esclarece que "o uso que o Banco Mundial faz hoje do termo é totalmente diferente, já que a ênfase se deslocou dos aspectos técnico-administrativos para a viabilidade política de reformas administrativas, fiscais e propriamente políticas. Governança virou quase sinônimo de democracia". Para a autora, *governança* é entendida como a capacidade governamental para superar resistências políticas e levar à frente reformas consideradas indispensáveis, reformas consideradas justas e meritórias, universalistas; capacidade de exercício efetivo da autoridade. Governança é algo bom porque expressa capacidade de mudar para melhor. O termo cria um consenso, e é nesse sentido que ele passa a ter uma função simbólica.

Segundo Melo (1995: 30), *governance*, na formulação do Banco Mundial é a maneira pela qual o poder é exercido na administração dos recursos sociais e econômicos para o desenvolvimento de um país. O conceito se distingue do de governabilidade, que se refere às condições sistêmicas de exercício do poder em um sistema político. Enquanto a governabilidade se refere às condições do exercício da autoridade política, governança qualifica o modo de uso dessa autoridade. Citando Hollingsworth (1993) e outros, Melo (1995) esclarece que governança ou sistema de governança define-se como a totalidade de arranjos institucionais, incluindo regras e *rule-making agents* — que coordenam e regulam transações dentro e por intermédio das fronteiras de um sistema econômico. E que, *nessa perspectiva, a análise transcende o plano meramente institucional e inclui mercados, redes sociais, hierarquias e associações como modos alternativos de governança.*

Para Diniz (1996: 13).

> "Governance diz respeito à capacidade governativa no sentido amplo, envolvendo a capacidade de ação estatal na implementação das políticas e na consecução das metas coletivas. Refere-se ao conjunto dos mecanismos e procedimentos para lidar com a dimensão participativa e plural da sociedade, o que implica expandir e aperfeiçoar os meios de interlocução e de administração do jogo de interesses. As novas condições internacionais e a complexidade crescente da ordem social pressupõem um Estado dotado de maior flexibilidade, capaz de descentralizar funções, transferir responsabilidades e alargar, ao invés de restringir, o universo dos atores participantes, sem abrir mão dos instrumentos de controle e supervisão".

Segundo Szazi (2001: 21), o modelo neoliberal de *boa governança*

> "propõe que a prosperidade será gerada pelo relacionamento orgânico e interdependente da economia de mercado, do Estado e da sociedade civil, onde uma economia produtora de riqueza e um Estado bem administrado sustentarão o vigor da sociedade civil; o Estado bem administrado e o vigor da sociedade civil darão ímpeto ao crescimento econômico; e uma economia forte e eficiente e a sociedade civil bem organizada contribuirão para manter um governo eficiente".

A chamada reinvenção do governo[4] apóia-se em princípios de eficiência e de qualidade, absolutamente indispensáveis, mas transita para a esfera mercantil, regida pelo critério da rentabilidade e, portanto, sem consideração pelas necessidades sociais. Introduzir a lógica mercantil à gestão de questões de interesse público pode ser muito interessante como diagnóstico e método de intervenção, mas não como finalidade. A esfera do mercado não substitui a esfera da política. E, a despeito da imperiosa necessidade de *reinventar* os governos federal, estaduais e locais no Brasil, as experiências norte-americanas ou de outros países da Europa podem, no máximo, ser tomadas como remota referência, em face das realidades históricas assimétricas.

Cassen (2001: 24) alerta para a armadilha ideológica representada pela introdução da noção de *governança* no léxico político internacional. Com base em outros autores franceses contemporâneos,[5] afirma que a *boa governança*, roupagem institucional dos planos de ajustamento estrutural e do *Consenso de Washington*, é um instrumento ideológico da política do Estado Mínimo. Nessa perspectiva, o Estado já não tem por missão servir toda a sociedade, mas fornecer bens e serviços a interesses setoriais e a clientes ou consumidores, com o risco de agravamento das desigualdades entre os cidadãos e entre as regiões do país. E a sociedade civil e as ONGs são chamadas a legitimar tal projeto pela suposta participação nas decisões.[6] Daí a

---

4. Trata-se, segundo Osborne e Gaebler (1995), do governo *catalisador* (que navega mas não rema, ou seja, responde pelas decisões políticas quanto à orientação do barco e deixa a prestação de serviços a cargo dos remadores); *pertencente à comunidade* (dá responsabilidade ao cidadão em vez de serví-lo); *competitivo* na prestação de serviços; *orientado por missões* (e não pela burocracia); centrado nos *resultados* (e não nos processos e insumos); voltado às *necessidades dos clientes* e não da burocracia; *empreendedor* (gerando receitas em vez de despesas); *preventivo* em vez de curativo; *descentralizado* (participação e trabalho de equipe, orientado para o mercado); e *reinventado*.

5. Smouts, Marie-Claude. Du bon usage de la gouvernance en relations internationals. Hazancigil, Ali. Gouvernance et science: modes de gestion de la societé et de production du savoir empruntés au marché. In: *Revue Internationale des Sciences Sociales*, UNESCO, n. 155, mar. 1998.

6. E vale ressaltar que o autor está preocupado com o impacto do *Livro Branco sobre a Governança Européia*. Sua análise refere-se, portanto, à União Européia. E, segundo o autor, citando John Brown, "o povo, entendido como conjunto de cidadãos, é o grande ausente. O grande paradoxo da governança é que nos propõe alargar a democracia à sociedade civil, quando esta é precisamente este conjunto de relações no qual os indivíduos não são cidadãos, mas simples vectores de interesses particulares. É-se cidadão quando se é membro do povo soberano. As prerrogativas que instalam a lei, expressão da vontade do soberano, acima do interesse privado, são a única garantia (...) contra a desigualdade e contra o domínio dos mais fracos pelos mais fortes". Se tal preocupação é válida para a França e grande parte da Europa, o que dizer do Brasil?

busca de intensificação do *diálogo com a sociedade civil*, especialmente após as manifestações de Seattle.[7]

Mas as indagações em torno da gestão social exigem um esforço no sentido de identificar as principais tendências da sociedade contemporânea, o que farei a seguir.

Schaff (1995: 22-24) caracteriza as três revoluções técnico-científicas que vêm marcando o desenvolvimento da humanidade nos últimos duzentos e cinquenta anos. A primeira, situada entre o final do século XVIII e o início do século XIX, significou a substituição da produção da força física do homem pela energia das máquinas, primeiro movidas a vapor e depois pelo uso da eletricidade: a crescente *mecanização*.

A segunda, a *revolução microeletrônica*, um fenômeno do século XX, consiste na ampliação e na substituição das capacidades intelectuais humanas por autômatos — a *automação* ou *robotização* —, que eliminam com êxito crescente o trabalho humano na produção e nos serviços. Ambas representaram avanços no desenvolvimento da tecnologia de produção. A diferença está em que enquanto a primeira criou inúmeras facilidades e incrementou o rendimento do trabalho humano, a segunda aspira à eliminação do trabalho, com as conhecidas conseqüências sociais.

A terceira revolução técnico-científica, um fenômeno do século XXI, é a *revolução da microbiologia* com sua resultante, a *engenharia genética*. As perspectivas são fantásticas: a descoberta e a gradual decifração do código genético dos seres vivos permitem ao homem interferir de forma cada vez mais eficaz nas leis do desenvolvimento da natureza orgânica. A engenharia genética permite modificar o código genético inato das plantas e dos animais, desenvolvendo novos códigos. O que poderá abrir novas perspectivas na luta contra doenças congênitas, na produção de novas variedades de plantas e animais resistentes às enfermidades e às condições naturais desfavoráveis e, possivelmente, mais ricas de componentes necessários aos homens. Uma forma de combater a fome e a desnutrição. Por outro lado, a revolução microbiológica encerra ameaças como: possibilidade de ingerência na personalidade humana, produção artificial de seres humanos moldados sob encomenda, *clonagem* de indivíduos idênticos quanto às características físicas e mentais. Segundo o autor, *a tríade revolucionária constituída pela*

---

7. O autor refere-se aos protestos populares contra a globalização neoliberal, em 1999, na ocasião de uma reunião da Organização Mundial do Comércio — OMC.

GESTÃO DA SEGURIDADE SOCIAL

microeletrônica, pela microbiologia e pela energia nuclear[8] traçará o caminho do desenvolvimento da humanidade nesta virada do século.

Na esfera da produção, opera-se a transição do *modo de acumulação rígido* para o da *acumulação flexível*. A expressão *pós-fordismo* refere-se ao esgotamento[9] de um modelo de gestão da produção capitalista. O *fordismo* — por referência ao americano Henry Ford, precursor na fabricação de automóveis — caracteriza-se pela produção em massa de produtos homogêneos, por meio de unidades fabris concentradas e verticalizadas. O trabalho é regulado por princípios tayloristas como o da produção em série, pelo controle dos tempos e movimentos, pela fragmentação das funções e pela separação entre elaboração e execução. Já o *toyotismo* — por referência à fábrica japonesa *Toyoda* — busca a horizontalização, a flexibilização e a terceirização (subcontratação) do trabalho. São características do toyotismo os círculos de controle da qualidade, a preocupação com a eliminação do desperdício, a gerência participativa, a valorização do trabalho em equipe e o incentivo ao operário polivalente pela chamada meritocracia. Os sindicatos são vinculados à hierarquia das empresas.[10]

No âmbito das relações de trabalho trata-se, no caso da acumulação flexível, de estabelecer "novo pacto" em torno de mecanismos de negociação e arbitragem mais ágeis — entenda-se, por empresas —, de flexibilizar o contrato de trabalho, de implantar a remuneração variável, de romper com a concepção de "emprego do berço ao caixão" (na formulação de John Sculley,

---

8. As pesquisas em torno de novas reservas de fontes tradicionais de energia, especialmente o petróleo, e de novas fontes vêm permitindo importantes avanços quanto à energia solar, a geotérmica e a das marés, além do aproveitamento, embora ainda insuficiente, da energia tradicional dos ventos e das correntes de água dos rios. Mas o principal avanço está no campo da energia nuclear, mais com a fissão e menos com a fusão controlada de átomos. Neste último caso, as pesquisas ainda são incipientes (Schaff, 1995: 24).

9. Segundo Peter Drucker, considerado o *guru dos negócios* na atualidade, "a Ford é considerada uma empresa de produção, mas ela não produz nada. Ela monta. O que é *uma ruptura radical com o conceito de produção de massa* (...) pela primeira vez vender, produzir e entregar são processos separados. O centro do poder vem mudando para a distribuição há 50 anos. Quantas fábricas vão sobreviver? Não muitas. Por enquanto, os distribuidores vêm desperdiçando este poder. Eles já são donos das marcas, mas só alguns poucos grandes fabricantes têm marcas que realmente significam alguma coisa no mercado consumidor. Em outras áreas, *o desenho de um produto, sua fabricação, marketing e assistência técnica vão se tornar negócios separados*. Terão o mesmo controle financeiro, mas serão administrados basicamente como negócios diferentes" (Daly, 2000: 120-131).

10. Cf. Antunes (1995).

da Apple) e de desmontar o "sistema assistencialista" das empresas, sob a meta de *agregar valor ao negócio*, enfatizando os resultados.

Pierson (1997) organiza interessante quadro comparativo do *capitalismo organizado* com o *capitalismo desorganizado*,[11] reproduzido a seguir, pelo subsídio que representa à análise e compreensão do objeto do presente estudo. Canuto (2001) refere-se, sob aspas, à *nova economia*. As economias desenvolvidas estariam atravessando, segundo o autor, uma progressiva *desmaterialização*, ficando mais *leves*, à medida que crescem, constatando-se uma impressionante redução dos requisitos físicos de materiais, energia e equipamentos por unidade de PIB gerado. Setores pouco atingidos nas ondas anteriores de mudança tecnológica — educação, saúde, indústrias tradicionais — têm sofrido impactos substanciais em seus processos e produtos, sendo significativa a queda em custos administrativos e transacionais.

Danny Quah[12] aponta quatro elementos da chamada *nova economia*: 1. as tecnologias de informação e comunicação; 2. a propriedade intelectual (não apenas patentes e direitos autorais, mas também marcas, capacidades de oferta de serviços de consultoria); 3. bibliotecas e bases de dados eletrônicos (novas mídias, vídeos de entretenimento; e 4. biotecnologia. Os quatro elementos correspondem a sistemas de gestão e manipulação de conhecimentos e equivalem a produtos cujas propriedades físicas intangíveis são similares às do próprio conhecimento.

Segundo Canuto, os bens até agora produzidos têm sido a materialização de boas idéias: um carro, uma máquina, um utensílio doméstico. Já na *nova economia*, as novas idéias dependem menos de elementos físicos tangíveis para funcionar. O caráter desincorporado das novas tecnologias[13] permite suas utilizações não conflitantes, ao contrário do uso de uma máquina ou automóvel. Uma idéia pode ter usos simultâneos expandidos em termos

---

11. Embora reconhecendo as dificuldades para periodizar o desenvolvimento do capitalismo, Santos (1995: 79) afirma que é possível distinguir três grandes períodos. O primeiro é o do *capitalismo liberal*, no século XIX. O segundo é o do *capitalismo organizado*, que se inicia no final do século XIX. E o terceiro, a partir do final da década de 1960, é o do *capitalismo desorganizado* ou, para outros autores, *capitalismo financeiro*, ou ainda *capitalismo monopolista de Estado*.

12. Citado por Canuto (2001).

13. Segundo Silveira (2001: 8), a *nova revolução tecnológica* tem recebido muitas denominações: *revolução das novas tecnologias de informação* (Castells); *revolução digital* (Negroponte); *revolução informacional* (Jean Lojkine); *era do acesso* (Jeremy Rifkin).

GESTÃO DA SEGURIDADE SOCIAL

Quadro 1
Capitalismo organizado e desorganizado

Capitalismo organizado	Capitalismo desorganizado
Dominância da produção de massa em fábricas de larga escala com trabalho predominantemente semiqualificado	Produção sob encomenda; transferência para pequenas unidades de produção; crescimento dos serviços; crescimento da divisão da força de trabalho em qualificada, flexível e não-qualificada
Consumo de massa de bens e mercadorias	Nichos de mercado, produção por metas e curtos períodos de produção
Concentração e centralização do capital industrial, bancário e comercial	Divisão entre capital financeiro, industrial e comercial; crescente divisão entre bancos e indústria
Cartelização; controle de mercados e monopólio de preços	"Quebra" dos cartéis e do controle monopólico de preços; declínio do controle nacional sobre os mercados
Emergência de organizações nacionais da força de trabalho e do capital Crescente importância do acordo coletivo nacional	Declínio do poder das organizações do mercado de trabalho nacional — especialmente os sindicatos — e deslocamento do acordo coletivo nacional para acordos locais ou no âmbito de cada empresa
Relações capitalistas concentradas em poucos setores fabris empregando grande número de trabalhadores do sexo masculino em poucas nações chave	Difusão do capitalismo na maioria dos países do Terceiro Mundo; transferência dos empregos dos setores extrativo e manufatureiro do Primeiro Mundo
Dominância social e econômica de cidades industriais de larga escala em economias regionais	Declínio da importância econômica das cidades industriais; transferência da atividade econômica para pequenas cidades e áreas semi-rurais
Acentuado papel do Estado-nação na gestão econômica e na intermediação entre capital e trabalho	Declínio da capacidade do Estado-nação para a efetiva intervenção econômica
Política organizada em torno das classes sociais, identidades coletivas e relações definidas pelo trabalho	Declínio da importância da política de classe: emergência de novas questões e de novos atores políticos
Desenvolvimento do Estado do Bem-Estar keynesiano	Desafios estruturais crescentes para o Estado do Bem-Estar Social

Fontes: Lash e Urry (1987); Offe (1985); Offe (1987); Jessop (1988). In: Pierson (1997).

de número de usuários e de âmbito geográfico, sem perda de eficácia. E maiores escalas de uso aceleram o aprendizado e o aperfeiçoamento.

Do ponto de vista socioeconômico, a *nova economia* tem um enorme potencial de aumento da produtividade, mas elimina postos de trabalho, particularmente nas faixas de baixa qualificação, reforçando as desigualdades de renda, especialmente após o desmonte parcial dos sistemas de proteção social erigidos no período pós-guerra. E a expansão de postos nos setores dinâmicos e, portanto, com maior exigência de qualificação, supõe crescimento econômico em altos patamares.[14]

Segundo o autor, a "velha" e "pesada" economia caracteriza-se por: mudanças tecnológicas, incorporação em capital fixo, transmissão de ondas de gastos concentradas no tempo, multiplicação de empregos e aceleração de investimentos em capital fixo nos demais setores, flutuações acentuadas, utilizações conflitantes das novas tecnologias, materialização de boas idéias em bens e produtos tangíveis. A "nova" e "leve" economia, por outro lado, caracteriza-se por: mudanças tecnológicas, modularidade e intangibilidade, velocidade de eliminação de postos de trabalho, especialmente para trabalhadores não qualificados, menor oscilação derivada de gastos com capital fixo, uso simultâneo expandido de idéias, em termos de número de usuários e de âmbito geográfico, progressiva desmaterialização: produtos com propriedades físicas intangíveis (como o próprio conhecimento), rápida difusão dos produtos para os demais setores, queda universal de custos administrativos e transacionais.[15]

Mas, o que se passa nas esferas da política e da cultura?

Dufour[16] (2001: 18-19), filósofo francês, aponta a *"fratura na modernidade, (caracterizada) pelo esgotamento e pelo desaparecimento dos grandes discursos de legitimação, nomeadamente o discurso religioso e o discurso político"*. Sob tal

---

14. Todavia, "a leveza da economia não significa desaparecimento da indústria ou do agrobusiness, com emergência de alguma economia totalmente de serviços. Semicondutores, equipamentos de telecomunicações, computadores, farmacêuticos, alimentos transgênicos, por exemplo, fazem parte da economia sem peso. Da mesma forma, só alguns serviços é que serão os mais dinâmicos (processamento de dados, consultoria, educação, saúde). Não participar como usuário-criador nas redes da economia desmaterializada é que implicará desencarnação para indivíduos e países" (Canuto, 2001).

15. Cf. Canuto (2001).

16. A partir daqui apresento, de forma condensada, o artigo de Dufour, Dany-Robert. As perturbações do indivíduo-sujeito. Esta nova condição humana. *Le Monde Diplomatique*, n. 23, pp. 18-19, fev. 2001.

GESTÃO DA SEGURIDADE SOCIAL

perspectiva, *o pós-moderno*[17] *é para a cultura aquilo que o neoliberalismo é para a economia.*

Trata-se, agora, de afirmar o mecanismo da individuação, com suas vantagens — a autonomia, a emancipação — e *sofrimentos inéditos*, especialmente entre as novas gerações, pela perda de referências. Partindo da questão pela qual a filosofia sempre se interessou — o ser humano deve sua

---

17. Embora escape ao foco de minha análise, é interessante lembrar, dentre os vários estudos a respeito, a proposição de Santos (1995: 76 e 102-103) sobre a *relação entre modernidade e pós-modernidade*: "O paradigma cultural da modernidade constituiu-se antes de o modo de produção capitalista se ter tornado dominante e extinguir-se-á antes de este último deixar de ser dominante. A sua extinção é complexa porque é em parte um processo de superação e em parte um processo de obsolescência. É superação na medida em que a modernidade cumpriu algumas das suas promessas e, de resto, cumpriu-as em excesso. É obsolescência na medida em que a modernidade está irremediavelmente incapacitada de cumprir outras das suas promessas. Tanto o excesso no cumprimento de algumas das promessas como o défice no cumprimento de outras são responsáveis pela situação presente, que se apresenta superficialmente como de vazio, mas que é, a nível mais profundo, uma situação de transição. Como todas as transições são simultaneamente semicegas e semi-invisíveis, não é possível nomear adequadamente a presente situação. Por esta razão lhe tem sido dado o nome inadequado de pós-modernidade. Mas, à falta de melhor, é um nome autêntico na sua inadequação (...) Afirmar que o projecto da modernidade se esgotou significa, antes de mais, que se cumpriu em excessos e défices irreparáveis. São eles que constituem a nossa contemporaneidade e é deles que temos de partir para imaginar o futuro e criar as necessidades radicais cuja satisfação o tornarão diferente e melhor que o presente. *A relação entre o moderno e o pós-moderno é, pois, uma relação contraditória. Não é de ruptura total como querem alguns, nem de linear continuidade como querem outros. É uma situação de transição em que há momentos de ruptura e momentos de continuidade"* (itálicos meus). Já a expressão *pós-modernismo*, segundo outro Santos (1986), este brasileiro, aplica-se às mudanças ocorridas nas *ciências*, nas *artes* e nas *sociedades* avançadas desde 1950, quando, por convenção, se encerra o *modernismo* (1900-1950). Ele nasce com a *arquitetura e a computação* nos anos 50. Toma corpo com a *arte pop* nos anos 60. Cresce ao entrar pela *filosofia*, durante os anos 70, como crítica da cultura ocidental. E amadurece hoje, alastrando-se na *moda*, no *cinema*, na *música* e no cotidiano programado pela *tecnociência* (ciência + tecnologia invadindo o cotidiano com desde alimentos processados até microcomputadores), sem que ninguém saiba se é decadência ou renascimento cultural. Para o autor, *a pós-modernidade é a era da informática, da sociedade de consumo, da arte pop, do niilismo.* O pós-moderno é a des-referencialização do real, a des-materialização da economia, a des-estetização da arte, a des-construção da filosofia, a des-politização da sociedade, a des-substancialização do sujeito. Citando Nietzcshe, o autor aponta o abalo de três pilares da cultura ocidental: cristianismo (fim), conhecimento científico (unidade) e razão filosófica e moral (verdade). O indivíduo pós-moderno é consumista, hedonista e narcisista. A era pós-moderna caracteriza-se por *cinco deserções: da história, do político-ideológico, do trabalho, da família e da religião.* A modernidade, produtora de energia, era dominada pela força: máquinas, armas, disciplina, polícia. A pós-modernidade, consumidora de informação, motiva e controla pela sedução (personalização, comunicação, erotismo, moda, humor). Em suma, o autor pergunta: *a condição pós-moderna é a decadência fatal ou o renascimento hesitante? A agonia ou o êxtase? O demônio terminal ou o anjo anunciador?*

existência ao outro, não a si próprio — o autor reitera que ser sujeito (do latim *sujectus*) significa *sujeitar-se* a grandes figuras simbólicas, sob cuja influência são traçados os modos de vida. E refere-se à necessidade do *Outro*, para dar sentido à existência do sujeito. E quem é o outro? A Physis para os gregos, Deus para os monoteístas, o Rei nas monarquias, o Povo na República, a Raça no nazismo, a Nação soberana, o Proletariado no Comunismo.

A modernidade é um espaço coletivo onde o sujeito é definido por várias daquelas ocorrências do *Outro*. Na pós-modernidade desmorona-se a dupla definição do sujeito moderno — neurótico (segundo Freud, o pagamento da dívida simbólica com o *Outro*, na figura do Pai) e crítico (espaço da Educação). Já nenhuma figura do *Outro* tem valor na pós-modernidade. A modernidade definia-se pela distância do sujeito em relação ao Outro, que lhe dava fundamento. A Pós-modernidade aboliu tal distância. A pós-modernidade, democrática, define o sujeito pela auto-referência, com autonomia jurídica e liberdade mercantil.

Portanto, segundo Dufour, a decadência do *Outro* na pós-modernidade deve compreender a atual era neoliberal,[18] definida pela máxima liberdade econômica. Mas, *o mercado não vale de maneira nenhuma enquanto novo Outro, na medida em que está longe de se encarregar da questão da origem, da autofundação. É aí que se assinala o limite fundamental da economia de mercado na sua pretensão de encarregar-se do laço pessoal e do laço social.*[19]

Para o autor, na pós-modernidade o sujeito não se define pela culpabilidade neurótica,[20] mas pelo sentimento de todo-poder quando o consegue

---

18. Para Frei Betto (2000: 6) "a dificuldade, dentro da ótica neoliberal, é trabalhar a dimensão da alteridade. O que é alteridade? É ser capaz de apreender o outro na plenitude da sua dignidade, dos seus direitos e, sobretudo, da sua diferença. Quanto menos alteridade existe nas relações pessoais e sociais, mais conflitos ocorrem". Claro, a dificuldade não se restringe à ótica neoliberal, como bem sabe Frei Betto.

19. "Não podemos partir do princípio de que isso aqui é o fim da história, como quer Fukuyama, ideólogo do neoliberalismo. A nossa humanidade é muito recente neste Universo de 15 bilhões de anos. Há apenas dois milhões de anos apareceu o ser humano. É absurdo achar que esse modelo neoliberal de sociedade é definitivo. Basta dizer que um fator tão natural e elementar como a necessidade animal de comer ainda é privilégio entre os 6 bilhões de habitantes do planeta. Sobretudo no Brasil. Aqui o escândalo é maior" (Frei Betto, 2000: 7).

20. "A distância do sujeito em relação ao Outro é a distância de si próprio para si próprio. O sujeito pós-moderno é, portanto, esquizoidado, destituído de si mesmo, vivendo um estado-limite entre neurose e psicose, encurralado entre a melancolia latente, a ilusão de ser todo-poderoso, a fuga em falsos 'si-próprios', as personalidades emprestadas ou múltiplas oferecidas pelo merca-

ou de impotência quando não o consegue. A vergonha, em relação a si próprio, substitui a culpabilidade, em relação aos outros.

Refém do presente, o sujeito não tem pontos de referência para a anterioridade e a exterioridade simbólicas, não conseguindo atuar em temporalidade e espacialidade mais amplas. Apostando tudo no presente, encontra muita dificuldade em pensar o projeto, a antecipação, o regresso a si próprio.[21]

A autonomia não é uma exigência que todos consigam satisfazer. Nesse sentido, o aparente estado de liberdade promovido pelo neoliberalismo é um engodo. A liberdade enquanto tal não existe, existem apenas libertações. Assim, o autor critica a fórmula de Pierre Bordieu sobre o "culto do indivíduo só, mas livre". Os novos indivíduos estão mais abandonados do que livres. Frente à dificuldade de enfrentar sozinhos a autonomia ou a autofundação exigidas pela falta do *Outro*, tornam-se alvos fáceis do mercado ou de soluções "coletivas", tais como: os bandos e as gangues, as seitas, a toxicodependência, a necessidade de tornar-se o *Outro* todo-poderoso pelos atos de violência contra os outros, por meio de chacinas, a tendência de utilizar as tecnociências para libertar-se dos limites orgânicos, criando hiper-realidades. São, por exemplo, as tentativas de suplantar a ordem de sucessão das gerações (avós que dão à luz, procriação com o sêmen de pais falecidos), da filiação de gênero (ser homem ou mulher), das diferenças genéticas e separação entre espécies vivas (afirmação de uma suposta identidade animal) (Dufour, 2001).

Em suma, a passagem da modernidade para a época *pós-moderna* traduz-se numa profusão de fenômenos, sinais da crise: — o desenvolvimento do individualismo; *a diminuição do papel do Estado*; a progressiva preeminência da mercadoria acima de qualquer outra consideração; o reino do dinheiro; a transformação da cultura em modas sucessivas; a massificação dos modos de vida que andam de mão dada com a individualização e a exibição

---

do. É o caso, por exemplo, da depressão, doença da alma, e a recorrência a tratamentos antidepressivos, cujo maior emblema é o Prozac" (Dufour, 2001: 18-19).

21. Frei Betto também aponta a *perenização do presente* e a *desistorização do tempo*: "Não existe projeção, prospecção, estratégia, sem a concepção do tempo como história (...) Hoje, entramos na dinâmica do pensamento único, na idéia de que este modelo de sociedade capitalista neoliberal é o ideal (...) (Mas) somos seres marcados pela incompletude e, por isso, a nossa completude só se realiza no sonho. Temos que sonhar. O sonho pode ser um projeto político, uma fé religiosa, um ideal profissional ou uma vocação artística. Somos seres vocacionados à transcendência. Não nos bastamos".

do querer parecer; a limitação da história a uma dependência imediata dos acontecimentos e a uma instantaneidade informativa; o importante lugar ocupado por tecnologias muito poderosas e muitas vezes sem controle; o aumento da longevidade e a insaciável procura de boa saúde; a desinstitucionalização da família; as múltiplas interrogações quanto à identidade sexual, ou mesmo quanto a uma suposta personalidade animal; a fuga do conflito; a multiplicação da passagem ao ato violento; *a progressiva desafeição da política*; a transformação do direito numa judicialização e num formalismo jurídico processual; *a publicização da esfera privada*; e a *privatização do domínio público*.[22]

Ora, a redução do papel do Estado, a desafeição da política, a publicização da esfera privada e a privatização do público são aspectos de particular interesse no âmbito de minha pesquisa.

Segundo Dufour, o neoliberalismo obriga-nos à reflexão sobre a iniqüidade do sistema econômico, a destruição das instâncias coletivas e do *ser junto*, o indivíduo e o *ser si próprio*. A condição subjetiva moderna está ameaçada. E pergunta: *Vamos deixar o espaço crítico até agora construído volatilizar-se numa ou duas gerações?*

A resposta ou parte dela pode ser encontrada em Bosi (2000), segundo o qual há *duas vertentes da pós-modernidade*. A primeira, ultramodernizante, exaspera os traços do capitalismo a partir dos anos 70 pela universalização do fetiche-mercadoria, pela rapidez da comunicação tomada como um fim em si mesma, pela obsessão pueril do "maior" e do "mais", pela destruição dos valores comunitários e da memória, pela devastação da natureza, e pelo consumismo desbragado.

A segunda vertente, da qual compartilho, dialetiza o moderno, desafia o ultramodernista e valoriza tudo o que é lesado pelo capitalismo selvagem. Ou seja, respeita a natureza, rejeita o "progresso" da poluição e da loucura metropolitana; honra o trabalhador acima da máquina e do cassino financeiro; ama a arte do passado de todos os povos; não se curva ao nivelamento consumista da mundialização; recupera a dignidade dos vencidos (o negro, o índio, o migrante); reconhece o papel central da mulher; e luta contra o conformismo que não está só fora mas dentro de cada um de nós.[23]

---

22. Dufour (2001: 18-19). Os itálicos são meus.
23. Cf. Bosi (2000).

GESTÃO DA SEGURIDADE SOCIAL

Mas, o esforço de contextualização do objeto desta pesquisa carece ainda de referências, ainda que breves, aos fenômenos relacionados ao uso do tempo e à relação com o espaço, cada vez mais sobredeterminados pelas redes eletrônicas, implicando importantes mudanças na economia e na cultura contemporâneas.

Segundo Rifkin (2001: 18-19), estamos vivendo uma revolução comparável à da eletricidade. Os mercados, demasiado lentos, não poderão acompanhar o ritmo. A nossa idéia da natureza humana, do contrato social, das relações que mantemos com os nossos contemporâneos, com os outros seres vivos e com a Terra em que vivemos vai ser transformada.

Para Rifkin, a passagem da geografia[24] — em função da qual organizamos o comércio desde há 10 mil anos — para o ciberespaço não é anódina: agita as regras do jogo. Passamos dos mercados para as redes.

É certo, para o autor, que a propriedade existe sempre, mas permanece nas mãos do produtor. Os clientes têm acesso a essa economia através de "segmentos de tempos", segundo diferentes modalidades: adesão, subscrição, aluguel ou licença de utilização. Não se paga pela transferência de propriedade de um bem no espaço, mas pelo fluxo de experiência ao qual se tem acesso no tempo. Pagamos por uma experiência global no tempo e não por bens físicos inscritos no espaço. O novo comércio é cultural e semiótico. Pagamos por experiências ou *conteúdos*. A noção de acesso torna-se, assim, uma metáfora tão poderosa como foi a propriedade. Nas redes a propriedade continua nas mãos do produtor, uma vez que cada um paga o acesso a um fluxo de experiência e não à propriedade de um bem físico. Agora é o tempo que é a mercadoria.

Todavia, segundo Rifkin, novas tecnologias não representam, necessariamente, melhoria da qualidade de vida.[25] Pelo contrário, a qualidade de vida diminui, por causa da corrida desenfreada contra o tempo. Estamos de tal forma privados de tempo que o próprio tempo ganha valor comercial. Como fazer desta revolução um "mais" para a nossa vida e não um substi-

---

24. É interessante lembrar aqui as noções de *desterritorialização* (Ianni, 1992: 89) e de *desmoronamento do espaço* em benefício de uma ilusão de ubiquidade (Mandosio, apud Truong, 2001: 18).

25. Do que, aliás, temos fartas evidências históricas. Segundo Mandosio, apud Truong (2001: 18), a *neotecnologia* acelera e acompanha um *quádruplo desmoronamento*. O do *tempo* (presente perpétuo), o do *espaço* (ilusão de ubiquidade), o da *razão* (em benefício do cálculo), e o da própria *idéia de humanidade*, obrigada a transformar-se, graças aos instrumentos de uma tecnologia demiúrgica.

tuto para a nossa existência? Evoluímos para um comércio[26] da cultura: as viagens, os parques de lazer que nos levam para longe, o cinema, a televisão, o computador, a rede, o desporto, a gastronomia ou mesmo as grandes causas. Tudo se torna um *conteúdo*.

Para o autor, a grande batalha do século XXI será a batalha entre o comércio e a cultura. O comércio não é a origem da cultura, é o beneficiário dela. Deve existir um contrapoder à globalização, que permita ter, simultaneamente, a globalização e a cultura. Esse contrapoder reside na coletividade. Mas, qual será a força que originará essa resistência? Nem o Estado que recua, nem as empresas globais que trabalham no ciberespaço. Mas, três forças contraditórias são exercidas para restabelecer a escala local, a coletividade e o condicionamento cultural: o crime organizado, os grupos fundamentalistas, as organizações da sociedade civil. A identidade cultural não é mera consequência das condições do comércio. Se a Europa souber desempenhar seu papel intelectual e ideológico para encontrar as formas de convívio entre a cultura e o comércio, a globalização e a diversidade cultural, então será possível usar a revolução tecnológica e o novo sistema econômico para um segundo renascimento, deixando às gerações futuras uma herança digna delas.[27]

Embora o autor chame de "novo sistema econômico" o que, na realidade, constitui novas expressões do capitalismo; oponha Estado e "organizações da sociedade civil" (em bloco, como se não abrigassem diferentes projetos societários) como se não fossem expressão de uma mesma totalidade histórica; atribua à "corrida contra o tempo" o fato de que as novas tecnologias não representam melhor qualidade de vida, sem mencionar a apropriação desigual da riqueza social (que inclui as tecnologias); e ainda, não esclareça o que entende por "coletividade", são interessantes e instigantes suas reflexões sobre a relação com o espaço e o uso do tempo na sociedade contemporânea.

---

26. Aqui parece-me válido considerar um argumento de Jacoby (1990: 49), que cita outro americano: "Cowley revisa o clássico argumento de Max Weber de que a ética puritana — repressão, ascetismo, culpa — lubrifica as máquinas do capitalismo. Como observa Cowley — e muitos eruditos concordam —, a 'ética da produção' que pregava 'a indústria, a previdência, a poupança' pertencia a uma era anterior da máquina. *O capitalismo mais recente não precisava de trabalho e economia, mas de lazer e gastos, não de uma ética de produção, mas de uma ética do consumo".* Entendo, porém, que a tendência quanto a uma *ética do consumo* não constitui *per se* condição para que o capitalismo prescinda do trabalho. A propósito da centralidade e do caráter fundante do trabalho no capitalismo contemporâneo, ver Antunes (1995).

27. Cf. Rifkin (2001).

Até aqui procurei esclarecer e demarcar as preocupações centrais de minha investigação, situando-as no contexto das transformações da sociedade contemporânea nos âmbitos *político-institucional* (da reforma do Estado), *econômico* (da reestruturação produtiva e da transição do modo *fordista* para o de acumulação flexível, do chamado capitalismo desorganizado, da "nova economia"), *científico* (da terceira revolução técnico-científica), e *cultural* (da crise identitária e da solidão do sujeito "pós-moderno" pela perda das noções de alteridade e de coletivo, sob a ilusão de liberdade). E, no âmbito *social*, explicitei as concepções de gestão social — que informa minha pesquisa pela crítica à noção de *good governance*, concebida como instrumento ideológico da reforma neoliberal —, de política social e de seguridade social.

E, no caso brasileiro, qual tem sido a forma de inserção no capitalismo contemporâneo no contexto da ofensiva neoliberal?

Esta pesquisa se associa a um conjunto de estudos realizados na década de 1990, no âmbito do Serviço Social, acerca das políticas sociais no contexto da reforma do Estado e da reestruturação técnico-produtiva, sob a égide do projeto neoliberal.

Destacarei, a seguir, algumas dessas obras pelo valioso subsídio que representam à contextualização histórica e teórico-metodológica do objeto de minha pesquisa, contribuindo para responder àquela pergunta sobre o caráter da *reforma* em andamento no Brasil.Trata-se de pesquisas que vêm contribuindo para ampliar e consolidar a inserção do Serviço Social na comunidade acadêmica, pela produção qualificada e pela intervenção no debate em torno de questões relacionadas às condições sociais de existência — privilegiando as políticas sociais em geral e a seguridade social em particular —, nos marcos do capitalismo contemporâneo e além dele.

Quanto à propalada *reforma do Estado*, Behring (2003) chega à seguinte caracterização geral da *reforma* brasileira: *se está diante de uma contra-reforma do Estado, que implica um profundo retrocesso social, em benefício de poucos. Esta caracterização relaciona-se ao abandono das possibilidades de ruptura com a heteronomia e de uma redemocratização política e econômica inclusiva dos trabalhadores e da maioria da população brasileira nos anos 90.*

Recusando-se a caracterizar como reforma o que chama de processos regressivos, a autora afirma que se tratou, no Brasil, de espúria e ideológica ressemantificação do reformismo, um patrimônio da esquerda. Segundo a autora, a "reforma", tal como conduzida, é a versão brasileira de uma estratégia de inserção passiva — citando Fiori — e a qualquer custo na dinâmica internacional e representa uma escolha político-econômica, não um caminho natural diante dos imperativos econômicos. E o centro da "reforma" é o ajuste fiscal. As preocupações com a proteção social e com a consolidação da democracia e da cidadania mais se parecem com ornamentos para torná-la mais palatável.

Behring (2003) assinala, uma vez mais, a perda de soberania com aprofundamento da heteronomia e da vulnerabilidade externa; o reforço deliberado da incapacidade do Estado para impulsionar uma política econômica de retomada do emprego e do crescimento, em função da destruição dos mecanismos de intervenção; a profunda desestruturação produtiva e o desemprego, e a parca vontade política e econômica de realizar uma ação efetiva sobre a iniqüidade social, no sentido de sua reversão, condição para uma socialidade democrática.

Para a autora, o governo abriu mão da articulação de um projeto nacional. E a *contra-reforma* do Estado no Brasil tem sido de natureza destrutiva e regressiva, antinacional, antipopular e antidemocrática. A lógica fiscal e privatista — segundo a qual o mercado é o melhor dos mecanismos de controle — atribuiu um não-lugar à seguridade social, uma vez que a agenda neoliberal não comporta solidariedade real. É o que ocorre com o repasse dos serviços sociais para entidades públicas não-estatais, as OS (Organizações Sociais) sob o risco de privatização ainda maior do Estado. Destaquem-se ainda os processos de privatização indireta e induzida, na relação entre o SUS e os planos de saúde.

E conclui que

"existe uma forte capacidade extrativa do Estado brasileiro, mas que não está voltada para uma intervenção estruturante e para os investimentos sociais, mas para alimentar a elite rentista financeira. Nessa direção, os investimentos sociais não são, evidentemente, as causas da crise, como insistiam em afirmar os discursos neoliberais mais dogmáticos. O *déficit* público não está neles localizado, embora tenha sido construída uma cortina de fumaça ideológica e algumas artimanhas para forjar e justificar este argumento" (Behring, 2003: 280).

No contexto do prolongamento da onda longa de estagnação do capitalismo mundial e de busca de superlucros — sob a lógica do desenvolvimento desigual e combinado — houve um conjunto de mudanças regressivas sobre os trabalhadores e a massa da população brasileira, e que foram antinacionais e antidemocráticas (Behring, 2003).

A refuncionalização do Estado-nação representou um salto para trás, capitaneado pela coligação de centro-direita que dirigiu o país até dezembro de 2002. Algumas das expressões particulares destrutivas e regressivas da refuncionalização foram: a flexibilização do mundo do trabalho, as privatizações e a condição da seguridade social (ibidem).

Mota (1995) destaca dois vetores básicos da "cultura política da crise": a defesa do processo de privatização, como forma de reduzir a intervenção estatal, e a constituição do "cidadão-consumidor", que é o sujeito político nuclear da sociedade regulada pelo mercado. Em favor de sua hipótese — a formação, a partir dos anos 1980, de uma cultura política da crise, marcada pelo pensamento privatista e pela constituição do cidadão-consumidor —, a autora demonstra que

> "o lugar ocupado pela seguridade social, no processo de produção e reprodução social, particulariza, no plano material e político, sua vinculação com as necessidades de socialização dos custos da reprodução da força de trabalho enquanto condição da acumulação do capital e com o processo político deflagrado pelos trabalhadores em torno das conquistas sociais, institucionalizadas nos direitos sociais (...) a necessidade de criar mecanismos de contratendência à queda tendencial da taxa de lucro revela a estreita vinculação entre os requerimentos do processo de valorização e realização do capital e as condições sociopolíticas sob as quais o capital tenta superar as crises de sua reprodução, sem perder a condição de classe hegemônica, valendo-se, dentre outras medidas, das políticas sociais" (Mota, 1995: 24-25).

Segundo Mota (1995: 229-230), o principal objetivo das mudanças são a privatização e a supressão das contribuições patronais. E a reforma da previdência é apenas um instrumento para que os trabalhadores sejam os novos financiadores do capital. Ou seja, trata-se de remercantilizar a força de trabalho.

Quanto ao chamado *terceiro setor*, objeto do quarto capítulo desta obra, Montaño procura demonstrar que o conceito em questão

> "tem tanto sua origem ligada a visões segmentadoras, setorializadoras da realidade social (nas tradições positivista, neopositivistas, estruturalista, sistemista, funcionalista, do pluralismo e do institucionalismo norte-americano etc.) (...) quanto apresenta... forte funcionalidade com o atual processo de reestruturação do capital, particularmente no que se refere ao afastamento do Estado das suas responsabilidades de resposta às seqüelas da questão social, sendo, portanto, um conceito ideológico (como 'falsa consciência') portador da função de encobrir e desarticular o real" (2002: 16).

Segundo o autor,

"Ao esquecer as conquistas sociais garantidas pela intervenção e no âmbito do Estado, e ao apostar apenas/prioritariamente nas ações dessas organizações da sociedade civil, zera-se o processo democratizador, volta-se à estaca zero, e começa-se tudo de novo, só que numa dimensão diferente: no lugar de centrais lutas de classes, temos atividades de ONGs e fundações; no lugar da contradição capital/trabalho, temos a parceria entre classes por supostos 'interesses comuns'; no lugar da superação da ordem como horizonte, temos a confirmação e 'humanização' desta" (Montaño, 2002: 18).

Terceiro setor é, segundo o autor, um conceito ideológico, subproduto da estratégia neoliberal, cumprindo uma função ideológica, mistificadora e encobridora do real, que facilita a maior aceitação das contra-reformas neoliberais.

Nos capítulos que se seguem, procuro aprofundar a reflexão sobre a questão da reforma — ou da contra-reforma? —, dialogando com os autores, tendo como objeto central a tensão entre a defesa da gestão social pública e as estratégias incrementalistas da privatização.

Qual é a perspectiva, então, para a gestão social?

Os aportes até aqui reunidos permitem corroborar minha perspectiva de estudo, segundo a qual a gestão social opõe-se à *good governance*, instrumento ideológico da reforma neoliberal. Dialetiza com a tendência de exasperação da lógica capitalista e compromete-se com a *recuperação da dignidade dos vencidos*, na formulação de Bosi. Reconhece a crescente importância da gestão e manipulação de conhecimentos, que devem ser convertidos em capacidade de equacionamento de necessidades humanas, de modo a assegurar melhor qualidade de vida para todos.

Então, mais do que o combate ao analfabetismo e a universalização do acesso à educação básica, trata-se de enfrentar a chamada *exclusão digital* da maioria da população, resistindo à tendência de fetichizar a tecnologia seja pela rendição incondicional ao processo de automação, seja pela elitização do acesso às suas vantagens e benefícios.

Trata-se ainda de creditar à revolução tecnológica um fantástico potencial de proporcionar conforto, bem-estar e tempo livre aos seres humanos, o que implica em contrariar a tendência de converter o próprio tempo em mercadoria e as pessoas em reféns dele.

Voltada para as condições coletivas de existência, a gestão social, na perspectiva desta pesquisa, resiste aos encantos do mercado demiurgo. O mercado não é o novo outro. A busca de emancipação começa pela recuperação do sentido da existência. E a existência é concebida como experiência coletiva, histórica, da humanidade. O que supõe o reconhecimento da alteridade. A comunicação *on line*, em tempo real, entre os diversos sujeitos nas diversas partes do planeta pode fortalecer, precisamente, o sentimento de pertencer à humanidade e de querer o melhor para ela — para si e para o outro. O que remete, inelutavelmente, aos projetos de gestão social das sociedades locais, regionais, nacionais e global.

Como resistir à tendência de converter tudo em mercadoria? Não por meio do *Estado Mínimo*, nem das *corporações globais que trabalham no ciberespaço*, nem do crime organizado, nem dos fundamentalismos, nem da toxicodependência, nem do individualismo, nem da capitulação ante o mercado, nem do *pensamento único*, nem das variadas formas de violência que marcam o cotidiano da sociedade contemporânea, como a história da humanidade tem demonstrado *à exaustão*.

Mas, por intermédio da luta cultural em defesa de valores democráticos, da crítica à socialidade burguesa dominante e do resgate da política enquanto arena na qual é possível postular o *máximo* possível do Estado — em oposição ao *Estado Mínimo* —, gestor de instrumentos políticos, sociais, econômicos, financeiros, fiscais, tributários, creditícios e cambiais, em favor da melhor repartição e fruição da riqueza material e imaterial. Estado, *locus* privilegiado de luta social, que se distingue, mas não se separa da sociedade civil e do mercado, totalidade histórica no interior da qual se confrontam interesses e projetos societários.

Em suma, ocupar-se da gestão social contemporânea, inscrita na esfera da política social, implica em dialogar com as vertentes do pensamento social crítico no campo da construção de estratégias para o enfrentamento dos fundamentos da crise capitalista, de modo a subordinar a atividade econômica ao bem-estar social dos cidadãos e não o contrário. O que põe em questão as formas contemporâneas de geração e apropriação de riqueza, como procuro demonstrar nos capítulos que se seguem, com base na investigação quanto às tendências da reforma da seguridade social.

Capítulo 2

O estado do bem-estar social e a ofensiva neoconservadora: o estado da arte quanto à gestão social no capitalismo contemporâneo

A intenção, com este capítulo, é procurar responder à indagação sobre a compatibilidade — esgotada a etapa fordista do capitalismo — do chamado Estado do Bem-Estar Social, com a *economia globalizada de mercado*.[1] O interesse é perquirir as tendências da gestão social no contexto das novas relações entre Estado, Sociedade e Mercado.

O Estado do Bem-Estar Social tem sido objeto de inúmeros estudos, dispondo-se de abundante literatura — especialmente em língua inglesa — acerca de seus condicionantes históricos, suas características, sua maior ou menor eficiência econômica, sua capacidade de promover a eqüidade social e suas contradições. Nas duas últimas décadas, ampliou-se o acervo bibliográfico *welfareano*, destacando-se o empenho de autores em estabelecer uma tipologia de Estados do Bem-Estar Social (EBES), como veremos adiante.

---

1. Dentre as várias expressões utilizadas para designar o conjunto de transformações que vêm marcando a sociedade contemporânea, sob diferentes perspectivas, destacam-se: *mundialização* (François Chesnais, 1996); *sociedade global* (Octávio Ianni, 1992); *capitalismo global* (Celso Furtado, 1998); *capitalismo desorganizado* (Claus Offe, 1985); *sociedade pós-industrial* (Bell, D. 1993); *sociedade informática* (Adam Schaff, 1985).

Há consenso de que o EBES define-se, de modo geral, pela responsabilidade do Estado pelo bem-estar dos seus membros. Trata-se de manter um padrão mínimo de vida para todos os cidadãos, como questão de direito social, por intermédio de um conjunto de serviços provisionados pelo Estado, em dinheiro ou em espécie.

Para Pierson (1997: 7), o EBES pode referir-se, em sentido restrito, a medidas do Estado para a provisão de serviços de bem-estar — saúde, educação, habitação, garantia de renda e serviços sociais pessoais. Pode ser definido também, de modo mais amplo, como uma particular forma de Estado, uma distinta forma de política ou um específico tipo de sociedade. Na obra do autor, o Estado do Bem-Estar capitalista é entendido, no último sentido, como uma sociedade na qual o Estado intervém no processo de reprodução e distribuição econômica para realocar *life chances* entre indivíduos e/ou classes.

O termo EBES é usado, segundo Barr (1998: 7), como uma forma abreviada para designar as atividades do Estado em quatro áreas: benefícios em dinheiro; serviço de saúde; educação; e alimentação, habitação e outros serviços. Para Draibe (1990: 2), trata-se de sistemas nacionais públicos, ou estatalmente regulados, de educação, saúde, previdência social, integração e substituição da renda, assistência social e habitação, envolvendo também políticas de salário e emprego e a organização e produção de bens e serviços coletivos.

Alto e estável nível de emprego, provisão pública de um arco de serviços sociais universais e uma rede de segurança de assistência social são as três características essenciais do EBES, segundo Mishra (1990: 18-19).

Para Friedlander e Apte (1974: 3-5), o EBES é um sistema de leis, programas, benefícios e serviços, pelos quais são atendidas necessidades sociais reconhecidas como básicas para o bem-estar da população e para o funcionamento da ordem social. E seguridade social é um programa de proteção, baseado em uma legislação, contra a doença, o desemprego, a morte da pessoa que representa a fonte de renda na família, a velhice, a dependência por algum tipo de deficiência, os acidentes ou contingências.

1. Natureza, características e finalidades do Estado do Bem-Estar Social

Qual é a *natureza* do Estado do Bem-Estar Social?

Sandroni (1994: 127-128) concebe-o como um sistema econômico baseado na livre empresa, mas com acentuada participação do Estado na promoção de benefícios sociais. Não se trata de economia estatizada. As empresas respondem pelo incremento e realização da produção. Ao Estado cabe a aplicação de uma progressiva política fiscal, possibilitando a execução de programas de moradia, saúde, educação, previdência social, seguro-desemprego e, principalmente, política de pleno emprego.

Para Gough (1982), trata-se da utilização do poder do Estado para modificar a reprodução (presente e futura) da força de trabalho e controlar a população não ativa nas sociedades capitalistas. Nesse caso, a regulação estatal de atividades privadas de indivíduos ou empresas inclui a política fiscal e a legislação social. Ou seja, trata-se de uma ampla gama de intervenções estatais, além da provisão direta de serviços e benefícios sociais. A prestação de serviços combina-se com o controle social, o benefício com a sanção.

Uma particular forma de regulação social, segundo Draibe (1990: 2), caracterizada pela interferência pública sobre a estrutura de produção, distribuição e oportunidades de acesso a bens e serviços públicos e privados e pelos esquemas de transferências sociais.

Economia mista, política liberal e um setor de bem-estar caracterizam o EBES que, segundo Mishra (1984), pode ser de duas naturezas: *diferenciado ou pluralista*, em que o setor de bem-estar social não é ligado aos demais setores; e *integrado ou corporativista*, em que o setor de bem-estar social é estreitamente ligado aos setores econômico, industrial e público.

O EBES deriva, segundo Barr (1998: 6), de quatro fontes: a) o *mercado de trabalho*, pelas oportunidades de emprego e renda e a provisão, pelas empresas, de um *welfare ocupacional* em caso de doença, acidente ou aposentadoria; b) a provisão privada de *seguro voluntário e poupança individual*; c) o *welfare voluntário* dentro ou fora da família, pelo qual as pessoas destinam tempo livre ou a um preço abaixo do mercado a certas atividades ou fazem doações caritativas de várias formas; d) a provisão, pelo Estado, de *benefícios em dinheiro e benefícios em espécie*, além da concessão de isenção fiscal para financiar a provisão privada e ocupacional.

Para Pierson (1997: 16-68) o EBES é um produto 1) das necessidades geradas pelo desenvolvimento das sociedades industriais; 2) de uma bem-sucedida mobilização política para alcançar a cidadania plena; 3) da mobilização política e social, corporificando o sucesso do projeto político social-democrático de gradual transformação do capitalismo; 4) de uma luta entre os poderes políticos da social-democracia e os poderes econômicos do capital. Seu ulterior desenvolvimento, sob a hegemonia social-democrática, tornaria possível a gradual transição do capitalismo para o socialismo. É também, na ótica liberal conservadora, 5) uma mal concebida intromissão no bem-estar e nos imperativos de maximização da liberdade de uma sociedade de mercado, sendo, portanto, incompatível com a preservação da liberdade, da justiça e, a longo prazo, do próprio bem-estar social. Na ótica marxista, trata-se de 6) uma particular forma de Estado capitalista desenvolvido que, funcionando como instrumento de controle social e corporificando a natureza essencialmente contraditória do capitalismo desenvolvido, assegura as circunstâncias de longo prazo para a contínua acumulação de capital.

Indagar quanto às *finalidades* do EBES obriga à incursão em uma arena de intensa controvérsia. Supor que a denominação — *do bem-estar social* — responda *per se* à indagação significa ignorar, ingênua ou deliberadamente, condicionantes históricos configurados pelo embate entre diferentes projetos societários, concepções acerca das formas de produção e apropriação de riqueza, confronto entre sujeitos sociais e políticos.

Persiani (1994) assinala que, com a evolução da noção de seguridade social, a finalidade do EBES é a garantia a todos da libertação da necessidade, como condição indispensável para o efetivo gozo dos direitos civis e políticos. Assim, o privilegiamento dos direitos sociais (Simionatto, 1995: 196) e o princípio da universalidade orientam o sistema de segurança social, o serviço nacional de saúde e a organização nacional do emprego (Branco, 1993).

Para Barr (1998), os fins do EBES são a eficiência no uso de recursos, a distribuição dos recursos com equidade e justiça e a preservação da liberdade individual. Para o autor, a *questão dos fins* é de natureza política, ideológica e normativa. Já a *questão dos métodos* — provisão pública ou alocações do mercado — é essencialmente técnica. Diante das opções de *sistema de mercado, planejamento estatal central* ou *economia mista*, trata-se de adotar a que, de um ponto de vista estritamente técnico, estabeleça a melhor equação entre eficiência alocativa e equidade social. Em outros termos, os métodos podem ser: a não-intervenção estatal, a interferência na forma de transferências de recursos, a interferência no mecanismo de mercado através de regulação, financiamento e produção pública.

O EBES erigido após a Segunda Guerra representou, com base na proposição beveridgeana, no caso da Inglaterra, o ataque aos cinco gigantes no caminho da reconstrução: a necessidade, a moléstia, a ignorância, a imundície e o ócio (Marshall, 1967).

Para Myrdal,[2] o objetivo futuro do EBES seria a realização dos princípios de *fraternidade, liberdade e igualdade*, prometidos pela Revolução Francesa. Ou o *reino da felicidade*, sonhado por Karl Marx.

Barr (1998) desenvolve longa argumentação em torno da pergunta: É o Estado do Bem-Estar Social um passo em direção à boa sociedade? Uma dispendiosa e curta estrada em direção ao totalitarismo? Ou um cínico esquema de sustentação ao sistema capitalista?

No primeiro caso, a partir de três premissas — maior eficiência do capitalismo em relação a qualquer outro sistema; maiores custos em termos de pobreza e desigualdade; governos podem aliviar tais custos —, no âmbito da teoria liberal, segundo o autor, trata-se de buscar o objetivo utilitário de distribuir *bens* de modo a maximizar a *total utility*, ou a *total happiness*, ou ainda o *total welfare*. *Bens* são interpretados amplamente, incluindo bens e serviços, direitos, liberdades e poder político. O fim das instituições é a justiça social.

No segundo caso, citando Hayek, 1944 apud Barr, 1998, o autor afirma que liberdade é definida como falta de coerção ou restrição e inclui liberdade política, liberdade de expressão e liberdade econômica. O argumento central é que buscar a igualdade significa reduzir ou destruir a liberdade. Não existe justiça social.

"Assim, algo é justo ou injusto somente se foi causado pela ação ou inação de um indivíduo ou indivíduos. O mercado, ao contrário, é uma força impessoal como a "natureza", como num jogo econômico de vencedores e perdedores, cujo resultado pode ser bom ou mau, mas nunca justo ou injusto. Para Hayek, além disso, a noção completa — de justiça social é uma superstição quase-religiosa, que deveríamos respeitosamente deixar em paz já que ela meramente faz felizes aqueles que a tenham." (Tradução de minha responsabilidade)[3]

No terceiro caso, no âmbito da teoria socialista, as principais aspirações são a igualdade, a liberdade e a fraternidade. Para os *socialistas democráticos* que aceitam, segundo Baar, a propriedade privada e o mecanismo

---

2. Apud Sandroni (1994: 127-128).

3. *"Thus something is just or unjust only if it has been caused by the action ou inaction of an individual or individuals. The market, in contrast, is an impersonal force like 'nature', akin to an economic game with winners and losers, whose outcome can be good or bad, but never just or unjust. To Hayek, therefore, the whole notion of social justice is a quasi-religious superstition of the kind which we shoud respectfully leave in peace so long as it merely makes those happy who hold it"* (Barr, 1998: 46).

de mercado, embora modificados pela intervenção estatal, o melhor caminho para alcançar aquelas metas é alguma forma de economia mista. Já os *socialistas marxistas* argumentam que a propriedade privada e o sistema de mercado estão inerentemente em conflito com os objetivos socialistas. O mercado é incompatível com a igualdade. Os marxistas rejeitam o capitalismo por completo, seja ou não uma *mixed economy*, e atribuem ao Estado um papel primordial na produção, alocação, distribuição e redistribuição.

O autor conclui que, pelo menos no caso da Inglaterra, o sucesso das medidas posteriores a 1948 é duplo e evidente. Primeiro, um abrangente sistema de garantia de renda, isto é, uma rede de assistência social a partir da comprovação de meios, nacionalmente organizada, para a qual todo cidadão é potencialmente elegível. O segundo maior sucesso tem sido o Serviço Nacional de Saúde, com óbvios e imediatos benefícios para todos. Assim, o EBES é parte da *british life*.

Então, é possível afirmar que o EBES tem representado a possibilidade de compatibilização entre eficiência alocativa e objetivos distributivos, capitalismo e democracia, mercado e eqüidade social, crescimento econômico e bem-estar social?

Segundo Heclo (1995: 396) "com efeito, o crescimento sustentado pôs o Welfare State como uma máquina de justiça social em competição com a economia enquanto máquina produtora de desigualdade".[4] Para o autor, a expansão das políticas sociais em uma era de crescimento econômico sustentado subverteu aspectos essenciais das concepções anteriores de *Welfare State*. Em vez de coordenar as duas esferas, os *policy makers* trataram o *Welfare State* como um apêndice da *performance* econômica. Esta foi uma cuidadosa separação: a política econômica estaria preocupada com o crescimento do *output*, tão tranquilamente quanto possível. E a política social seguiria na esteira da política econômica, cuidando de redistribuir aquele *output* a fim de compensar aqueles que fossem caindo pelo caminho. Daí, a expansão de programas de transferência de renda e de outros *non cash programs*. Após uma geração ou mais de expansão, os democráticos EBES tinham produzido um sistema político admiravelmente harmonizado com o contínuo crescimento econômico. Politicamente, foi um sistema de baixo custo, cuja operação gerou um mínimo de conflito e um máximo, de alguma forma passivo, suporte. Economicamente, esteve em áspera harmonia com o pensamento

---

4. "*... in effect, sustained growth put the welfare state as a social justice machine into competition with the economy as an inequity producing machine.*"

convencional acerca do gerenciamento fiscal. Socialmente, evitou crescentes e difíceis questões acerca de valores sociais.

Offe (1979: 211-219) sustenta que o EBES é, para o pobre e desempregado, uma promessa de segurança e de abundância. Para o administrador profissional, é uma válvula de segurança para problemas sociais potenciais ou um eficiente instrumento de controle das dificuldades econômicas e sociais da sociedade capitalista. Denominador comum entre o *Welfare* mais adiantado e o mais atrasado é a coexistência da carência e da abundância, da lógica da produção industrial lucrativa e da lógica da necessidade humana. O EBES não passa de uma fase transicional no desenvolvimento capitalista mais do que organização sociopolítica fundamental e estável. Para o autor, o EBES não melhorou significativamente desde os tempos de Eisenhower. Mesmo os países mais ricos não resolveram problemas sociais. Todas as sociedades capitalistas adiantadas criam problemas endêmicos sistemáticos e necessidades não satisfeitas em larga escala. A contradição não foi resolvida com o *Welfare*, mas suavizada e modificada. O *Welfare* não representa mudança estrutural da sociedade capitalista. Não se dirige primordialmente às classes e grupos que são vítimas mais óbvias do processo capitalista de industrialização, nem cuida das velhas necessidades da sociedade. Ou sua promessa de igualdade e proteção deve ser rejeitada abertamente, ou será cumprida ao preço de mudanças verdadeiramente revolucionárias nos sistemas econômico e político.

Para outros autores de inspiração marxista, entretanto, o EBES tem funções contraditórias. O EBES responde aos interesses das classes dominantes quanto à acumulação de capital mas é pressionado a responder, também, a necessidades sociais e a ampliar o acesso a direitos. Segundo Gough (1979: 12),[5] "Ele (o EBES), simultaneamente, incorpora tendências a intensificar o bem-estar social, desenvolver os poderes dos indivíduos, controlar o jogo cego das forças de mercado; e tendências a reprimir e controlar as pessoas e adaptá-las às exigências da economia capitalista".[6]

Na obra de Simionatto (1995) encontramos interessante e apropriada proposição da questão nos seguintes termos: como fenômeno social que decorre do próprio Estado ampliado, o EBES incorpora pressupostos que se

---

5. Apud Barr (1998: 63).

6. *"It simultaneously embodies tendencies to enhance social welfare, to develop the powers of individuals, to exert social control over the blind play of market forces; and tendencies to repress and control people, to adapt them to the requirements of the capitalist economy."*

situam entre o liberalismo e o socialismo, de forma contraditória. O EBES é compatível com o liberalismo, embora aponte para a ultrapassagem do jogo das forças do mercado.

2. Condicionantes históricos da emergência, consolidação, crise e reforma do Estado do Bem-Estar Social

Quais foram os *condicionantes históricos* da emergência, consolidação, crise e reforma do EBES?

Há consenso quanto às limitações da família, da vizinhança, das igrejas e da comunidade local para responder aos crescentes problemas sociais advindos da sociedade industrial. Assim, os programas sociais nasceram, segundo Heclo (1995: 396), da necessidade de superar a "lacuna entre a mais velha tradição de auto-ajuda e as mais novas responsabilidades pela distribuição coletiva."[7] As tradicionais solidariedade familiar e beneficência pública e privada mostraram-se, segundo Persiani (1994), inadequadas frente às transformações econômicas e sociais da Revolução Industrial. A ampliação da interferência estatal na sociedade em geral e na economia em particular deveu-se às preocupações em diminuir a tensão social determinada pelas novas relações de produção. Primeiro, a assistência social para os *indigentes*. Depois, o seguro social em face da exigência de tutela dos *trabalhadores* em condição de necessidade ou com redução da capacidade laborativa. E, por último, a provisão estatal em favor de todos os *cidadãos*, por intermédio da seguridade social.

Então, embora as medidas embrionárias e os rudimentos do EBES possam ser encontrados em um contexto mais remoto, a sua consolidação ocorre após a Segunda Guerra Mundial no período do, segundo Gough (1982), *capitalismo avançado*. O Relatório Beveridge de 1942 — *Social Insurance and Allied Services* — serviu de base para o sistema britânico e inspirou reformas nos principais países. A outra referência foi a *Carta do Atlântico*. No caso da Inglaterra, segundo Marshall (1967), a instauração do EBES decorreu de um esforço de guerra. A reunião de recursos e a partilha de riscos para superar a vulnerabilidade ao ataque e a emergência da guerra conduziram às medidas em favor de um EBES como parte permanente do próprio sistema social.

---

7. "*... gap between the older tradition of self-help and the newer responsibilities for collective distribution.*"

Sob a mesma perspectiva de Marshall, Heclo (1995: 395) assinala que a estrutura básica do EBES (seguro social nacional, serviços sociais gerais, gestão fiscal keynesiana) foi consolidada no contexto das memórias de uma profunda insegurança no passado e do medo quanto a rupturas no futuro. Expectativas de baixa *performance* econômica marcaram as discussões em torno do U. S. Employment Act, do British Beveridge Plan, do Swedish National Insurance System e dos programas alemães, nos anos 1940. O contexto era de austeridade, racionamento, controle de preços e de expectativa de que o *boom* e a *bust syndrome*, seguintes à Primeira Guerra, pudessem repetir-se. Foi o sentimento de perigo e de vulnerabilidade comuns que fizeram com que os anseios por segurança, igualdade e liberdade do novo EBES parecessem consistentes e inerentes ao funcionamento da sociedade e da economia.

Draibe (1990: 2) aponta a transformação das relações entre Estado e economia, Estado e sociedade, a um dado momento do desenvolvimento econômico. Sandroni (1994: 127-128) aponta os rudimentos aplicados no governo de Bismarck, as ações dos governos social-democratas, o *New Deal* americano e os fundamentos teóricos na obra de A. C. Pigou (1920), *Economics of Welfare*, defendida pelo inglês John Strachey e pelo sueco Gunnar Myrdal.

Para Pierson (1997: 61), em essência, o EBES keynesiano é identificado com a época do capitalismo organizado ou fordismo, o qual dominou a economia mundial do século XX até os últimos vinte anos. Este foi um período baseado na dominância econômica da produção de massa e do trabalho semiqualificado, na organização centralizada do capital de larga escala e do trabalho e num intensificado papel social e econômico do Estado intervencionista. O EBES foi uma das mais características organizações nacionais correspondente ao período do capitalismo organizado e regulado pelo Estado.

Perguntando pelos *fatores dominantes* na criação do EBES, Baar (1998: 41) contrapõe: A ideologia ou o processo industrial e tecnológico? Determinismo ideológico ou tecnológico? E responde:

"Não me detenho em julgar as duas teorias. De qualquer modo, o mundo é um lugar complicado, e eu tenho uma profunda suspeita quanto a uma explicação unicausal de algo. A maioria dos países industriais enfrenta problemas similares de desemprego e bolsões de pobreza, então não é surpreendente que muitos tenham adotado soluções similares; a lógica do industrialismo tem, claramente, alguma validade. Similarmente, os problemas técnicos com mercados privados afligem todos os países industrializados. Mas a ideologia também aparece (...), (se somente) determinando se um país adota um modelo residual ou um modelo institucional de welfare. O primeiro permite o papel do Bem-Estar somente quando as estruturas do mercado ou da família são destruídas, o último é parte integrante da sociedade industrial moderna (...) Assim, um país 'capitalista' como os EUA tem (e sempre teve) um sistema de garantia de renda e de serviços sociais, que é pequeno em relação à sua população e renda nacional (embora tenha uma amplo sistema de educação pública). Um país 'socialista' como a Suécia tem um Estado de Bem-Estar altamente articulado. A Dinamarca e a Nova Zelândia (que não foram altamente industrializados) estiveram entre os primeiros países com um sistema público de pensões para idosos; e Saskatchevan foi a primeira província canadense a ter um seguro público de saúde. É claro, em conclusão, que as forças que criaram o Estado do Bem-Estar do Reino Unido são diversas e complexas. A questão — como ele aconteceu? — não é de fácil resposta". (Tradução de minha responsabilidade)

Quanto à *ideologia* como fator condicionante do EBES, Offe (1979: 211-219) afirma peremptoriamente: O EBES observa poucos dos dogmas dos partidos e realiza-se relativamente livre da controvérsia política e ideológica. Para Heclo (1995: 393), politicamente, o EBES foi um amálgama de idéias e interesses extraordinariamente diversos: da *cruzada liberal*, com sua confiança nas possibilidades do melhoramento social, no progresso humano e no secular individualismo; do *tradicional conservadorismo*, com sua ênfase nos passos paternalistas para salvaguardar as instituições e a ordem social contra mudança radical; e do *socialismo*, com sua fé no poder benigno do governo para incumbir-se das responsabilidades coletivas.

Mas, afinal, qual é o *significado histórico* do EBES? Uma resposta para processos de desenvolvimento básicos e de longo prazo e os problemas por eles criados. Uma resposta para as crescentes demandas por igualdade socioeconômica no contexto da evolução das democracias de massa. Uma resposta para as crescentes necessidades e demandas por seguridade socioeconômica no contexto do incremento da divisão do trabalho, da expansão dos mercados e da perda das "funções de seguridade" das famílias e outras comunidades. Assim, as metas básicas e os princípios legitimadores da seguridade socioeconômica e da igualdade são interpretados como o coração do EBES.

Todas as proposições acima são de Flora & Heidenheimer (1995: 8 e 22), os quais concluem que, no contexto da história européia, o crescimento do moderno EBES pode ser entendido como uma resposta a dois desenvolvimentos fundamentais: a formação dos estados nacionais e sua transfor-

GESTÃO DA SEGURIDADE SOCIAL   65

mação em democracias de massa após a Revolução Francesa, e o crescimento do capitalismo que se tornou o modo de produção dominante após a Revolução Industrial.

3. Regimes de Bem-Estar Social

E quanto aos *modelos* de EBES? Quais são, na proposição de Esping Andersen, as *economias políticas* do Estado do Bem-Estar Social?

Picó (1996: 39-41), citando Pierson, organiza os paradigmas do EBES em cinco agrupamentos: a) o conservador; b) o liberal-progressista; c) o social-democrata-reformista ou fabiano; d) o social-democrata radical; e) o marxista.

Na *visão conservadora*, o EBES constitui uma intromissão no bem-estar e nas liberdades individuais. É *antieconômico* porque desincentiva o capital a investir e o trabalhador a trabalhar. É *antiprodutivo* porque multiplica a burocracia pública, retirando recursos e capital do setor produtivo. É *ineficiente* porque elimina a competitividade, favorecendo os interesses dos produtores e não os dos consumidores. É *ineficaz* porque não suprime a pobreza e promove o ciclo de dependência.

Na *visão liberal-progressista*, segundo o autor, o EBES é produto das necessidades geradas pelo desenvolvimento dos países industrializados. É uma necessidade funcional do sistema contra as disfunções do mercado. Ao Estado cabe responder a certas necessidades ou serviços sociais que não são rentáveis e, portanto, não interessam ao mercado. O EBES é limitado aos coletivos organizados, à força de trabalho qualificada e sindicalizada, e não se pretende universal. À demanda por direitos, legislação protecionista e liberdade, o Estado responde com intervenções compensatórias. Destarte, as políticas sociais são complementares à política econômica na manutenção e equilíbrio do sistema.

Para o *pensamento social-democrata reformista*, o EBES é fruto da mobilização política para alcançar a plena cidadania no contexto da industrialização e da sociedade capitalista. O capitalismo é capaz de reformar-se, aceitando a intervenção do Estado. Uma das conseqüências mais importantes da reforma, no século XX, foi que *"la férrea estructura de clases se ha difuminado e han crecido mucho las clases medias favorecidas por la expansión del sector público"* (Picó, 1996: 40).

Os *social-democratas radicais* concebem o EBES como produto da mobilização social e política, dentro de um amplo projeto de transformação gradual do capitalismo. *"Las luchas entre el capital y el trabajo, desde sus plataformas institucionales en el capitalismo avanzado, se establecen entre la lógica del mercado y las reivindicaciones políticas, lo cual se refleja en el desarrollo de la ciudadanía y del Estado del Bienestar"* (Picó, 1996: 41). Interferem os governos, as classes médias, a classe trabalhadora, os partidos democrata-cristãos.

Para os *marxistas*, o EBES é um instrumento para o controle social da classe trabalhadora que, a longo prazo, só atua no interesse da acumulação de capital. Assim, a) as medidas do EBES se orientam segundo as exigências do capital, não segundo as necessidades sociais; b) tais medidas foram introduzidas por governos conservadores e liberais com fins reguladores e disciplinadores e como antídoto a um socialismo que demandava reformas radicais; c) as mudanças nos EBES refletem claramente as mudanças nas necessidades de acumulação de capital. Por exemplo, o deslocamento de formas de produção extensivas para outras intensivas implicou investimentos em educação; a incorporação da mulher à produção ocorreu em períodos de guerra; d) os maiores incrementos no gasto público corresponderam a períodos de aumento de impostos, especialmente entre os assalariados; e) o EBES contribuiu para desmobilizar a classe trabalhadora e para desativar mudanças mais radicais na legislação social.

O quadro[8] a seguir apresenta uma taxonomia do EBES. Foi organizado de modo a permitir a comparação dos vários autores, estabelecendo-se similaridades e divergências. Evidencia-se que a preocupação com a construção de tipologias marcou a primeira metade dos anos 1990, cerca de cinqüenta anos após as primeiras medidas para a instauração do EBES.

A classificação básica dos modelos de Estado do Bem-Estar Social que vem sendo utilizada nas análises da área é a seguinte, segundo a proposição de Esping-Andersen: *liberal, conservador* e *social-democrático*. Entretanto, às vezes utilizam-se termos diferentes para designar os mesmos modelos, conforme a opção dos autores. As características do modelo liberal permitem denominá-lo de *residual*. O modelo conservador é, apropriadamente, denominado também de *corporativo, contratual e meritocrático*. Enquanto o social-democrático é concebido como *total-redistributivo*.

---

8. Extraído de meu trabalho anterior: Silva (1999: 61).

GESTÃO DA SEGURIDADE SOCIAL

Quadro 2
Modelos de estado do bem-estar social

Esping-Andersen (1987)	Souza (1994)	Abrahamson (1992)	Titmus, Áscoli, Draibe, Vianna (1991)	Fleury (1994)	Alvarez (1994)
Liberal (EUA, Austrália, Canadá, Suíça)	Liberal (EUA, Austrália, Nova Zelândia)	Liberal (Grã-Bretanha)	Welfare Residual	Assistência Social	Residual ou de Mercado
Conservador (Alemanha, França, Itália e Áustria)	Conservador (Alemanha, França e Itália)	Corporativo (Países da Europa Central)	Welfare Meritocrático-Particularista	Seguro Social	Institucional Misto Mercado-Estado
Social-Democrata (Países escandinavos)	Democrático-Social (Escandinávia)	Escandinavo (Suécia, Dinamarca, Finlândia, Noruega)	Welfare Institucional-Redistributivo	Seguridade Social	Total ou de Welfare
	Radical (Chile)				
		Latino (Sul da Europa)			Solidário Cooperativo

No *modelo liberal* prevalece a concepção de que a ação estatal justifica-se para suprir insuficiências do mercado, junto a certos segmentos sociais. A política social é seletiva. Há duas formas de estímulo ao mercado. Passivo, pela contenção dos serviços sociais, forçando o retorno ao trabalho. Ativo, pelas medidas em favor do seguro privado. A assistência social é prestada aos comprovadamente pobres, com caráter tópico e residual.

No *modelo conservador*, os benefícios dependem de trabalho, renda e contribuição prévia compulsória. O Estado é provedor de benefícios sociais e a previdência privada desempenha papel secundário. O impacto redistributivo é baixo. É também chamado de corporativo e meritocrático porque os benefícios, vinculados às categorias de trabalhadores, variam conforme a inserção na estrutura ocupacional, capacidade de organização e pressão.

No *modelo social-democrático*, são assegurados benefícios básicos e iguais para todos, independentemente de contribuições prévias. Baseia-se nos princípios da universalidade, da solidariedade e da igualdade com os melhores padrões de qualidade. Caracteriza-se por um amplo leque de medidas de proteção social, com caráter universal e redistributivo. Há um sistema universal de seguros, embora os benefícios seja graduados conforme os ganhos habituais. O direito ao trabalho tem a mesma importância que o direito à garantia de renda.

O *modelo "radical"*, uma radicalidade em favor do mercado de seguros, refere-se à privatização da previdência chilena, em 1983, pelo ditador Augusto Pinochet. Já o *modelo "latino"* destaca as alternativas da sociedade civil — Igreja, família, filantropia, caridade — combinadas com as ações do poder público.

Frente às críticas à sua tipologia das três economias políticas do Estado do Bem-Estar Social — estática, demasiado centrada em programas de manutenção de renda, na relação entre Estado e mercado e no trabalhador do sexo masculino e que desconsiderava a possibilidade de um "quarto mundo" constituído por países da Europa meridional e o Japão — Esping-Andersen (2000: 101 ss.) retoma sua obra de 1990.

Esclarece que "o termo regimes se refere aos modos pelos quais se reparte a produção do bem-estar entre Estado, mercado e as famílias" (idem: 102). E que as denominações ali utilizadas — *liberal, conservador* e *socialdemocrata* — derivavam da economia política européia clássica. Com a evolução histórica, tais modelos tiveram seu ponto culminante de maturação nas décadas de 1970 e 1980 sob "as condições socioeconômicas que prevaleciam então, a saber: uma economia dominada pela produção industrial massiva; uma estrutura de classes em que o trabalhador manual masculino era o cidadão prototípico, e uma sociedade em que a família prototípica era do tipo estável e com uma só fonte de rendas" (idem: 103).

Então, o autor retoma a caracterização dos "três mundos do capitalismo do bem-estar". No *regime liberal* prevalecem a minimização do Estado, a individualização dos riscos e o fomento ao mercado. A assistência social tem um peso relativo e é baseada nas necessidades e na comprovação de meios, não sendo reconhecida como direito.

O *regime social-democrata* tem raízes históricas na cultura da solidariedade universalista. Caracteriza-se pelo alto grau de desmercantilização, pelo igualitarismo, pela cobertura global de riscos e por generosos níveis de subsí-

GESTÃO DA SEGURIDADE SOCIAL

dios. "O modelo social-democrata e o igualitarismo se converteram pratica-
mente em sinônimos. Para muitos, o elemento igualitário é simplesmente a
prática do universalismo; todos desfrutam dos mesmos direitos e subsídios,
seja rico ou pobre" (idem: 109). As duas características centrais são o universalismo e o caráter marginal dos serviços de bem-estar privados.

As matrizes do *regime conservador* são o estatismo monárquico, o corporativismo tradicional e o familiarismo sob a doutrina social católica. *"La
esencia del régimen conservador radica em su mezcla de segmentación de estatus y
familiarismo"* (idem: 111). Nesse caso, o autor destaca a influência do catoli-
cismo social e da doutrina da subsidiariedade na Europa Meridional e Países Baixos, do espírito republicano e anticlerical na França, e da doutrina
confuciana — equivalente funcional do familiarismo católico — e do corporativismo no Japão.

Reconhece e aponta contradições, similaridades, aspectos de diferentes regimes que se mesclam, mudanças históricas. Por exemplo, os Países
Baixos estariam contemplados no modelo social-democrata se considerados o marcado universalismo, a cobertura global e os generosos subsídios.
Porém, se considerada a provisão de serviços sociais e o papel da família,
passam para o grupo conservador. A Grã-Bretanha esteve bem próxima do
modelo escandinavo na década de 1950, mas com a gradual privatização, a
desregulação e a redução do universo de beneficiários de serviços, encontra-se hoje mais próxima do modelo liberal. Na Dinamarca vem ocorrendo
um processo de *liberalização*. Ao contrário de vinte anos atrás a Austrália
tem hoje um mercado de trabalho desregulado.

O autor conclui, no entanto, que não há razões para postular um quarto regime, contemplando separadamente os países da Europa meridional e
da Ásia oriental, particularmente o Japão, identificando neste último um
caso híbrido de combinação do caráter residual próprio do liberalismo com
o corporativismo conservador.

Segundo Esping-Andersen (2000: 124),

"resulta inquestionavelmente certo que o Japão, como a Austrália e a Europa
meridional, exibe uma série de características que não resultam facilmente compatíveis com uma simples tricotomia de regimes de bem-estar. Sem dúvida, devemos perguntar-nos também o que se ganhará com a inclusão de um quarto, um
quinto ou um sexto grupo de regimes. Provavelmente nos beneficiaríamos de
uma classificação mais refinada, de uma maior capacidade de matização e de
uma maior precisão. *Ainda assim, se valorizamos também a economia de meios analíti-*

cos, nem Japão nem as antípodas merecem a criação de tipos de regimes adicionais". (Tradução de minha responsabilidade e itálicos meus)

A referência à obra de Esping-Andersen é de indiscutível relevância para os propósitos desta pesquisa. E suas reflexões mais recentes convalidam o recurso à tipologia dos três regimes de bem-estar social como referencial analítico consistente — a despeito dos limites devidamente reconhecidos — de problemas e tendências no âmbito da seguridade social, respeitadas as assimetrias e peculiaridades históricas da América Latina e do Brasil, como veremos nos capítulos que se seguem. Não se trata, pois, de transpor nem de aplicar *modelos* estáticos e aprioristicos, mas de tomá-los como referência pelos evidentes rebatimentos e influência que historicamente tiveram e continuam tendo — agora pela reforma dos regimes — no continente latino-americano. Quanto a existir — ou ter existido — *Estado do Bem-Estar Social* na América Latina e no Brasil, há os que entendem que sim, os que entendem que não e os que diriam — *em termos*. Entendo que não, no caso do Brasil. Os próximos capítulos deverão contribuir para esclarecer tal questão.

Enquanto para Titmus (apud Picó, 1996) a variável que diferencia os modelos é a relação deles com as formas e o *nível de gasto público*, para Esping-Andersen o critério é a *desmercadorização*, seguida pela estratificação social e pelo emprego. Jones destaca como variável-chave os *limites e conteúdos da cidadania*. E, por último, Maurício Ferrera, todos citados por Picó (1996), baseia-se na orientação dos *fluxos redistributivos como princípio de participação laboral ou de cidadania* e distingue dois grandes sistemas de EBES: os *ocupacionais* e os *universais*. Os sistemas ocupacionais tendem a privilegiar as redistribuições horizontais intracategoriais (categoria de renda): jovens *versus* idosos; empregados *versus* desempregados; saudáveis *versus* enfermos. Os sistemas universais facilitam redistribuições verticais entre estratos de renda de toda a população, dos que têm mais aos que têm menos.

Com base no texto de Picó (1996) organizei o quadro a seguir, descrevendo, de forma sumarizada, os modelos propostos por Maurício Ferrera.

É interessante observar a correspondência entre o que Picó (1996) denomina de *sistemas ocupacionais puros* e o modelo *conservador* proposto por Esping-Andersen. Já os *sistemas universais puros* identificam-se com o modelo *social-democrático* dos países nórdicos. Enquanto os sistemas ocupacionais mistos e universais mistos, de características marcadamente *liberais* ou *conservadoras*, oscilam entre o critério ocupacional e a perspectiva da universalização.

GESTÃO DA SEGURIDADE SOCIAL

Quadro 3
Sistemas de bem-estar social

Ocupacionais		Universais	
Puros	Mistos	Mistos	Puros
França, Bélgica, Alemanha, Áustria	Suíça, Itália, Holanda, Irlanda	Grã-Bretanha, Canadá, Nova Zelândia	Escandinávia
Começo restrito a algumas categorias de trabalhadores dependentes. Incorporação paulatina de outras categorias. Extensão progressiva a uma cota cada vez maior da população. Multiplicidade de grupos de risco desiguais e distintos. França: a mais elevada fragmentação categorial nos campos previdenciário e sanitário. Fragmentação intercategorial (empregados públicos, privados, autônomos, na indústria e no comércio, na agricultura, nas profissões) e intracategorial (trabalhadores, quadros dirigentes)	Combinação do sistema ocupacional com o universal. Critério ocupacional continua dominante. Porém, em cada um dos quatro países há pelo menos um sistema de cobertura nacional geral, baseado no princípio da cidadania e não no da participação laboral. A Itália implantou um em 1978, o Serviço Nacional de Saúde. A Irlanda, onde também prevalece o tipo ocupacional, implantou a cobertura universal em saúde a partir de 1978.	Começaram com sistemas de seguro nacionais de meios comprovados. Depois da Segunda Guerra, foram implantados planos de seguridade social de ampla cobertura e prestações homogêneas. A Grã-Bretanha é o exemplo mais emblemático com a implantação do National Health Service (1946), das Family Allowances (1945), do National Insurance (1946) e da National Assistence (1948). Progressiva atenuação dos requisitos contributivo-laborais para aceder aos benefícios. Em 1970 implantou-se a renda para todos os cidadãos com mais de 80 anos, sem comprovação de meios.	Universalista: cobertura para toda a população residente.

Fonte: Ferrera, apud Picó (1996).

Por outro lado, conforme Quadro 4, Jones (apud Picó, 1996) utiliza as expressões *escandinavo, bismarckiano, anglo-saxão* e *franja latina*, que, sem afastar-se da tipologia básica até aqui utilizada, confere destaque aos países do Sul da Europa, agrupando-os sob outra denominação, em função de suas particularidades.

A propósito, Ferreira (2000: 6-8) identifica quatro *Europas Sociais* — a *escandinava*, a *anglo-saxônica*, a *continental* e a do *sul* — dedicando-se à análise mais aprofundada dos *Estados Sociais* da Europa Meridional, ou seja, os países do Sul da Europa: Itália, Espanha, Portugal e Grécia. O mesmo autor, em outro texto — *A reconstrução do Estado Social na Europa Meridional* — aponta as *similitudes regionais sistemáticas* entre tais países: o relativo subdesenvolvimento do Estado Social e a discrepância entre as medidas prometidas e legisladas e as realmente levadas à prática; a importância e a elasticidade da família como uma espécie de carteira de compensação para o bem-estar dos seus membros, com importantes implicações em termos de gênero; e uma cultura social imbuída de um tipo específico de solidariedade muito influenciado pela doutrina social da Igreja. E destaca sete principais características do Estado Social da Europa Meridional: relevância das remunerações de transferência e, especialmente, polarização interna dos sistemas de manutenção de rendimentos, baseados no *status* profissional, privilegiando os trabalhadores inseridos no mercado de trabalho regular ou institucional em relação aos demais, tal como no modelo *bismarckiano*; distribuição desequilibrada da proteção social: superproteção do risco da velhice e dos idosos como grupo social, benefícios e serviços mais reduzidos para a família, e subdesenvolvimento da habitação social e dos subsídios para a habitação, associado a uma regulamentação rigorosa do mercado de arrendamento privado; combinação entre ocupacionalismo da manutenção de rendimentos e universalismo dos serviços de saúde (os quatro países criaram um serviço nacional de saúde, inspirado no modelo britânico, mas só a Itália tem um serviço universal inteiramente viável sem distinções ocupacionais); combinação entre instituições públicas e provedores privados de saúde com grande vantagem, freqüentemente, para os últimos; clientelismo no manejo dos recursos, por meio de elaboradas *máquinas de proteção* para distribuição dos subsídios monetários, sob influência de laços ou redes privadas; distribuição altamente desequilibrada dos custos pelos diversos grupos ocupacionais devido a disparidades legais; e, por último, elevada incidência da *economia paralela* e da evasão fiscal.

Segundo o autor, esse padrão de distribuição social polarizado e demograficamente assimétrico não colocou problemas especiais às outras esferas institucionais — família e mercado de trabalho — e revelou-se perfeitamente compatível com (a) a tradicional *família do Sul*, com sua extensa rede de solidariedade e o seu intenso fluxo de transferências intergeracionais e (b) o mercado de trabalho *fordista*, capaz de oferecer um número crescente de empregos estáveis que proporcionam salários familiares às novas gerações, apesar da tardia industrialização e do amplo setor informal. Mas a

Quadro 4
Modelos europeus de estado do bem-estar social

	Escandinavo	Bismarckiano (Alemanha e Áustria)	Anglo-saxão (Reino Unido, Austrália e Nova Zelândia)	Franja Latina (Espanha, Portugal, Grécia, Itália Meridional)
Tipo de Regime de EBES	Moderno (universalista)	Institucional	Residual	Rudimentar
Características (objetivo)	Pleno emprego. EBES como empregador em primeira instância e compensador em última	Máximo crescimento econômico. EBES como compensador em primeira instância e empregador em última	Máximo crescimento econômico. EBES como compensador em última instância e prioridade ao emprego na economia privada. Seletividade.	Tentando alcançar o nível dos demais. EBES como promessa semi-institucionalizada Não há tradição de pleno emprego
Direito a	Trabalho para todos	Seguridade Social Direito à renda mínima	Transferência de Renda	Trabalho e bem-estar proclamados
	Respaldado por um conceito institucionalizado de cidadania social		Não existe tal respaldo	Parcialmente desenvolvido o conceito
Debate sobre a renda básica ou mínima	Marginal (Redistribuição de renda fora da esfera do trabalho)	Pode radicalizar de alguma forma a desvinculação entre trabalho e renda. Desestímulo à entrada no mercado de trabalho	Pode apoiar o desenvolvimento de um sistema "normal" de bem-estar no sentido nórdico	Pode apoiar o desenvolvimento de um sistema normal de bem-estar

Jones, C. *New perspectives on the welfare state in Europe*, Routledge, 1993, citado por Picó, Josep. *Modelos sobre el Estado del Bienestar. De la Ideologia a la práctica*. In: Béjar, R. C. & Tortosa, J. M. *Pros y Contras del Estado del Bienestar*. Madri, Ed. Tecnos, 1996, p. 49.

transformação do contexto socioeconômico externo e a própria maturação do sistema de pensões de aposentadoria, absorvendo uma crescente proporção dos recursos, converteram aquele mecanismo institucional relativamente coerente num círculo vicioso, desgastando seus fundamentos e levando às reformas da década de 1990, como veremos adiante. No caso da Itália, uma reforma sob o lema *più ai figli, meno ai padri*.

Até aqui tratei do conceito de Estado do Bem-Estar Social, suas características essenciais, sua natureza e suas finalidades. Procurei ainda estabelecer os condicionantes históricos de sua gênese, evolução e consolidação, além de comparar modelos de gestão estruturados segundo determinadas correntes do pensamento social e político. Na sessão seguinte, vou abordar a alegada crise do EBES.

4. Crise capitalista, contradições, avanços e retrocessos do Estado do Bem-Estar Social

Agora vale perguntar se há, realmente, uma *crise* ou uma *pós-crise* do EBES e quais são suas causas para, em seguida, traçar possíveis cenários tendenciais quanto à gestão social no início do terceiro milênio. Antes, porém, é interessante considerar os diferentes critérios usados pelos autores para a periodização da história do EBES. Para Mishra (1990: 96), no primeiro período, de 1950 a 1975, o EBES foi instaurado como paradigma dominante de desenvolvimento social no Ocidente. No período de 1975-80, marcado pela crise, o *Welfare* entra em desequilíbrio. O terceiro período, iniciado em 1980, representa a ascensão do neoconservadorismo com a eleição dos governos Thatcher e Reagan sobre uma plataforma que "rompeu ideologicamente com o Estado do Bem-Estar Social em favor de uma abordagem neoconservadora".[9]

Para Heclo (1995: 386-387), são quatro os estágios do EBES, conforme descritos no Quadro 5: *experimentação* (1870-1920); *consolidação* (1930-1940); *expansão* (1950-1960); e *reformulação* (1970-?).

Voltemos à questão da *crise* ou *pós-crise*.

Em estudo realizado no final da década de 1980, *Welfare State, crise e gestão da crise: um balanço da literatura internacional*, Draibe & Henrique (1988: 53-78) analisam oito teses, quais sejam:

1. a tese progressista: *O Welfare State não passa por uma verdadeira crise; sofre antes uma mutação em sua natureza e operação;*

---

9. "*... broke ideologically with the SWS in favour of a neo-conservative approach.*"

GESTÃO DA SEGURIDADE SOCIAL

Quadro 5
Estágios do estado do bem-estar social

Estágios do Welfare State	Experimentação (1870-1920)	Consolidação (1930-1940)	Expansão (1950-1960)	Reformulação (1970-?)
Economia Fatos	Difusão internacional de um ciclo de negócios. Deslocamentos da industrialização	Depressão. Planejamento de Guerra. Destruição Reconstrução com austeridade.	Crescimento econômico sustentado surpreendente. Compromisso com o pleno emprego.	Combinação inesperada de recessão e inflação
Reações	Alívio de tensões através de exceções *ad hoc* quanto às leis da economia política	Integração das despesas sociais com as doutrinas de de administração da demanda	Crescimento humano como solução para *tradeoffs* econômicos	Medidas *ad hoc* para subordinar a política social a uma nova consciência da escassez
Política Fatos	Movimentos de trabalhadores. Extensão do sufrágio. Crescimento dos partidos de massa	Descrédito dos oponentes ao governo nacional	Disputa política e competição de grupos por crescimento "indolor"	Indiferença política. Volatilidade eleitoral. Descrença em apelos tradicionais.
Reações	Inovações políticas de modo a acomodar princípios liberais, conservadores e socialistas	Governos em guerra Consenso na reconstrução pósguerra	Declinante necessidade de compromisso político e de construção de consenso. Ideologia do "fim da ideologia"	Competição para reduzir expectativas e evitar impopularidade. Ataques neoliberais a impostos, gastos e burocracia
Política Social Fatos	Inovação e volatilidade dos programas. Argumento "constitucional" sobre problemas de limites da política social.	Unificação dos experimentos anteriores	Preenchendo lacunas e ampliando os *approaches* herdados	Reabrindo as questões "constitucionais". Inadvertida ampliação dos limites da política social
Conteúdo	Distribuição de benefícios para os pobres e para a classe trabalhadora. Criação do seguro social	"Remédios" para riscos compartilhados por todos os cidadãos	Compensações para preservar crescentes padrões de vida. Luta por acesso a parcelas relativas do crescimento.	Reduções marginais nos gastos. Meios substitutos de baixo custo para alcançar algumas metas sociais
Valores	Esforços para reconciliar liberdade, igualdade e segurança	Demonstrações de que os três valores são mutuamente reforçadores	Negação de que as escolhas de valores importantes estejam em jogo/ perigo	Novo reconhecimento de trágicas escolhas. Busca de relações de soma-positiva.

Fonte: Heclo (1995) (Tradução de minha responsabilidade).

2. a tese conservadora: *O Welfare State é uma estrutura perniciosa e corresponde a uma concepção perversa e falida do Estado;*

3. a tese esposada tanto por conservadores quanto por progressistas: *A crise do Welfare State é sobretudo uma crise de caráter financeiro-fiscal.* Nesse caso, citando O'Connor e Gough, a crise do gasto social não tem uma dinâmica autônoma, é antes elemento da crise geral do Estado capitalista;

4. *A crise do Welfare State é, principalmente, uma crise produzida pela centralização e burocratização excessivas;*

5. *A crise do Welfare State deve-se à sua perda e eficácia social.* Trata-se, pois, de suprimir essa forma de Estado ou de optar por cortes nos orçamentos sociais. Ivan Illich representou, à esquerda, a alternativa da supressão do Estado-Providência e sua substituição por um modo de produção autônomo, com base na tese da contraprodutividade dos serviços sociais estatais. A alternativa dos cortes orçamentários foi defendida por William Simon, inspirador dos conservadores programas americanos. Para os marxistas, os programas sociais não são mecanismos redistributivos e alteradores, de fato, da desigualdade social. Ampliam a responsabilidade do Estado quanto aos custos de reprodução da força de trabalho, através do controle social e da redução das tensões da luta de classe (citando Gough);

6. *A crise do Welfare State é principalmente uma crise de legitimidade e de baixa capacidade de resistência da opinião pública.* Nesse caso, as raízes da crise teriam que ser buscadas na ausência de coesão social, na baixa ou nula legitimidade dos programas sociais estatais, na desconfiança em relação à capacidade e eficiência do Estado, na fragmentação da opinião pública e na alta visibilidade de programas específicos voltados à pobreza.

7. *A crise do Welfare State deve-se ao colapso do pacto político do pós-guerra sobre o qual erigiu-se.* Estaria desfeito o pilar fundamental do *Welfare State*, no plano da legitimação política, esgotando-se assim aquela particular forma de regulação estatal baseada em políticas sociais e numa política econômica de corte keynesiano.

8. *A crise do Welfare State deve-se em princípio à sua incapacidade de responder aos novos valores predominantes nas sociedades pós-industriais.*

Na segunda parte do trabalho, as autoras agrupam os argumentos em favor de: a) uma nova forma de solidariedade social; a crise se origina e poderá se resolver nos planos sociais e políticos da sociedade; b) uma economia política das políticas sociais: a crise econômica e a relação entre política econômica e política social. E concluem que:

"A literatura progressista parece ter já alcançado algum êxito no contra-ataque às posições conservadoras, seja as de análise de corte mais econômico, seja as de conteúdo principalmente político. Mais ainda, num plano como no outro, parece haver um quase consenso em chamar a atenção para as 'insuficiências' tanto da visão keynesiana, quanto dos vigentes 'postulados' sobre a democracia (ou, se se quiser, sobre as relações entre o Estado e a sociedade). O que talvez não possa deixar de ser dito é que em termos de propostas concretas de 'avanço' em relação a estas 'insuficiências', permanece-se numa etapa bastante genérica de proposições, como se os estudos e debates devessem ainda dar nova volta sobre a realidade e si próprios, de modo a *produzir verdadeiramente um quadro alternativo para a crise atual que não abdique dos valores de eqüidade social e democratização de todos os espaços vitais*" (itálicos meus).

Mas, o que se passa dez anos depois? Segundo Barr (1998: 408) um estudo inglês concluiu recentemente que "o Estado do Bem-Estar e, de fato, o próprio Bem-Estar está muito robusto".[10] Segundo o autor, citando Le Grand e Peterson, nos últimos treze anos, de 1974 a 1987, o EBES enfrentou, com sucesso, um furacão econômico em meados dos anos 1970 e uma nevasca ideológica nos anos 1980. Os recursos para o *public welfare* foram mantidos e os indicadores continuaram a mostrar um aprimoramento permanente. Nos Estados Unidos, "a era Reagan terminou com o *welfare* substancialmente intacto, embora com suas bordas esgarçadas. O *welfare* está agora inclinado em direção aos seus beneficiários da classe média, mais do que esteve uma década atrás, mas seus contornos permanecem essencialmente como foram desenvolvidos desde os anos trinta, quando começou". E o autor, citando Esping-Andersen, lembra: "A despeito das percepções populares, o grau de retrocesso do Bem-Estar, longe de significativa mudança, tem sido até agora modesto".

Para Barr (1998: 409), entretanto, o EBES não é uma solução completa. Ele pode tornar o desemprego mais suportável, mas faz muito pouco para reduzir o número de pessoas sem trabalho, nem melhora as condições de trabalho para os empregados. E muitas pessoas — mulheres, minorias étnicas — são excluídas por razões não diretamente ligadas à pobreza. Nos EUA, apesar do relativo sucesso do sistema de benefícios em dinheiro, a pobreza, longe de ser eliminada, tem crescido desde os anos 1980. Em parte, porque a linha da pobreza subiu enquanto os padrões de vida e expectativas também cresceram, mas para muitos a questão não é apenas de pobreza relativa, mas de incerteza e *harsh discomfort*, conforme Baar (1998: 42).

---

10. "*... the welfare state, and indeed welfare itself is very robust.*"

Na análise de Heclo (1995: 399), a desilusão deve-se à confusa redescoberta da desigualdade ao final dos anos 1960 — "A desigualdade foi redescoberta. O crescimento econômico não foi suficiente. O Estado do Bem-Estar teria que fazer mais"[11] — seguida por um estancamento da máquina do crescimento econômico nos anos 1970. A estrutura política pós-guerra que estava acostumada à expansão teve que acomodar os reveses da economia, tão inesperados quanto o sucesso econômico tinha sido para os *policy makers* do período anterior aos anos 1950. E, num piscar de olhos, a complacência acerca do momento do EBES deu lugar aos *doom-mongering* (negociantes da ruína, profetas do caos) da elite intelectual, pessoas que tinham sido os mais fortes campeões das políticas sociais.

Para Offe, citado por Pierson (1997: 63 e 68), o EBES corporifica a natureza essencialmente contraditória do capitalismo desenvolvido e está cronicamente atado à lógica da crise fiscal. E, por outro lado, a acomodação ou adaptação do capitalismo, da social-democracia e do EBES representa o esgotamento do compromisso de ultrapassar a fase do *capitalismo organizado*. Em outros termos, a desorganização das classes tradicionais e das alianças de classe estabelecidas explica a exaustão do suporte institucional do EBES, o que equivale dizer, perda de sustentação política.

Considerando-se que os sistemas de *Welfare* estão inseridos em uma economia de mercado capitalista, a qual é dinâmica e instável, e que a economia política do *Welfare* vincula o conflito ideológico ao distributivo, então a mudança é inevitável, conforme Mishra (1990: 116). E, no momento, são as forças da direita — em favor de mais mercado, mais privatização, maior liberdade econômica e mais desigualdade — que parecem ser ascendentes até mesmo dentro das cidadelas dos regimes social-corporativistas. O que o período pós-crise tem deixado claro é que a *Nova Direita* e suas políticas são, acima de tudo e descaradamente, ideologicamente orientadas em função de seus próprios interesses. O desdobramento das políticas dos Estados Unidos e do Reino Unido deixou claro que a principal preocupação dos neoconservadores não é, simplesmente, assegurar a lucratividade ou reduzir o *déficit*. É também e acima de tudo redistribuir — elitizando — o poder e o privilégio e estabelecer a hegemonia ideológica da direita, enfraquecida durante os dias tranquilos do *Welfare* pós-guerra. De qualquer modo, como mediação da relação entre produção e distribuição ou, de modo geral,

---

11. *"Inequality was rediscovered. Economic growth was not enough. The welfare state would have to do more."*

GESTÃO DA SEGURIDADE SOCIAL

entre objetivos econômicos e sociais, a política do *Welfare State* permanece, de uma forma ou de outra, central para a sociedade, segundo a análise de Mishra (1990: 116, 118 e 119).

Mas, ainda segundo Baar, as instituições estatais, bem como o sistema de mercado, são capazes de se adaptarem às exigências históricas. O EBES enfrenta problemas, mas isso não significa que haja uma crise. O debate apropriado deve ser em torno da forma e da extensão da adaptação.

Pierson (1997: 180) entende que as alegações de crise e contradição do EBES foram amplamente equivocadas e que as mais dramáticas previsões de meados dos anos 1970 foram exageradas. As razões foram: imprecisão no uso dos termos *crise* e *contradição*, leituras equivocadas das forças políticas que estiveram por trás do crescimento do EBES, de sua interação com a economia, e da extensão sob a qual sempre esteve subordinado à lógica do mercado. Outra razão foram os equívocos acerca das formas pelas quais variados interesses dentro do EBES poderiam ter expressão política efetiva e mobilizar poder político real.

Isso não quer dizer, segundo aquele autor, que não existam problemas estruturais reais relacionados à *non-market distribution in a market-based economy* ou que a estrutura de custos e benefícios do EBES possa não ter substancial impacto sobre a *performance* da economia. Afinal, a ordem econômica internacional dos anos 1990 é muito diferente daquela dos anos 1950 e 1960.

Os inúmeros problemas têm justificado o extenso elenco de reformas no *Welfare* dos países europeus, ao longo da década de 1990. Ferrera, Hemerijck & Rodhes (2000: 85-106) realizaram um inventário das mudanças até agora introduzidas, agrupando-as em cinco categorias: pensões; garantia de renda e incentivos ao trabalho (proteção no desemprego e promoção do emprego, benefícios em caso de doença ou *disability*, benefícios para a família e suporte à compatibilização de trabalho e família); inclusão social; atenção à saúde; organização e financiamento. Baseando-se em Alber, Pierson (1997: 174-176) também apresenta extensa lista de cortes e das reações populares registradas em oito países da Europa.

De modo geral, houve cortes ou reduções — *cuts, curtaiments, retrenchment* e *backlash* são os termos utilizados pelos autores — nas provisões do EBES, desde os anos 1970. Todavia, um levantamento mais completo, segundo Pierson (1997: 173), revela que enquanto a maioria dos Estados realizou alguns cortes, muitos outros introduziram novas formas de *entitlement* e na maioria dos países as despesas sociais continuaram a crescer mais rápido do que o PIB. Em todos os países, com exceção da Alemanha, a taxa de despesas de transferência social foi mais alta em 1984 do que em 1975, embora com maior restrição no nível de crescimento. Entre 1960 e 1975, o crescimento real das despesas sociais permaneceu em torno de 8% ao ano. Entre 1975 e 1981, foi de apenas 4%. Somente quatro países — EUA, Canadá, Holanda e Alemanha Ocidental — tiveram redução nas taxas de gastos sociais, que continuaram a crescer substancialmente em sete outros países: Suécia, França, Bélgica, Áustria, Japão, Itália e Finlândia. Enquanto em alguns países (Alemanha Ocidental, Suíça, Noruega, Finlândia, Estados Unidos) a expansão do Estado do Bem-Estar foi significativa após 1985, em outros (Suécia, Dinamarca, Bélgica, França, Irlanda e, em menor extensão, Áustria e Itália) o *Welfare* continuou a expandir.

De qualquer modo, as mudanças introduzidas, que nem sempre implicam redução de gastos — em alguns casos houve expansão — parecem indicar que se trata de adaptação e consolidação e não de desmonte do EBES. *Consolidation rather than of welfare state dismantling*,[12] segundo Alber.[13]

Ferrera, Hemerijck e Rodes (2000: 1) entendem que os Estados-Providência não estão à beira de um colapso. E que, embora estejam aparentemente "em crise" e sintam pressões para o recuo, na prática os Estados-Providência mudaram muito pouco nos últimos anos. O apoio popular continua elevado em todos os países e há grande resistência às mudanças.

A alegação de que será preciso escolher entre a economia de mercado e o EBES, ou, na realidade, a crença de que é possível ter uma economia de mercado sem alguma forma de provisão estatal de *Welfare*, não é mais constrangedora agora do que foi há vinte ou até mesmo cem anos atrás (Pierson, 1997: 181). E não há razões para supor que agora ou no futuro, o EBES sofrerá um colapso por causa de sua incompatibilidade com a economia de mercado ou por causa de um insustentável fardo representado pela população idosa. Segundo o autor, não há evidências — nem seria possível — que permitam antecipar que a população de mais de 65 anos, em 40 ou 50 anos, estará uniformemente dependente, constituindo um fardo para a economia produtiva. Então, a agenda para o futuro do EBES deve estar muito menos preocupada com seu desaparecimento do que com a perspectiva

---

12. "Consolidação em vez de desmonte".

13. Apud Pierson (1997).

de sua reestruturação ou mudança nos tipos dominantes de regime de *Welfare*, em direção ao modelo residual, orientado pelo mercado ou liberal (Pierson, 1997: 187).

Todavia, na avaliação de Ferrera et al. (2000: 3-4), *não há nem necessidade nem muitas provas de uma convergência para valores e modelos institucionais de tipo neoliberal, apesar da convicção reinante em certos círculos políticos de que tal convergência é necessária.* A competição comercial, a globalização dos mercados financeiros e os limites ao aumento dos impostos pressionam a capacidade dos governos em cumprirem seus compromissos no campo da proteção social. É necessário que os Estados-Providência se tornem mais competitivos. Mas, as pressões não impossibilitam a existência de respostas nacionais para a busca de soluções equitativas. Soluções de filiação neoliberal impostas unilateralmente pelo Estado são pouco apropriadas para os países europeus. É necessário encontrar outra solução, consolidando as estruturas existentes por meio de uma reforma negociada.

Ferrera et al. (2000: 8-9) ao defender as *policy mixes* e a reforma institucional, afirma que:

> "há um problema decisivo que é comum a todos. Como os Estados-providência têm vindo a sofrer cada vez maiores restrições do ponto de vista fiscal, têm de aumentar a eficácia dos seus programas de protecção social se não quiserem renunciar aos compromissos basilares do Estado-providência do pós-guerra (...) Acima de tudo, os Estados-providência têm de se adequar mais a dinâmica de favorecimento do emprego — promovendo quer a quantidade quer a qualidade dos postos de trabalho. Os requisitos fundamentais podem ser sumarizados como: uma política macroeconômica sólida — inflação moderada e disciplina orçamental —, flexibilidade e moderação salarial para manter os níveis de emprego, política social eficiente e promotora do emprego, e flexibilidade e flexigurança no mercado de trabalho".

Citando vários autores, Pierson (1997: 188) alerta que é preciso ter cautela nas predições acerca do futuro do EBES, no contexto de uma economia internacional desregulamentada. Alguns insistem que, sob a nova ordem econômica internacional, o Estado será ainda intervencionista. O Estado pode aumentar suas intervenções em, por exemplo, treinamento e retreinamento e na transição da escola para o trabalho. O crescimento das instituições supranacionais pode intensificar as intervenções estatais. Assim, por exemplo, a harmonização da política social na Comunidade Européia, os julgamentos da Corte Européia e a Declaração Social Européia forçarão certos estados-membros a ampliarem sua provisão de *Welfare*.

O que é possível depreender, então, do esforço de análise até aqui realizado?

Na Europa e nos EUA, o Estado do Bem-Estar Social[14] foi a forma mais expressiva, pela qual a sociedade capitalista buscou a regulação de conflitos sociais em torno do acesso à riqueza. O que equivale dizer que o EBES representou, historicamente, crescentes graus de institucionalidade democrática (criação de instrumentos e instâncias de negociação; direitos sociais assegurados pela legislação; socialização de bens, recursos e serviços). Ou seja, foi solução para a crise capitalista. Depois, o mesmo Estado do Bem-Estar Social passou a ser apontado como causa da crise.

No embate com a lógica da inclusão-exclusão do mercado e tendo que responder, simultaneamente, pelas funções de acumulação e de legitimação do Estado, o *Welfare State* representou importante elenco de conquistas sociais e melhoria da qualidade de vida. Mas, com a revitalização do ideário liberal-conservador — o neo-liberalismo —, que teve no *reaganismo* e no *thatcherismo* duas de suas mais fortes expressões, houve um recrudescimento do movimento que opõe Estado do Bem-Estar Social e economia capitalista. Na "generosidade" ou na "irresponsabilidade" do EBES estariam muitos dos obstáculos à superação da longa crise capitalista.

Mas, a concepção de seguridade social encontra-se profundamente arraigada na cultura ocidental, especialmente na Europa. E como não é possível separar a economia da política, ainda haverá grandes embates em torno das tentativas de redução da cobertura social, ainda que a pretexto de outras "garantias" sociais como a geração de novos empregos. Ou seja, na concepção neoconservadora, se forem reduzidos os encargos sociais, se for rebaixado o custo da mão-de-obra, se o contrato de trabalho for flexibilizado, se o Estado reduzir seus gastos e não for tão "generoso" na área social, então, é possível criar empregos e enfrentar a crise.[15]

Todavia, segundo Offe (1981)

---

14. Aqui e os próximos parágrafos, conforme meu trabalho anterior: Silva (1999: 67-68).

15. O fato é que o Estado do Bem-Estar Social não desaparece por causa da globalização e da crítica neoliberal. "As prestações sociais, ou seja, a redistribuição de renda, não pararam de crescer: na França estão em torno de 30% do PIB, enquanto alcançavam 14% em 1960, e 22% em 1975; apenas (...) se estabilizaram a partir dos anos 80" (Darcy, 1998). E o parlamento inglês aprovou, para o triênio 1999-2002, um orçamento que prevê o aumento dos gastos públicos em geral, especialmente na área social. A propósito, o jornal *Daily Mail*, de 15/7/1998, publicava a matéria: "Welfare: the monster that keeps growing" (Bem-Estar: o monstro que continua crescendo).

GESTÃO DA SEGURIDADE SOCIAL

"o brusco desaparecimento do Estado do Bem-Estar abandonaria o sistema a um estado de conflito explosivo e anarquia. O embaraçoso segredo do Estado do Bem-Estar é que se seu impacto sobre a acumulação capitalista pode ser destrutivo (como tão enfaticamente demonstra a análise conservadora), sua abolição seria simplesmente paralisante (um fato sistematicamente ignorado pelos críticos conservadores). A contradição é que o capitalismo não pode existir nem com nem sem o Estado do Bem-Estar Social".

Não é por outra razão que, apesar do discurso conservador e liberalizante, a ameaça de fim do EBES ocorre no plano do discurso político, mais do que no da efetivação econômica (Dupas, 1998).

Os governos de L. Jospin na França, de Tony Blair na Inglaterra e de Schroeder na Alemanha pareceram representar uma inflexão quanto à importância da ação reguladora do Estado em favor das políticas sociais. A onda neo-conservadora dos últimos anos em torno da idolatria do mercado pareceu ceder à chamada *terceira via*, na segunda metade dos anos 1990. Mas o que se observou na França, sob o regime de Lionel Jospin, foi a aceleração das privatizações e dos cortes nos gastos sociais. E não tem sido diferente na Inglaterra, sob o governo de Tony Blair. Em meados de 2003, a reforma da previdência social proposta pelo governo francês do presidente Jacques Chirac e do primeiro-ministro Jean-Pierre Raffarin e a revolta social então desencadeada constituem evidências de que as tensões entre economia de mercado e universalidade de direitos sociais ainda estão distantes de um novo pacto social, em face da evidente erosão daquele que se estabeleceu após a Segunda Guerra, em torno do EBES.

Embora relevante escapa aos propósitos desta pesquisa a reflexão sobre a chamada *terceira via*. No entanto, pela pertinência com o tema aqui tratado farei algumas referências, ainda que sumárias, à *terceira via* enquanto programa político formulado por Antony Giddens, sociólogo, da London School of Economics, segundo o qual

"a expressão (...) não é, de forma alguma, nova. No passado, grupos políticos de diversas tendências utilizaram-na, inclusive alguns de extrema direita. No entanto, os social-democratas foram os que mais freqüentemente recorreram a ela. Durante a Guerra Fria, muitos viam a própria social-democracia como a terceira via, por um lado distinta do liberalismo de mercado norte-americano e, por outro, diversa do comunismo soviético" (2001b: 7).

Trata-se de expressão adotada pelos autodenominados Novos Democratas nos EUA e pelo Novo Trabalhismo na Inglaterra. Para Giddens, "a expressão 'terceira via' não tem nenhum significado especial em e por si mesma. Ela foi usada muitas vezes na história passada da social-democracia, e também por escritores e políticos de convicções completamente diferentes. (Refirome) à renovação social-democrática — a versão atual do esforço que os social-democratas tiveram de empreender periodicamente e com muita freqüência ao longo do século passado para repensar a política" (2001a: 7) "O objetivo geral da política da terceira via deveria ser ajudar os cidadãos a abrir seu caminho através das mais importantes revoluções de nosso tempo: globalização, transformações na vida pessoal e nosso relacionamento com a natureza (...) A política da terceira via não deveria identificar a globalização com um endosso coletivo ao livre mercado. O livre mercado pode ser um motor de desenvolvimento econômico, mas, dado o poder social e culturalmente destrutivo dos mercados, suas conseqüências mais amplas precisam sempre ser examinadas com cuidado" (ibidem).

Os *valores da terceira via* são: igualdade, proteção aos vulneráveis, liberdade como autonomia, não há direitos sem responsabilidades, não há autoridade sem democracia, pluralismo cosmopolita e conservadorismo filosófico. O *programa da terceira via* prevê: o centro radical, o novo Estado democrático (sem inimigos), a sociedade civil ativa, a família democrática, a nova economia mista, a igualdade como inclusão, o *Welfare* positivo, o Estado do investimento social, a nação cosmopolita, a democracia cosmopolita (Giddens, 2001a: 76 e 80). Segundo o autor, a terceira via representa uma alternativa entre o *programa da social-democracia clássica* — a velha esquerda — e o *thatcherismo ou neoliberalismo* — a nova direita. No primeiro caso, destacam-se: envolvimento difuso do Estado na vida social e econômica, domínio da sociedade civil pelo Estado, coletivismo, administração keynesiana da demanda somada ao corporativismo, papéis restritos para os mercados (a economia mista ou social), pleno emprego, forte igualitarismo, *Welfare State* abrangente, protegendo os cidadãos "do berço ao túmulo", modernização linear, baixa consciência ecológica, internacionalismo, pertence ao mundo bipolar. Quanto ao neoliberalismo, as características são: governo mínimo, sociedade civil autônoma, fundamentalismo de mercado, autoritarismo moral, somado a forte individualismo econômico, mercado de trabalho se depura como qualquer outro, aceitação da desigualdade, nacionalismo tradicional, *Welfare State* como uma rede de segurança, modernização linear, baixa consciência ecológica, teoria realista da ordem internacional, pertence ao mundo bipolar (ibidem: 17-18).

Já em 1994, reiterando que *o socialismo está moribundo*, Giddens propõe, em seis pontos, uma *política radical*, aqui sumariada, "que recorra ao conservadorismo filosófico mas que preserve alguns dos valores centrais que até

GESTÃO DA SEGURIDADE SOCIAL   85

agora estiveram associados ao pensamento socialista": 1 — restaurar as solidariedades danificadas, com base no princípio da confiança ativa, acompanhada de uma renovação de responsabilidade pessoal e social em relação
aos outros, e que tem que ser conquistada, como fonte poderosa de solidariedade social, uma vez que a transigência é livremente oferecida em vez de
ser imposta pelas coerções tradicionais. 2 — reconhecer a centralidade da
política da vida — estilo de vida — em um mundo onde aquilo que costu-
mava ser fixado pela natureza ou pela tradição está atualmente sujeito a
decisões humanas; 3 — adotar a concepção de política gerativa "que busca
permitir aos indivíduos e grupos fazerem as coisas acontecerem, e não es-
perarem que as coisas lhes aconteçam, no contexto de preocupações e objetivos sociais totais"; 4 — incrementar formas mais radicais de democratização — a democracia dialógica, como parte de um processo de *democratização
da democracia*; 5 — repensar o *Welfare State* nas linhas de modelos de previdência positiva, enfatizando a mobilização de medidas de políticas de vida,
direcionadas à ligação da autonomia com as responsabilidades pessoais e
coletivas; 6 — enfrentar a questão da violência, buscando-se uma possível
teoria da pacificação e a substituição do uso da violência pelo diálogo — "A
melhor compreensão do outro conduz a uma melhor compreensão de si
mesmo, ou da própria cultura, o que, por sua vez, leva à maior compreensão e mutualidade" (1996: 21-28).

De grande repercussão, amplamente citado, constitui referência fundamental para a reflexão quanto à chamada *terceira via* o texto *Europe: the
third way — die neue mitte*, de Tony Blair e Gerhard Schroeder, publicado em
1999, segundo o qual a

> "a social democracia encontrou nova aceitação — mas somente porque, retendo
> seus valores tradicionais, começou um confiável caminho para renovar suas idéias
> e modernizar seus programas. Ela tem tido nova aceitação também porque se
> posiciona não só pela justiça social mas também por dinamismo econômico (...)
> criatividade e inovação (...) Equidade e justiça social, liberdade e igualdade de
> oportunidade, solidariedade e responsabilidade em relação aos outros — estes
> valores são eternos. A democracia social nunca os sacrificará. Tornar esses valo-
> res relevantes para o mundo de hoje requer políticas realistas e (...), capazes de
> enfrentar os desafios do século XXI. Modernização é adaptar-se às condições que
> objetivamente mudaram (...) Similarmente, nós precisamos aplicar nossas políti-
> cas dentro de um novo modelo econômico, modernizado para hoje, onde o go-
> verno faz tudo o que pode para apoiar a empresa mas nunca acredita que seja um
> substituto para a empresa. A função essencial dos mercados deve ser comple-
> mentada e aprimorada pela ação política, não tolhida por ela. Nós apoiamos uma

economia de mercado, não uma sociedade de mercado" (1999: 1) (Tradução de minha responsabilidade).

Mas, segundo críticos de esquerda — e aqui refiro-me aos brasileiros — a terceira via, longe de se contrapor, acabou servindo ao neoliberalismo, dando lugar ao surgimento de uma nova onda de direita.

Segundo Sader (2002: 1), a terceira via surgiu como uma alternativa de oxigenar o neoliberalismo "com uma suposta conotação de eqüidistância entre o Estado keynesiano e o mercantilismo neoliberal..." Mas, "a passagem do capitalismo norte-americano a um novo ciclo recessivo e a política de guerra que levam a cabo os EUA fazem com que a terceira via esteja morta e enterrada. Até mesmo seu propagandista-mor, Tony Blair, já nem toca no assunto e transformou-se num falcão da política belicista de Washington".

Genro (2002) entende que a *terceira via* assenta-se em idéias e postulados liberais, embora aponte corretamente os motivos da crise do projeto social-democrata e da inviabilidade histórica do modelo soviético. Abandona conscientemente a utopia da II Internacional quanto à transição pacífica para o socialismo. Está vinculada aos interesses dos países desenvolvidos perante a crise global determinada pela crise fiscal da social-democracia e pela exacerbação da hegemonia americana. E rompe com a social-democracia ao constituir uma reação conciliadora com o neoliberalismo. E, assim como o neoliberalismo, implementa reformas que adeqüam e limitam o funcionamento do Estado aos novos padrões de acumulação.

De minha análise depreendo que a perspectiva da terceira via como alternativa à ditadura do mercado, especialmente na fase de sua *financeirização*, revelou-se malograda, se considerados seus declarados propósitos.[16]

---

16. Para Anthony Giddens (2003), a *terceira via* não morreu. Segundo o autor, os recentes sucessos eleitorais da direita na Europa e nos Estados Unidos não nasceram de uma nova ideologia política que se equipare à *terceira via*, mas de uma "onda de populismo de extrema direita" em face de questões como a imigração, o multiculturalismo e o crime. Destaca que os partidos de centro-esquerda podem ter perdido terreno na União Européia, mas tiveram sucessos em outros países como Suécia, Alemanha, Reino Unido, República Tcheca, Hungria e Polônia, cujos governos "vêm seguindo programas revisionistas fortemente influenciados pelas idéias e políticas da Terceira Via." O mesmo se aplica, segundo o autor, ao *governo do Brasil*: *"O presidente Luiz Inácio Lula da Silva abandonou a retórica esquerdista mais tradicional de seus primeiros dias na política em favor de uma posição que se assemelha fortemente à dos partidos social-democratas modernizantes da Europa"*. E reitera o pensamento da *terceira via*: reestruturação do Estado e do governo para torná-los mais democráticos e responsáveis; *reformulação dos sistemas de seguridade social para* adequá-los aos prin-

GESTÃO DA SEGURIDADE SOCIAL 87

E a onda neoconservadora foi alimentada sob a retórica da pretensa nova social-democracia que, na realidade, revelou-se cúmplice da estratégia de recuperação e reafirmação dos postulados liberais.

As sucessivas estratégias para recompor o processo de acumulação, das quais o neoliberalismo e a chamada terceira via são as mais recentes, desarticularam sistemas de proteção social e aprofundaram a desigualdade social e, ao contrário dos declarados propósitos, não foram capazes de equacionar — segundo os próprios interesses capitalistas dominantes — a duradoura crise global, em suas inúmeras expressões regionais ou nacionais: a crise mexicana em 1995, a crise asiática em 1997, a crise russa em 1998, a crise brasileira em 1999, a crise argentina desde 2001 e a mais recente crise norte-americana.

Então, é preciso apostar na capacidade de resistência, crítica e proposição de movimentos sociais, embora multifacetados e de composição altamente heterogênea, em face dos mecanismos reprodutores da *barbárie* social. Merecem destaque, portanto, as manifestações de Seattle (EUA) por ocasião da reunião da OMC em 1999; de Praga (Tchecoslováquia) durante reunião do FMI em 2000; de Nice (França) durante a reunião da União Européia em 2000; de Davos (Suíça) durante o Fórum Econômico Mundial em 2001; de Quebec (Canadá), por ocasião da Cúpula das Américas em 2001; em Gênova (Itália) na reunião do G8, também em 2001. E as mobilizações em torno do Fórum Social Mundial, realizado em Porto Alegre (Brasil) pelo terceiro ano consecutivo, desde 2001.

A polarização entre mercado e bem-estar social se reatualiza, o que equivale dizer que a luta pela inclusão social ganha novo alento opondo projetos societários. De um lado, a ditadura do mercado. De outro, a reafirmação de valores democráticos que não se restringem à esfera política, mas que — sem dissociar a política da economia — apontam para o enfrentamento dos fundamentos da crise e para a busca de modo mais justo de geração e apropriação da riqueza social.

O fato é que o Estado não resolve tudo. O mercado também não. E isso mostra os equívocos da tendência de se reproduzir, na América Latina e no

---

cipais riscos que as pessoas enfrentam hoje; ênfase na criação de empregos, acoplada à reforma dos mercados de trabalho; compromisso com a disciplina fiscal; investimento em serviços públicos, mas apenas nas áreas *ligadas à* reforma; investimento no capital humano como fator crucial para o sucesso na economia do conhecimento; equilíbrio entre os direitos e as responsabilidades dos cidadãos e uma abordagem multilateralista quanto à globalização e às relações internacionais" (itálicos meus).

Brasil, o pensamento conservador de que o Estado do Bem-Estar Social vai, inevitavelmente, acabar.

No Brasil, a intensa polêmica em torno do tamanho e do papel do Estado desenvolveu-se no encalço da crise de sustentação teórica — o *keynesianismo* — e de sustentação financeira — a redução da capacidade de investimentos — do Estado do Bem-Estar que, na Europa, manifesta-se já em meados da década de 1970, prolongando-se até nossos dias.

O EBES europeu, em suas diversas modalidades, em sua evolução histórica e em sua crise, constitui referência indispensável para a reflexão em torno dos vários sistemas de proteção social pelas suas repercussões teórico-políticas na América Latina e, particularmente, no Brasil. Mas, a seguridade social latino-americana e, particularmente, a brasileira serão objeto dos capítulos seguintes.

Capítulo 3

Desigualdade e mercantilização da gestão social na América Latina

A chamada agenda dos três *D*, recorrentemente utilizada por analistas da situação sociopolítica e econômica da América Latina na década de 1990, parece sustentar-se com plena validade neste início de século. De fato, a questão da *democracia*, a *dívida* externa e as *drogas* vêm constituindo, em síntese, o grande desafio latino-americano que, longe de ser equacionado, amplia-se agora com os altos índices de *desemprego* e — como não é possível ignorar — com a permanente ameaça à saúde pública representada pela epidemia de *dengue*,[1] entre outras doenças diretamente associadas às más condições de vida.[2] Trata-se, portanto, de atualizar aquele rol de problemas em uma nova agenda dos cinco ou mesmo seis *D*, destacando-se a questão central da *desigualdade social*. Neste capítulo interessa destacar a democracia

---

1. Conforme: "Epidemia de dengue atinge América Latina". *O Estado de São Paulo*, 11/2/2002, p. A-6: "O crescimento do número de casos de dengue tornou-se um problema de dimensões internacionais (...) A tendência de elevação do número de casos na América Latina já havia sido reconhecida em uma reunião realizada em setembro entre ministros da Saúde do continente (...) na região das Américas, há uma tendência semelhante à observada no Sudeste da Ásia, onde cada ano ocorrem milhares de casos de dengue hemorrágica".

2. "Os déficits em água potável e em instalações sanitárias e esgoto têm forte incidência na expansão das infecções intestinais nas crianças da região. Em 11 países, a diarréia é uma das duas principais causas de morte em crianças de menos de um ano, e a principal em crianças de 1 a 4 anos" (Kliksberg, 2000: 76). Coincidentemente, mais um *"D"* na já complexa agenda.

e a desigualdade social, questões fundamentais para a análise da reforma da seguridade social em curso no contexto do ajuste neoliberal latino-americano, como veremos adiante.

1. A questão da democracia

Refletindo sobre o processo de refundação da ordem democrática na América Latina, na transição da década de 1980 para a de 1990, Boron (1994: 8) afirma, com rara clareza, que

> "acreditamos que não se pode compreender o significado que tem a recuperação da democracia se não a concebemos como um projeto indivisível que repousa em duas exigências: por um lado, um conjunto de regras 'certas do jogo que permita institucionalizar — e provisoriamente resolver — os antagonismos sociais e chegar a resultados 'incertos, isto é, nem sempre necessariamente favoráveis aos interesses das classes dominantes: por outro, a democracia também contém uma definição da 'boa sociedade' que, dialeticamente, finaliza no socialismo. Essa postulação se articula em torno de dois eixos: a igualdade concreta dos produtores e a liberdade efetiva dos cidadãos — dos quais se derivam não só a imagem de uma 'utopia positiva' mas também uma proposta de reforma social que suprima as flagrantes injustiças do capitalismo e oriente aos agentes sociais da transformação nos traiçoeiros labirintos da conjuntura. Só por essa via se poderá reconciliar, pelo menos parcialmente e por enquanto, a cidadania política abstrata da democracia burguesa com a descidadania social concreta que caracteriza as sociedades capitalistas".

Trata-se de contestar — e aqui associo-me a Boron — a concepção minimalista e politicista de democracia, reduzida — na visão schumpeteriana — à questão do método.[3] E de pugnar pela democracia — nos procedimentos e nos resultados — como uma forma de vida e de regulação das relações sociais cotidianas.

Já Ribeiro (2001), ao discorrer sobre a representação (tornar presente o ausente), destaca a prevalência, na democracia moderna, da regra da maioria, dando sustentação a resultados aceitos como legítimos. E ao pôr em questão a democracia como valor e a democracia como procedimento, conclui que

---

3. Segundo Schumpeter (1984: 336), "o método democrático é aquele acordo institucional para se chegar a decisões políticas em que os indivíduos adquirem o poder de decisão através de uma luta competitiva pelos votos da população".

"se a idéia de *valor* dá conta melhor da necessidade de democratizar a sociedade, a de *procedimento* é positiva porque evidencia que as relações humanas melhoram — e se democratizam — segundo o respeito que tenhamos pela diferença. Um certo ceticismo é bom, na democracia, e ele será maior nesse caso. (Na democracia como valor, a convicção de que eu tenho razão, e o outro não, é mais forte — e faz esquecer que *o fundamental na democracia é o diálogo, mais do que seu resultado*.) Por ceticismo, entenda-se aqui uma capacidade de não se levar demasiado a sério, de suspeitar que o outro possa ter razão, de mudar de opinião. Daí que seja bom (...) evitar dar razão a um lado ou outro, porque o debate *é* enriquecedor — é democrático. Ou talvez o melhor seja usar não o verbo *ser*, mas *fazer*, para a democracia; talvez mais importante do que algo 'ser' democrático seja algo *produzir, gerar*, democracia". (itálicos meus)

Sobre a relação entre política e economia, fundamental para esta pesquisa, Ribeiro (2001) destaca que para os atenienses

"havia uma dignidade da política, assentada na separação entre o mundo da necessidade e o da liberdade. Mas nós vivemos no engate desses dois mundos. O mundo da necessidade é o da economia. O mundo da liberdade, para os gregos, estava na política. Hoje, a economia manda — muito — na política. Uma política que ignore a economia se tornará ingênua e vã. Ela precisará levá-la em conta, até se quisermos reduzir as desigualdades sociais. Os problemas sociais são equacionados em linguagem econômica".

E argumenta em favor de suas quatro teses acerca das relações entre o social e a política, destacando a questão do desejo: 1. o avanço da democracia moderna (ou do caráter democrático da política moderna) é provocado pelos direitos, não pela representação; 2. na modernidade, a democracia é primeiro política e só depois social (para os gregos a democracia é política e social, sem separação); 3. no Ocidente moderno a vida política converteu-se em esfera jurídica, no espaço em que prevalece o direito, quase sem levar em conta os fatos. Trata-se da cisão entre o político e o social; 4. e a quarta tese, com a qual pretende responder às anteriores: a democracia é o regime do desejo.

"É clara a oposição entre os desejos, que são perigosos na política e na vida social, e o mundo do direito, que exige uma racionalidade, uma imparcialidade, um respeito ao outro que não há no despotismo oriental (...) O preço da política ocidental moderna, e o da democracia, foi a exclusão do mundo afetivo. É uma política concebida em termos racionais. Seus conceitos básicos — liberdade, igualdade, alternância no poder, respeito às escolhas do outro — constituem um esforço racional nem sempre fácil de praticar. (...) Relações aquecidas podem ser de amor, amizade ou ódio. Todas elas implicam uma proximidade de contato. A modernidade deslocou as relações aquecidas para o mundo da vida privada — amigos, amantes, inimigos pessoais — ou para microssociedades e esfriou as relações que pertencem à vida pública. Não protegerei os entes queridos, nem perseguirei os odiados. Mas com isso as paixões públicas, as que nos fazem apostar na vida social e política, sofreram um esvaziamento."

Indagando se ainda pode haver democracia — ainda há *demos*? Ainda há *Kratos*? — Ribeiro retoma as estratégias históricas para a constituição de um povo. Primeiro, o *romantismo* que investiu no folclore, nas tradições culturais, na valorização da língua, segundo a concepção de que a identidade de uma nação reside em seu povo. Segundo, o *marxismo*, para o qual o povo é sobretudo o trabalhador que se define por seu lugar no aparato de produção. Mas, para o autor, não se identifica mais o povo com a certeza grega, romântica ou marxista.

> "O povo assim se pulveriza em vários povos, vários demoi, para usar o plural grego de demos. Estes cada vez menos forjam suas identidades com base na nacionalidade ou em seu lugar na produção. E, mesmo quando esses subpovos se mostram altamente mobilizados, não definem suas identidades por um único e mesmo critério. Estão entre esses subpovos as mulheres, os negros, os gays, os sem-terra, os trabalhadores de um setor ou de uma fábrica, a 'comunidade universitária' e assim por diante. A definição marxista postulava um critério de base, a produção; a romântica, a nacionalidade. Mas como remontar a um só critério, quando se pensa em grupos tão díspares como os mencionados? (...) Assim se entende melhor que hoje o poder se converta numa rede, na qual — em vez de um único e grande povo — se articulam subpovos. Numa rede, ou num verbo, o mais importante são não lugares, mas ligações, aquilo que com muita oportunidade os internautas chamam de links".

São interessantes as provocações de Ribeiro que, enfatizando a importância dos direitos humanos — e do respeito à diferença — para a democracia, põe em questão as noções de povo, de democracia da unanimidade (importante nos momentos de ruptura, no *tempo nervoso das revoluções*), de democracia da diferença (importante para a *época mais lenta da maturação*; a unanimidade não é possível, nem desejável) e de poder, assinalando a cisão entre a política e a vida social.

Ao apontar os paradoxos constitutivos da democracia moderna, o autor oferece importante contribuição para a análise dos projetos societários em confronto na América Latina — ou a debilidade para se articular projetos — que façam avançar as necessárias transformações democráticas que

GESTÃO DA SEGURIDADE SOCIAL

impliquem superação das atuais condições de vida de grandes parcelas da população — ou seria o povo? — latino-americana. Ora, aqueles *subpovos* referidos por Ribeiro, constituem justamente — a despeito de suas particularidades — a maioria do *povo*.

Vieira (1992) retoma os princípios sobre os quais se sustenta o Estado de Direito: império da lei, divisão de poderes, legalidade da administração e garantia dos direitos e liberdades fundamentais. Origem na representação popular, expressão da vontade geral e subordinação à Constituição: — eis o que deve ser a lei.

Mas, por que retomar, no âmbito da presente investigação, as características do Estado de Direito e a questão da democracia?

Porque, segundo Vieira, a sociedade democrática é o mais perfeito e seguro sustentáculo do Estado de Direito. Nem a tecnologia, nem a industrialização (com a incorporação da população ao consumo de massas) são garantias para a existência de uma sociedade verdadeiramente democrática. E só a sociedade democrática pode proteger e preservar o Estado de Direito.

Mas, *o que é uma sociedade democrática?* É aquela onde se assegura a real participação dos indivíduos nas decisões e nos rendimentos da produção. Em outros termos, tanto quanto instaurar mecanismos de distribuição de renda, trata-se de buscar crescentes níveis de coletivização das decisões nas diversas formas de produção. E esta é, em síntese, a perspectiva desta pesquisa.

Retomando o princípio da separação de poderes — cabe ao Legislativo a criação de leis, e ao Executivo e Judiciário, a sua aplicação — Vieira reitera a importância da esfera legislativa constituída por câmaras — parlamentos, assembléias nacionais ou congressos — para onde convergem os conflitos decorrentes de interesses contraditórios da sociedade. E os meios legítimos de controle e de fiscalização do Poder Legislativo são a crítica da opinião pública, a liberdade de imprensa, a liberdade de expressão, o pluralismo de partidos políticos, o respeito pela oposição política institucionalizada, as eleições periódicas e livres. A independência do Poder Judiciário é outra exigência fundamental do Estado de Direito. E a administração precisa funcionar conforme a lei e sob o controle judicial.

Declarando não ter pretensão de originalidade ao discorrer sobre o Estado de Direito — já ardorosamente defendido nos últimos três séculos — Vieira ressalta, no entanto, que o Estado de Direito não se realiza apenas com a garantia jurídico-formal de direitos e liberdades. *"Muitas razões de Estado têm conduzido a contradições entre a simples declaração dos direitos e liberdades e a sua real efetivação."*

Nas sessões seguintes, em que trato do ajuste neoliberal, da desigualdade social e da reforma da seguridade social na América Latina, espero demonstrar suficientemente as aludidas contradições.

Tendo como referência a experiência européia quanto à democracia e à reforma social, Boron (1994: 167) aponta

> "as condições muitíssimo mais adversas que enquadram a atual luta pela democracia na América Latina: uma onda longa de tipo 'estagnacionista'; saqueio de excedentes mediante o endividamento externo; políticas econômicas recessivas; sobrevivência dos bastiões sociais do autoritarismo e um clima ideológico francamente cético em relação às virtudes da democracia, configuram uma constelação de circunstâncias muito pouco propícias para o sucesso de uma transição democrática".

Boron trata da *transição democrática*, um período que se poderia considerar superado, em face do amplo processo de redemocratização vivido na última década. Vale dizer, no entanto, que na América Latina trata-se de uma transição inconclusa, lenta e frágil. Com efeito, a situação econômica instável e o grave problema social concorrem para a erosão da ainda débil democracia conquistada na esfera política.

Na Argentina, a crise empurrou a classe média para as ruas da capital e o *cacerolazo* tornou-se uma rotineira forma de protesto popular que, entre outras coisas, resultou na queda de um presidente eleito, sucedido por outros quatro presidentes em alguns meses. A crise vivida em 2002 constituiu grave ameaça ao Estado de Direito.

> "Hoje, o país com um presidente no governo que o povo não escolheu, enfrenta o momento mais difícil para a democracia desde o golpe de estado genocida de 1976. Duhalde não se propõe a encarar nenhum caminho definido (...) Indefinições parecidas às de De la Rua estão provocando uma rápida erosão na autoridade presidencial, enquanto a classe média continua a protestar e os desempregados organizam piquetes e mobilizações. Sem uma unificação política das vítimas da crise, que justificadamente desconfiam de todo o sistema político, incluindo os dirigentes de esquerda, corre-se o risco de uma aventura autoritária como as que começam a imaginar o setor financeiro, setores do menemismo e a direita radical, em discussões alarmantes com chefes militares. Não por casualidade que até FHC tenha mencionado nestes dias esta possibilidade" (Puricelli, 2002: 4-5).

O destaque à situação da Argentina, nesta pesquisa, deve-se ao fato de que aquele país aplicou o receituário neoliberal[4] — inclusive no que concerne à reforma da previdência social, que será tratada adiante — estando vivendo uma amarga experiência, que justifica o apelo do sociólogo Atílio Boron aos vizinhos latino-americanos: — *Basta, não nos copiem!*

Em 2003 venceu as eleições presidenciais o candidato do Partido Justicialista — *Aliança Frente para a Vitória*, Nestor Kirchner, tendo disputado com outros cinco: Carlos Menem, também do Partido Justicialista — *Aliança Frente para Lealdade*; Adolfo Rodríguez Saá, Partido Justicialista — *União e Liberdade*; Ricardo López Murphy, do Movimento Federal RECRIAR; Elisa Carrió, *Argentina por uma República de Iguais*; e Leopoldo Moureau, da União Cívica Radical. Na plataforma do candidato vitorioso, propostas de: *câmbio flutuante* (a mesma para todos os candidatos); *pobreza e desemprego*: integração de políticas sociais, plano de construção de casas populares para criar postos de trabalho e geração de emprego por meio da reativação econômica; *dívida externa*: continuidade da negociação feita pelo atual governo, abatimento de 50% a 60% do valor da dívida, diminuição dos juros e prazos de cinquenta anos para pagamento; *relações internacionais*: aliança com o Brasil e países da América do Sul para fortalecimento político e econômico da região, descartando alinhamento com os EUA.[5]

Mas, para Boron[6] a

"esperança está depositada fundamentalmente em três pilares: no que possa fazer Lula, em como possa resistir Chávez e em como possa sobreviver Cuba. Se não tivermos bons resultados nesses três pilares, teremos perdido mais uma oportunidade e será preciso esperar que mudem os ventos da história. Eu gostaria de acreditar que há no Governo Lula suficiente dose de realismo para se dar conta de que tem que mudar o caminho. Chávez está aprendendo muito com a crise, é um dirigente muito diferente do que era, mas sofre pressões tremendas. Cuba está sob uma campanha infernal com ataques de todo tipo, porque, para o gover-

---

4. "*Carlos Menem, o sucessor de Alfonsin, inaugurou o processo de integração submissa aos mercados internacionais, em especial ao mundo das finanças. Alimentado pela entrada de capitais externos, pela valorização ilusória da moeda nacional e por uma onda de popularidade que durou anos, vendeu o patrimônio público, abriu o país a importações predatórias, desmontou o Estado Nacional*" (Casaro, Rita. À espera da América morena. Disponível em: www.cirandabrasil.net/06/matéria, 25/5/2003.

5. Rossi, Clovis. Lula vira modelo para a direita argentina. *Folha de S. Paulo*, 26/4/2003, p. A-11.

6. In: Casaro, Rita. *À espera da América morena*. Disponível em: www.cirandabrasil. net/06/matéria. Acesso em: 25/5/2003.

no fascista dos EUA, tirá-la do caminho é um objetivo primordial. As razões para a esperança estão dadas pelas possibilidades que têm esses três governos de superar os desafios que enfrentam. Se não tiverem êxito, será a desilusão".

A Colômbia encontra-se em aberta guerra civil com apoio econômico e militar dos EUA que, a pretexto de combater o narcotráfico, assegura interesses geopolíticos estratégicos em face das riquezas da região amazônica.[7]

A crise econômica na Bolívia, no Equador e no Peru, este último até recentemente[8] sob a presidência do ditador e corrupto Fujimori, constitui motivo de permanente apreensão quanto ao retorno ao autoritarismo que marcou as décadas de 1970 e 80 na América Latina.

A Venezuela viveu em estado de guerra, em 2002, entre os segmentos que apóiam o presidente Hugo Chávez e a *oposição*, sustentada pela comunidade financeira, altos oficiais das forças armadas, meios de comunicação e "interesses das oligarquias."[9] Vem sendo realizada uma reforma agrária com base em uma *ley de tierras* que, segundo o próprio Chávez,

"é uma lei em verdade revolucionária, moderna, que não atropela a ninguém, só está cumprindo com o mandato constitucional de acabar com o latifúndio; de estabelecer um imposto; de regularizar a propriedade da terra; de subordinar a propriedade da terra à produtividade e ao interesse nacional de obter níveis altos

---

7. Das reservas mundiais a Amazônia Brasileira detém 88% do nióbio, 31,5% do estanho, 15,3% do ferro, 7,7% da bauxita, 6,4% do gás natural, 8,9% do manganês e mais 409 toneladas de ouro e 500 de prata. (Conf. *O Estado de S. Paulo*, 24/3/2002, p. A-10)

8. Em 2003, em contexto de crise de governabilidade, o governo do Presidente Toledo estabelece o *estado de emergência*, suspendendo garantias e liberdades constitucionais, o que vem implicando em atos de violenta repressão a manifestações populares, como a que ocorreu em 29 de maio de 2003 na Universidade Nacional do Altiplano, resultando em uma morte e mais de 40 pessoas feridas e desaparecidas. (Cf. *Pronunciamento* do Conselho da Facultad de Trabajo Social, Puno — Peru, 23/6/2003, divulgado pela Internet.)

9. Mas, no caso de Chavez, há os que suspeitam de que a grande popularidade e o aumento das receitas petrolíferas, a despeito da situação econômica e social do país, pode resultar em despotismo: "... dois homens muito distintos. Um, a quem a sorte obstinada oferecia a possibilidade de salvar o seu país. E o outro, um ilusionista, que poderia muito bem ficar na história como um novo déspota" (Marques, 2000: 16). Ocorre que "... dois problemas de peso ameaçam, contudo, a mudança "bolívar": o desemprego e a delinqüência. São assassinadas mais de 90 pessoas em toda a Venezuela em cada fim de semana que passa, cerca de 50 das quais só na capital. Além disso, o governo confessa que a taxa de desemprego se avizinha dos 15%, enquanto que 54,3% dos trabalhadores estão estagnados na economia "informal". Esta parte da população é que julga o presidente quanto à sua capacidade de lutar contra a corrupção, de reduzir a delinqüência e de melhorar, além da economia, "a sua economia" (Aiquel, 2000: 16-17).

GESTÃO DA SEGURIDADE SOCIAL 97

de auto-abastecimento agroalimentar, de conseguir a segurança agroalimentar. Estamos colocando, por cima dos interesses particulares — como deve ser — o interesse nacional"[10] (Tradução de minha responsabilidade).

Todavia, até que ponto é possível compatibilizar a democracia no plano político com a ditadura do mercado e com as medidas de ajuste neoliberal, pródigas na produção de variadas formas de exclusão social?

"na América Latina a redemocratização veio acompanhada pela pauperização de extensas faixas da sociedade civil. A questão crucial é até que ponto pode progredir e se consolidar a democracia em um quadro de miséria generalizada como o que hoje afeta as nascentes democracias sul-americanas, que corrói a cidadania substantiva das maiorias precisamente quando mais se exalta sua emancipação política. Pretende-se integrar politicamente as massas e, simultaneamente, se ensaiam "políticas de ajuste" que as excluem e as marginalizam; reafirma-se o valor do Estado como âmbito da justiça e como instância de redistribuição de renda e de recursos e, ao mesmo tempo, ele é sacrificado e desmantelado em função do reforçamento darwiniano do mercado." (Boron, 1994: 12-13)

Tais medidas vêm consistindo na destruição da capacidade de gestão estratégica do Estado, em favor da mercantilização de serviços de interesse público e social, como procuro demonstrar adiante, ao tratar da reforma da Seguridade Social.

A atual situação social, política e econômica do continente constitui inelutável apelo à retomada da recorrente questão quanto à ausência de um projeto latino-americano ou de uma estratégia de integração frente aos oligopólios norte-americanos e europeus.

Durante a segunda metade do século XIX — o bolivarismo — e todo o século XX — o bolivarismo, o pan-americanismo, o desenvolvimentismo —, a América Latina experimentou diversas estratégias voltadas à integração continental que sucumbiram, invariavelmente, em face do fortalecimento da hegemonia norte-americana, especialmente após a Segunda Guerra Mundial.

Apoiado no ideal de criação de uma confederação dos povos hispânicos — uma comunidade latino-americana —, o bolivarismo feneceu em face

---

10. Hugo Chávez em entrevista a Heinz Dieterich, do periódico *Correos para la Emancipación*, divulgada através do site www.portoalegre2002.org

do pan-americanismo monroísta, caracterizado pela idéia anglo-saxônica de promover a integração das nações hispânicas sob o império americano.[11]

Segundo Boron (1994: 179),

> "A doutrina de Monroe foi enunciada em 1823, mas só depois da guerra hispano-americana de 1898, e da crise e decadência da hegemonia mundial inglesa, é que o Estados Unidos passaram a exercer um poder ou soberania supranacional incontrastável com relação aos Estados latino-americanos".

E a história da América Latina encerra uma série de intervenções e agressões norte-americanas, por intermédio do financiamento de projetos, do apoio a regimes ditatoriais, de operações militares, ou de busca de consenso em torno de estratégias como a da Política da Boa Vizinhança de Franklin Delano Roosevelt, a partir de 1933, da Aliança para o Progresso, firmada em Punta del Este, no Uruguai, em 1962, e do Consenso de Washington, a partir de 1990.

Hoje, trata-se de enfrentar o múltiplo desafio de construir espaços — ou bloco de países — sub-regionais, regionais, bilaterais ou multilaterais e de, ao mesmo tempo, assegurar a inserção na economia global.

Sob a perspectiva da integração Norte-Sul, registram-se o NAFTA e, mais recentemente, a ALCA. Quanto à integração e à criação de zonas de

---

11. Segundo Teixeira (1994: 18-19), para o qual o imperialismo é a clara situação de dominação de uma nação sobre as demais pelo poder das armas e do dinheiro, são três as visões marxistas sobre o imperialismo: a de Rosa de Luxemburg, a de Kautski e Hilferding e a de Lênin. Para a primeira, a contradição fundamental do capitalismo, entre caráter social da produção e caráter privado da apropriação, empurra o sistema em direção ao imperialismo. Exigências de exploração da força de trabalho e de produção de mais-valia geram necessidades de mercados crescentes, fazendo com que o sistema extravase fronteiras, incorporando regiões não capitalistas. Processo que acaba esbarrando em seus próprios limites. Para os segundos, o imperialismo vincula-se a um conjunto de transformações por que passou o capitalismo no final do século XIX, ou seja, políticas econômicas próprias a um determinado momento histórico. Tendência à formação do ultra-imperialismo, espécie de cartel único e universal, faria desaparecer traços regressivos e violentos do capitalismo, que se tornaria mais racional e maduro para o socialismo. E, finalmente, para Lênin, os traços fundamentais que caracterizam a *etapa superior imperialista do capitalismo* são: a) concentração da produção e do capital levada a um grau tão elevado de desenvolvimento que criou os monopólios, os quais desempenham um papel decisivo na vida econômica; b) a fusão do capital bancário com o capital industrial e a criação, baseada nesse *capital financeiro*, da oligarquia financeira; c) a exportação de capitais, diferentemente da exportação de mercadorias, adquire uma importância particularmente grande; d) a formação de associações internacionais monopolistas de capitalistas, que partilham o mundo entre si; e) o término da partilha do mundo entre as potências capitalistas mais importantes (itálicos meus).

livre comércio de âmbito regional ou sub-regional, destacam-se: a ALADI — Associação Latino-Americana de Integração, o Grupo Andino; o MCCA — Mercado Comum Centro-Americano; a CARICOM — Comunidade do Caribe; o Mercosul — Mercado Comum do Sul; o Grupo dos Três — México, Colômbia e Venezuela; e os diversos acordos bilaterais. Já o Grupo do Rio, a partir do Mecanismo Permanente de Consulta e Concertação Política Latino-americana, vem buscando a aproximação da região em torno de temas como "a consolidação da democracia, a paz e a segurança da região, a eliminação da pobreza, a preservação do meio ambiente, a luta contra o narcotráfico, a superação da crise econômica, em particular a dívida externa, e o objetivo de encontrar uma melhor inserção da América Latina no sistema internacional e no mundo globalizado" (Rodriguez, 1999: 10).

Estabelecido em 1995 como união aduaneira — tarifa externa comum — entre o Brasil, a Argentina, o Paraguai e o Uruguai e, mais tarde, o Chile, o Mercosul contempla em sua jurisdição

> "uma população de mais de 200 milhões de pessoas, um PIB que supera os US$ 1 trilhão, cobrindo uma superfície de 12 milhões de km quadrados (quer dizer, 70% da América do Sul), com recursos agrícolas e minerais de importância planetária e uma ampla variedade de climas e topografias... (...) Com a adesão do Chile e da Bolívia, na qualidade de associados, o bloco se converteu na experiência integracionista de maior êxito na América do Sul. Hoje, é considerada internacionalmente como uma iniciativa válida, legítima, razoável e auspiciosa, que colocou a América do Sul no mapa da globalização e sua sigla faz parte do léxico da economia internacional (...) o Mercosul parece viável, mesmo depois do grande confronto comercial argentino-brasileiro de 1999, dos problemas financeiros do Brasil, da instabilidade constitucional do Paraguai, e de qualquer contingência que se apresente no futuro próximo" (Witker, 1999: 26-27).

Mas, vale registrar também a posição cética quanto à capacidade estratégica autodefensiva e independente do bloco latino-americano, por meio do Mercosul, frente às evidentes perspectivas de consolidação do império norte-americano:

> "A influência dos EUA no Mercosul entra passo a passo a partir da desnacionalização das empresas. Se no Brasil os EUA compram as telecomunicações, a partir das empresas norte-americanizadas, os EUA entram como o fator decisivo no Mercosul. O Mercosul será, então, a cancha do jogo das multinacionais européias e norte-americanas que já dominam os mercados nacionais e organizam suas atividades nesses países. O fato de se chamar Mercosul é uma mera formalidade. O intercâmbio entre os mercados está muito influenciado pela conduta, investimen-

tos, decisões de atores que têm suas matrizes fora do Mercosul, que decidem em que grau e em que porcentagem querem os mercados da Bolívia, do Paraguai, onde operar mais eficientemente. O Mercosul não tem um caráter latino-americano. Geograficamente é latino-americano. Mas os agentes principais, movendo capitais e definindo a distribuição ou a divisão de trabalho nesses países, são determinados pelas empresas estrangeiras." (Petras, 1999: 43)

Entretanto, o campo de possibilidades não se restringe às relações com os Estados Unidos. A aliança entre o Mercosul e a União Européia, frente à hegemonia norte-americana, pode ser interessante pelas preocupações que *"transcendem a mera questão do comércio internacional e aprofundam nas questões relativas à política, à sociedade e à cultura"* (Coraggio, 1999: 15).

E a agenda comum poderia incluir questões como *"a defesa da qualidade de vida, a preservação dos recursos naturais não renováveis, o papel do Estado em garantir os direitos humanos de todos ante o embate de um mercado sem moral, o interesse por um maior equilíbrio político em nível global"* (ibidem).

De novo, porém,

"uma coisa é o discurso e outra a prática. Não só a Europa segue atuando discriminatoriamente contra produções latino-americanas, que são vitais para alguns de nossos países, como suas empresas, inclusive de capital estatal, se instalam na América Latina para tomar nossos mercados e exercem pressão contra a regulamentação que admitiram em seu próprio território, operando monoliticamente." (Ibidem)

E a ALCA, o que representa? A ALCA[12] foi proposta, em 1990, pelo então presidente republicano norte-americano George Bush, tendo sido retomada pelo presidente democrata Bill Clinton, em 1992. As conversações em torno de sua criação tiveram início em 1994, na Cúpula das Américas, realizada em Miami, que passou a ser sua sede. Participaram 34 países, exceção de Cuba, dos quais 24 são considerados pequenas economias. Reiterada em Santiago do Chile, em 1998, a negociação deverá ser concluída em 2005, quando Miami passaria a ser a sede permanente, enquanto *Capital das Américas.*

No plano das intenções declaradas, a ALCA representaria, para o lado norte, uma nova era de cooperação pela aproximação dos dois hemisférios em torno de um projeto comum, do qual compartilham alguns quadros di-

---

12. As considerações que se seguem, sobre a ALCA, baseiam-se em Habel (2000).

GESTÃO DA SEGURIDADE SOCIAL

rigentes latino-americanos, argumentando em favor dos investimentos estrangeiros e da garantia de acesso ao mercado norte-americano. Para o hemisfério norte, os laços econômicos e políticos no âmbito da zona de livre-comércio favoreceriam ainda o domínio das ameaças representadas pelo tráfico de drogas, lavagem de dinheiro, as migrações ilegais, o terrorismo, os atentados ao meio ambiente, a guerrilha das FARC (Forças Armadas Revolucionárias Colombianas).

Do lado sul, os motivos para a adesão estariam relacionados à falta de credibilidade em um projeto de integração exclusivamente sul-americano, em face do

> "fracasso do modelo anterior de desenvolvimento autocentrado; crise da dívida no início da década de 80, acarretando a adopção de uma política ultraliberal (desregulamentação, privatizações, liberalização das trocas); fraca complementaridade das economias, dificultando uma estratégia de desenvolvimento comum." (Habel, 2000)

Trata-se, na realidade, de uma "parceria desequilibrada" e de uma "liberalização assimétrica" de fronteiras comerciais com evidente desvantagem para as economias sul-americanas de fraca competitividade, o que pode ser ilustrado pelo fato de

> "o PNB dos Estados Unidos ser 16 vezes maior que o do Brasil, 25 vezes maior do que o do México e 30 vezes maior do que o da Argentina, para não falar dos fossos abismais em relação aos países mais pobres do continente." (Ibidem)

A experiência do México, pela inserção no NAFTA, esconjura qualquer veleidade de adesão incondicional à proposta. Com efeito, a abertura comercial frente a outros países de níveis muito superiores de desenvolvimento provocou a desindustrialização, a liquidação de setores da agricultura tradicional, os graves desequilíbrios regionais e o aumento das desigualdades sociais.

Todavia, o ritmo das negociações estaria sendo retardado por alguns fatores como os acordos comerciais regionais, sub-regionais ou bilaterais; a situação social e política de vários países sul-americanos; a Cúpula da Comunidade Andina e a decisão de formar um bloco nacionalista andino, abrangendo a Bolívia, a Colômbia, a Venezuela e o Equador; o Mercosul envolvendo o Brasil, a Argentina, o Uruguai, o Paraguai, o Chile e a Bolívia em torno da formação de um bloco latino-americano; e mesmo as resistências internas norte-americanas representadas pelo Congresso que ainda não concedeu o *fast track* (procedimento de negociação rápida) ao Presidente, pelas dúvidas e receios decorrentes da crise mexicana, pelas recusas dos republicanos em incluir nos acordos cláusulas sociais ou de proteção ao meio ambiente, exigidas pelos sindicalistas temerosos do *dumping* social e pelos ecologistas (Habel, 2000).

Estaríamos diante da versão século XXI da doutrina de Monroe? Uma imensa zona franca para os norte-americanos? A raposa no galinheiro?[13] Ou o novo *Consenso de Washington*, na expressão de Fiori (2001: 223-224), segundo o qual trata-se de

> "Um projeto em que o capítulo propriamente comercial é o menos importante do ponto de vista da soberania latino-americana, que já está submetida às regras draconianas da OMC. O mais importante na nova estratégia latino-americana dos Estados Unidos é que a ALCA ressuscita os termos do Acordo Multilateral de Investimentos, engavetado há dois anos devido à oposição de alguns países europeus. Os países envolvidos não poderão mais ter políticas industriais, comerciais e tecnológicas autônomas; não poderão mais utilizar o poder de compra do Estado para fortalecer empresas nacionais; e sobretudo perderão o poder de arbitragem judicial nos contenciosos com as grandes corporações multinacionais. Uma situação análoga à condição dos domínios ou 'colônias brancas' ingleses do século XIX, mas com interdição total da livre circulação das populações. Neste novo contexto, a atual política externa brasileira fica ultrapassada e, se for mantida, o mais provável é que o Brasil perca inclusive sua liderança dentro da América do Sul. Por esse caminho, em breve, não conseguirá manter ao seu lado nem mesmo o Uruguai."

Ao contrário da ALCA, portanto, é o Mercosul, que parece conter as melhores possibilidades de construção da coesão em torno de um projeto regional, com interlocutores latino-americanos capazes de negociar, sob melhores condições, a inserção na economia global.

Então, trata-se de manter vivo o acalentado projeto de construção da unidade latino-americana. Um projeto supranacional que não seja circunscrito à liberalização comercial e às regras econômicas comuns para o continente. Mas que avance no diálogo e aproximação cultural e política. E que represente a possibilidade de construção de consensos em torno da defesa

---

13. Nas expressões, respectivamente, de Victor Bulmer Thomas e Sheila Page, Emir Sader e Janette Habel no texto desta última, conforme nota n. 12.

das riquezas e belezas naturais, concebendo o meioambiente como patrimônio coletivo.

É preciso resgatar o anseio por justiça e os princípios de independência, liberdade e soberania que, guardadas as especificidades conjunturais e históricas — e mesmo as diferentes vertentes político-ideológicas —, cunharam a militância e as postulações de Bolívar, Raul Prebisch, Celso Furtado, Ernesto Guevara, Cardenal, Florestan Fernandes, Salvador Allende e outros.

Em suma, além da radical revisão dos chamados "modelos econômicos", um projeto latino-americano deve pautar-se pela conquista da democracia, e não apenas na esfera política, mas também nas relações econômicas e sociais. Nos âmbitos local, regional e nacional. Mas, também nas relações internacionais. Com efeito, a democracia não é compatível com a ditadura do mercado, onde quer que seja sua sede ou matriz. Sob tal perspectiva, o enfrentamento da desigualdade social, abordada a seguir, constitui absoluta prioridade na agenda latino-americana.

2. A desigualdade social

Vários estudos apontam o agravamento da situação social nas duas últimas décadas. Para Kliksberg (2000: 15) a América Latina é a "terra mais desigual do mundo", sendo vista pelo mundo desenvolvido como o "caso antiexemplar mais relevante em matéria dos efeitos regressivos decorrentes de altos níveis de desigualdade".

Segundo o relatório da CEPAL[14] "la pobreza afecta a más personas que antes (...)". Em 1999, 43,8% (três décimos a mais que em 1997) da população encontrava-se em situação de pobreza. A indigência diminuiu de 19% para 18,5% no mesmo período. Trata-se de 211 milhões de pessoas em situação de pobreza, das quais mais de 89 milhões se encontravam em condição de indigência, conforme tabela abaixo. O percentual de pobres, que decresceu ao longo da década, voltou a subir em 1999, tendo sido maior que há dez anos atrás.

Quanto à renda, em países como Brasil, Bolívia e Nicarágua, a renda dos 20% mais ricos supera em 30 vezes a renda dos 20% mais pobres. Na relação entre a renda dos 10% mais ricos e os 40% mais pobres, a maior

---

14. *Panorama Social de América Latina*. CEPAL, 2000-2001, Nações Unidas, Santiago do Chile.

Tabela 1
Pobres e Indigentes na América Latina — 1980 — 1999

Ano	Pobres						Indigentes					
	Total		Urbano		Rural		Total		Urbano		Rural	
	milhões	%	milhões	%	milhões	%	milhões	%	milhões	%	milhões	%
1980	135,9	40,5	62,9	29,8	73,0	59,9	62,4	18,6	22,5	10,6	39,9	32,7
1990	200,2	48,3	121,7	41,4	78,5	65,4	93,4	22,5	45,0	15,3	48,4	40,4
1994	201,5	45,7	125,9	38,7	75,6	65,1	91,6	20,8	44,3	13,6	47,4	40,8
1997	203,8	43,5	125,7	36,5	78,2	63,0	88,8	19,0	42,2	12,3	46,6	37,6
1999	211,4	43,8	134,2	37,1	77,2	63,7	89,4	18,5	43,0	11,9	46,4	38,3

Fonte: CEPAL, 2001.

distância está no Brasil, onde os 10% mais ricos têm renda 32 vezes superior à soma dos 40%, quando a média da região equivale a 19,3 vezes (CEPAL, 2001: 18).

Ao final da década de 1990 (CEPAL: 2001: 18), o ordenamento dos países segundo o coeficiente de Gini,[15] calculado a partir da distribuição de renda *per capita*, confirma a maior concentração no Brasil, com o valor de 0.64. Bolívia, Nicarágua, Guatemala, Colômbia, Paraguai, Chile, Panamá e Honduras são também países de alta desigualdade, com coeficientes entre 0.55 e 0.60. Mais moderada é a concentração de renda na Argentina, México, Equador, El Salvador, República Dominicana e Venezuela, onde o coeficiente de Gini é igual ou superior a 0.50. Uruguai e Costa Rica comparecem como os países com menor desigualdade, com índices inferiores a 0.48, conforme quadro a seguir, adaptado para os fins desta pesquisa.

Mas, além da carência ou da desigualdade de renda, deve ser considerado um conjunto de privações ou perdas resultantes do desemprego, tais como: danos psicológicos, perda de auto-estima, redução das motivações para trabalhar, desagregação dos laços familiares e da vida social, acentuação de assimetrias de gênero e de tensões raciais, aumento de doenças e morbidade (Kliksberg, 2000: 21).

---

15. Usado para a medição dos graus de desigualdade na distribuição das rendas, o coeficiente de Gini seria 0 (zero) se a eqüidade fosse a máxima possível, ou seja, se a renda estivesse distribuída igualmente entre todos os membros da população. Seus valores indicam em que medida a distribuição real se distancia dessa eqüidade máxima, e vão de 0 a 1 (Kliksberg, 2000: 35).

Gráfico 1
América Latina: mudanças no coeficiente de GINI da distribuição de renda
1990-1999

País	1990		1999	
Brasil	0.627	Aumentou		0.640
Bolívia	0.538	Aumentou		0.586
Nicarágua	0.582			0.584
Guatemala	0.582			0.582
Colômbia	0.601	Diminuiu		0.572
Paraguai	0.447	Aumentou		0.565
Honduras	0.615	Diminuiu		0.564
Chile	0.554			0.559
Panamá	0.560			0.557
Argentina	0.501	Aumentou		0.542
México	0.536			0.539
Equador	0.461	Aumentou		0.521
El Salvador	0.507	Aumentou		0.518
Venezuela	0.471	Aumentou		0.498
Costa Rica	0.438	Aumentou		0.473
Uruguai	0.482	Diminuiu		0.440

Fonte: CEPAL, 2001 — Gráfico adaptado para esta pesquisa.

E a taxa de desemprego dobrou na última década, alcançando 8,6% da força de trabalho em 1999, pouco mais de 18 milhões de pessoas, em contraste com 4,6% de 1990. O desemprego atingiu principalmente a população urbana, sendo que entre 1990 e 1999 a taxa aumentou de 5,5% para 10,8% no conjunto da região (CEPAL: 2000: 21).

"O aumento do desemprego ao longo da década passada não foi generalizado na região, e afetou principalmente os países da América do Sul. Na Argentina, Brasil e Colômbia, os três maiores países sulamericanos, o desemprego cresceu persistentemente. Este fenómeno também mostrou uma tendência de alta na Bolívia, Chile, Equador, Paraguai, Uruguai e Venezuela. No México e na maioría dos países da América Central e do Caribe predominou, pelo contrário, uma tendência à redução da desocupação. Nos países centroamericanos o desemprego tendeu a reduzir-se (El Salvador, Honduras e Nicarágua) ou se manteve em níveis relativamente moderados (Costa Rica). Esta tendência também predominou no grupo de países insulares do Caribe (Barbados, Cuba, República Dominicana e Trinidad e Tobago), embora os níveis de desemprego nestes países, com exceção de Cuba, se mantivessem em taxas mais elevadas que no grupo anterior, próximas ou superiores a 10%." (CEPAL: 2000: 22).

Então, a condição de pobreza de grande parcela da população latino-americana, longe de ser superada, agravou-se sob o modelo econômico neo-liberal. Questão recorrente, essencialmente política, objeto de intensa polêmica não apenas quanto à base de dados e indicadores, mas também quanto à concepção de pobreza.[16]

As manifestações cotidianas, imediatas e visíveis da pobreza indicam estado ou condição de privação, de vulnerabilidade, de fragilidade, de dificuldade ou de insegurança. É o que se convencionou chamar, na linguagem popular, de *carência* ou de *pessoas carentes* de certos recursos para a satisfação de certas necessidades tidas como básicas e vitais.[17]

As condições sociais de existência, nesse caso, subtraem das pessoas o direito à escolha, a ter preferências e a buscar o que proporciona maior satisfação.[18]

Trata-se, com efeito, de um fenômeno multidimensional que, embora se expresse, preponderantemente, pela ausência ou insuficiência de renda resulta da combinação e condensação de outras formas[19] de subalternização e apartação social, tais como o modo de inserção ocupacional, o local de moradia, as relações de gênero, as formas de inserção ou alijamento sociopolítico, as relações inter-raciais, as formas de convívio intergeracional, entre outras. Estou me referindo àquelas parcelas da população que não se apropriam de (sua) cidade. São moradores da cidade, reprodutores

---

16. Segundo Houaiss (2001: 2243), pobreza é estado de pobre; falta daquilo que é necessário à subsistência; penúria; classe ou conjunto dos pobres. Outros sinônimos: carência, dureza, falta, indigência, lazeira, mendicidade, mendiguez, míngua, miserê, miséria, necessidade, pauperidade, paupérie, pauperismo, pindaíba, privação, prontidão, quebradeira. O *pobre* é aquele desprovido ou mal provido do necessário, de poucas posses, que não tem recursos próprios, que aparenta ou revela pobreza, maldotado, pouco favorecido, pouco produtivo, estéril, digno de lástima, que inspira compaixão, pessoa de parcos recursos, pessoa que pede esmolas, mendigo, pedinte.

17. As considerações sobre a *pobreza*, que se seguem, foram por mim apresentadas no evento XIX Ciclo de Debates do Serviço Social, promovido pelo Serviço Social do HC-UNICAMP, em 5/12/2002, e deverão ser publicadas na forma de artigo sob o título de *Políticas públicas de combate à pobreza*.

18. Não é outro o sentido da expressão: *Nós vivemos do jeito que Deus é servido*. Ou seja, trata-se do limite do possível, ainda que muito precário.

19. Segundo o IBGE (2002) são quatro os eixos da desigualdade no Brasil: de renda, de gênero, de raça e inter-regional.

da realidade urbano-metropolitana, mas que, rigorosamente, não chegam a ser *cidadãos*. Ou seja, a luta pela sobrevivência na cidade está longe do acesso, apropriação e fruição — nem diria plenos — de certos bens materiais e imateriais, condição para o exercício da cidadania.

Como não pretendo imiscuir-me na polêmica em torno do termo *exclusão*, aceito a proposta de Castel (1997: 15 ss.) de que se trata de um processo de *desfiliação* social, pela ruptura de vínculos, pela tensão dos elos de um *continuum* social que tende a esgarçar-se, com efeitos deletérios para a coesão social. Não se trataria, portanto, de exclusão, mas de inclusão subalternizada ou de inserção precária.

É certo que a expressão *coesão social* é tributária de uma concepção conservadora, mas é igualmente válido que se presta a pôr em questão o projeto societário em torno do qual se busca tal coesão. Não é por outra razão que, na sociedade contemporânea, o combate à pobreza comparece à agenda de ricos e de pobres, de conservadores e de progressistas, de governos de *direita* e de *esquerda*. O combate à pobreza é uma exigência da governabilidade, o que equivale dizer de estabilidade social, ainda que sob diferentes motivações político- ideológicas no âmbito das quais se articulam e se defendem interesses econômico-financeiros.

Na Europa trata-se — conforme o caso — de refrear processos de desfiliação social, buscando formas de combater a *nova pobreza*. Na América Latina trata-se de combater a fome e de promover a *inclusão* social de milhões de pessoas sem trabalho, sem renda, sem teto ou sem terra.

Não é possível referirmo-nos à pobreza em suas diversas manifestações como algo alheio, externo ou extraterritorial em relação a qualquer ponto de inserção na vida social que se tome por referência. Somos inelutavelmente parte da mesma trama. Vítimas e cúmplices da desigualdade social. Impossível a pretensão de extraterritorialidade.

No âmbito do trabalho social profissional reproduz-se o permanente embate de posições — presente nos vários setores da vida social —, acerca da pobreza ou dos assim chamados *pobres*. Por um lado, estão amplamente deslegitimadas — o que não quer dizer inatuantes ou inócuas — as posições conservadoras identificadas com as tendências de *naturalização* da pobreza, de sua justificação moral, de sua "explicação" por uma espécie de darwinismo social, ou de sua atribuição a um determinismo escatológico, predestinação ou desígnio sobrenatural. Por outro lado, no contexto da *idolatria do mercado*, não se consegue disfarçar certa simpatia pela justificação liberal da desigualdade como fator de estímulo à competitividade.

Ora, riqueza e pobreza são expressões cúmplices da mesma socialidade que reproduz e legitima a desigual apropriação da riqueza social. Uma consolidada e consistente literatura no campo da teoria social crítica tem demonstrado à exaustão que a pobreza, síntese de múltiplas determinações, constitui expressão das relações sociais, sendo condição inerente ao modo de organização social dominante, como decorrência do chamado *livre jogo do mercado*. Resta difícil, portanto, admitir que estratégias que não atinjam a natureza mesma de tais relações sejam capazes de reverter a presente situação. Trata-se de atacar os mecanismos geradores de pobreza a partir de seus núcleos centrais e não através de *ajuda à periferia*, de programas para os *bolsões de pobreza*, de garantia de *ração básica diária*, de frentes sociais de *emergência*, dentre outras estratégias similares.

No embate entre propostas de combate à pobreza é possível identificar diversas tendências não excludentes, aqui agrupadas, conforme a motivação ou natureza, mas não segundo a ordem de importância ou prioridade.

Uma tendência diz respeito às *políticas sociais seletivas e focalizadas*[20] a partir da identificação de bolsões de pobreza, segundo determinados indicadores de desenvolvimento ou de exclusão social, como parte da estratégia neoliberal de favorecimento do mercado, impondo-se condição secundária à ação social do Estado.

A segunda, articulada à reforma do Estado, refere-se à revitalização da *cultura da benemerência* — confessional ou laica — que contempla o apelo às várias formas de solidariedade, destacando-se o voluntariado.

A terceira, combinada com a anterior, de inequívoca influência norte-americana, é a reedição da *filantropia empresarial* pelo apelo à responsabilidade social, ao compromisso com a preservação ambiental, à compatibilização *economicamente correta* de lucro com ética, à observância de princípios como *disclosure* e *social accountability*.

Quarta, a defesa do *investimento em capital humano* através da educação, contemplando a chamada *inclusão digital*. Nesse caso, longe de se tratar da formação ampla e crítica do cidadão, a proposta tem um sentido controlista quando se identifica com as metas para o desenvolvimento preconizadas pela ONU com ênfase na educação sexual e reprodutiva, no pla-

---

20. Prevalecentes no governo FHC, no âmbito do Programa Comunidade Solidária. O próprio Benefício de Prestação Continuada para idosos e pessoas com deficiências sofreu restrições, tendo sido proposta a sua supressão do âmbito da Previdência Social, por se tratar de benefício "não contributivo", o que será objeto do capítulo seguinte.

nejamento familiar e no controle demográfico.[21] Ou um sentido adaptativo às exigências culturais e econômicas da globalização. Trata-se de uma educação reprodutora da *ideologia da globalização*, patrocinada pelo Banco Mundial.[22]

Em quinto lugar, a postulação da *retomada do crescimento econômico* e conseqüente geração de empregos e de renda que, às vezes, comparece articulada à sexta proposta, qual seja, a defesa de *estratégias redistributivas da renda nacional* por meio da reforma tributária, da revisão do salário mínimo, da garantia de renda mínima, da provisão de meios para a segurança social, do sistema de previdência social.

E, por último, mas não menos importante, a defesa de formas e de padrões de *cooperação global*, dentre os quais a eliminação das medidas de protecionismo dos ricos; a adoção da fórmula 20/20[23] apresentada, em 1995, na Conferência da ONU sobre o Desenvolvimento Social, realizada em Copenhague; a taxação das aplicações no mercado de capitais como proposto pelo economista americano James Tobin; a exigência de padrão social mínimo, versão sindical da cláusula social anti-*dumping*; e a criação de fundos internacionais de apoio ao desenvolvimento.[24]

Dentre as últimas, e que será retomada no próximo capítulo, merece destaque a tributação das operações do mercado financeiro pelo que pode representar de aporte de recursos para investimentos produtivos e combate à pobreza.

Ora, a pobreza decorre dos padrões dominantes de produção, acumulação e apropriação de riqueza, podendo ser minorada ou agravada segundo o modelo econômico adotado em determinadas conjunturas históricas. O modelo neoliberal adotado em face da crise capitalista contemporânea, longe de combater, aprofundou a desigualdade social agravando a pobreza.

Na América Latina, de que a Argentina é o caso mais conhecido, o neoliberalismo teve conseqüências devastadoras.

---

21. Segundo o relatório sobre a população mundial, das Nações Unidas (2002), trata-se de erradicar a extrema pobreza e a fome; *universalizar o acesso à educação básica*; promover a igualdade de gênero, *empowering* a mulher; reduzir a mortalidade infantil; melhorar a saúde materna; combater o HIV/AIDS, a tuberculose, a malária e outras doenças; assegurar a sustentabilidade ambiental; e *desenvolver a parceria global para o desenvolvimento* (itálicos meus).

22. Ver, a propósito: Leher (1999: 16 ss.).

23. Destinação, para o combate à pobreza nos países pobres, de 20% dos recursos de países ricos para a ajuda internacional. E 20% dos orçamentos dos países pobres para o mesmo fim.

24. O presidente Lula propôs, no primeiro semestre de 2003, a criação de um Fundo Internacional de Combate à Pobreza.

"No atual cenário de globalização, constata-se que quase um quarto da população dos países em desenvolvimento vive em condições de extrema pobreza. Segundo dados da CEPAL, o número de pobres e indigentes em 19 países da América Latina e do Caribe passou de 136 milhões, em 1980, para 211 milhões em 1999, o que representa um crescimento de mais de 50% desse flagelo nas duas últimas décadas".[25]

No Brasil, que está entre os países mais ricos do planeta, a inflação foi refreada, mas o desemprego teve um aumento sem precedentes, sendo que mais de 50% dos trabalhadores encontram-se na informalidade. A dependência em relação aos capitais externos aumentou e a prioridade das contas públicas tem sido o pagamento dos juros aos credores internos e externos. Grande parte do patrimônio público foi privatizado, sendo que em muitos casos os serviços privatizados tiveram aumentos de tarifas. A renda concentrou-se e o salário mínimo vale menos de 30% do que valia em 1940, quando foi instituído. E os investimentos na área social declinaram.

"O gasto social que, em 1995, chegou a corresponder a 32,67% das despesas efetivas do governo, caiu para 22,88% em 99. Enquanto isso, o montante destinado ao pagamento da dívida pulou de 50,23% para 63,29%. Acrescente-se, ainda, que, entre 95 e 99, o governo gastou cerca de 12,4% do PIB, algo em torno de R$ 100 bilhões, para ajudar os bancos falidos por meio do PROER e do PROES. O que concluir então? O Estado tornou-se mínimo para os pobres. Para os ricos, entretanto, o Estado é o máximo, pois transformou-se no principal instrumento de valorização do capital financeiro pelo mecanismo da dívida pública. (...) Enquanto a carga de impostos sobre os empregados é superior a 20% dos ganhos líquidos, para os que vivem de rendas do capital ela é apenas de 10%. Desse modo, os donos do capital se beneficiam duplamente: não apenas pagam menos impostos, como recebem os impostos dos pobres na forma de juros pagos pelo governo" (Rebelo, 2001).

Em face de tal contexto, qual é o projeto que se postula para a América Latina? Aquele que insere o combate à desigualdade social no centro das agendas nacionais e regional, enfrentando os modelos econômicos submissos à ditadura do mercado, buscando reverter a forte tendência a empurrar crescentes segmentos da população para fora da arena cidadã. Trata-se de resgatar o papel social do Estado, instrumento privilegiado na realização de tal projeto, pelo qual se preconiza a superação das debilidades da democra-

---

25. Programa do Seminário Internacional "O Papel do Estado e a Luta contra a Pobreza na América Latina e no Caribe", Fundação Joaquim Nabuco, 2002.

GESTÃO DA SEGURIDADE SOCIAL

cia latino-americana, pródiga de avanços no plano político, mas sem sustentação no âmbito das condições sociais e econômicas.

"na América Latina um projeto (de reforma social) deve dar resposta a necessidades humanas fundamentais em setores majoritários da vida nacional. Os *issues* de nossa agenda de reformas sociais são, por este motivo, muito mais graves e sensíveis do que os que hoje se discutem nos países metropolitanos. Pertencem a outra época, a do capitalismo selvagem e pré-keynesiano, pois se trata de enfrentar temas tais como a erradicação da pobreza extrema, a favelização de nossas grandes cidades, a reforma agrária, a alfabetização, a mortalidade infantil e a conquista de um adequado nível nutricional." (Boron: 1994: 168)

Então, trata-se de buscar uma estratégia global para enfrentar os fundamentos da crise e que passa pela construção da unidade latino-americana, pela redução da dependência econômica externa, pela retomada do crescimento econômico com recuperação de empregos e salários, pela recuperação do papel do Estado tendo o desenvolvimento social como fim, pela reforma tributária que implique transferência de renda para os trabalhadores, pelas reformas agrária e agrícola, pela consolidação da seguridade social como instrumento de garantia de renda seja pela transferência, substituição, reposição ou complementação.

3. O ajuste neoliberal

Soares (1999) realizou ampla investigação em torno do ajuste neoliberal na América Latina. Apontando as grandes marcas da segunda crise capitalista, a partir da década de 1970 — a primeira foi a que eclodiu em 1929 —, uma crise financeira, comercial, de produção, do Estado capitalista, da dívida externa latino-americana, uma crise global, a autora destaca o baixo crescimento econômico combinado com a inflação crônica, fenômeno que se convencionou chamar de *estagflação*. O que conduziu ao recrudescimento do ideário do liberalismo econômico pelo retorno à ortodoxia das teses monetaristas ou das teses neo-liberais, que ganharam expressão, respectivamente, na contra-revolução monetária da Inglaterra ou na economia da oferta[26] adotada pelos Estados Unidos.

---

26. Com a crise da *keynesianismo*, as *políticas de administração de demanda* (incremento da renda e do emprego) por meio das políticas fiscal e monetária dão lugar às *políticas de oferta*, caracteriza-

Na América Latina prevaleceu a filiação à doutrina neo-liberal[27] condensada no chamado *Consenso de Washington*. De fato, aqui nos trópicos, os governos adotaram a política neoliberal caracterizada por redução do déficit fiscal, política monetária restritiva, exportações como motor do crescimento, liberalização do comércio exterior, desregulamentação, privatização e estabilização de preços. (Soares, 1999: 18).

Expressão cunhada em 1990 pelo economista norte-americano John Williansom, *Consenso de Washington* designa um conjunto de idéias neoliberais[28] voltadas ao equacionamento da crise econômica na periferia capitalista. O fracasso das políticas recomendadas na segunda metade da década provocou a revisão interna do Consenso. E o próprio John Williamson publicou em 1996 o artigo *The Washington Consensus Revisted*. Mas, Joseph Stiglitz, economista-chefe do Banco Mundial, sistematizou a crítica no artigo *Pós Washington Consensus*, publicado em 1997. Sua posição não contraria os objetivos gerais do Consenso, mas critica: a) a visão de resolução automática, pelo mercado, de problemas de crescimento econômico e de distribuição eqüitativa da riqueza; b) a privatização descontrolada e selvagem, que acabou substituindo o Estado por novos monopólios privados; c) a obsessão com a inflação, responsável pelo baixo crescimento das economias que a ela se submeteram. Assim, o *Novo Consenso* deve buscar: a sustentabilidade, a democracia e a eqüidade (Boron: 1994: 84-89).

Fiori (2001: 84-87) agrupa em três capítulos as recomendações do Consenso de Washington: o *primeiro*, o das políticas macro-econômicas, recomendava rigorosa austeridade fiscal e disciplina monetária; o *segundo*, o das reformas microeconômicas (abertura, desregulação; competitividade,

---

das pela distribuição de renda a favor dos lucros, custo que a sociedade deve suportar para obter maiores taxas de investimento. O que condiz com o projeto histórico da direita de liberar a acumulação de todas as cadeias a ela impostas pela democracia, reafirmando o mercado como instância reguladora por excelência (Dupas, 1998).

27. No paradigma neoliberal são importantes as expressões *ajuste estrutural* e *ajuste ortodoxo* que os críticos preferem denominar de *ajuste neoliberal* ou *modernização conservadora*. Outros chamam mesmo de *(des)ajuste neoliberal* ou de *nova (des)ordem global*. Para Boron (1994: 47-48, nota de rodapé n° 79) não se trata de "*ajuste*", mas de um "*projeto*" de fundar um novo tipo de sociedade.

28. Tendo origem no final da Segunda Guerra, as idéias neoliberais são atribuídas ao economista austríaco Friedrich Hayek que publicou, em 1944, *O Caminho da servidão*. Mas, foi com o trabalho de Milton Friedman, a partir da segunda metade da década de 1950, que as idéias neoliberais ganharam "maior nitidez formal e propositiva". Na década de 1970, teorias ainda mais radicais surgiram em defesa do fundamentalismo neoclássico e da eficácia dos mercados desregulados (cf. Boron, 1994: 58-59).

GESTÃO DA SEGURIDADE SOCIAL 113

eliminação da política de proteção e subsídio, redução dos encargos sociais); e o *terceiro*, o do desmonte radical do modelo de insdustrialização seguido após a Segunda Guerra, abrangendo: a desregulação dos mercados financeiro e do trabalho, as privatizações, a abertura comercial e a garantia do direito de propriedade dos estrangeiros, sobretudo nas zonas de fronteira tecnológica e dos novos serviços.

E quais foram os objetivos do ajuste? A despeito da diferença de formas e de graus de intensidade na aplicação de elementos ortodoxos nas políticas econômicas, os objetivos comuns foram a abertura da economia para o exterior, a liberalização dos mercados, preços e atividades produtivas e a estabilização dos preços e de outras variáveis macroeconômicas.[29]

Os pontos críticos da política de ajuste têm sido o menor sucesso nos EUA e na Inglaterra, disseminadores das políticas ultraliberais de ajuste e desregulação; o fracasso dos ajustes automáticos do balanço de pagamentos e seus perversos efeitos em termos de instabilidade financeira global e na América Latina; e o caráter desigual da modernização entre países, empresas e pessoas, levando a uma distribuição regressiva dos benefícios do progresso técnico com crise fiscal estrutural e transferências patrimoniais de grande porte (Soares, 1999: 20-21).

Adotando a ampla categoria conceitual da heterogeneidade estrutural em suas três dimensões — estruturas de produção, relações sociais e esfera política — Soares (1999: 25 ss.) identifica a *tripla concentração do progresso técnico e de seus frutos*, na América Latina, pelos seguintes aspectos principais: a localização predominantemente metropolitana da indústria de transformação e dos serviços técnicos, financeiros e de infra-estrutura, com marginalização de populações periféricas ou rurais; o perfilamento de setores e ramos de atividades produtivas com substanciais diferenças entre os estratos de produtividade com significativas parcelas da força de trabalho nos setores atrasados; a concentração de recursos e de renda determinando o perfil e dinâmica da oferta e, portanto, da estrutura global da produção e da apropriação de bens e serviços, levando ao crescimento da exclusão social. Trata-se, portanto, de um conjunto de fatores — *marginalização, estratificação*

---

29. Soares (1999: 27). Citando outras obras, à p. 29, a autora identifica *dois tipos de propostas de ajuste*. A primeira privilegia o equilíbrio das principais variáveis macroeconômicas (preços, câmbio, juros, salários e gastos estatais). A segunda, além de postular melhor gestão macroeconômica, enfatiza as mudanças institucionais, as estratégias de desenvolvimento e a relação público-privado.

e concentração de renda — que concorrem para a deterioração das condições de vida dos mais pobres.

Tavares (1993),[30] ao apontar a discrepância entre as intenções dos programas de ajuste e os processos reais, levanta quatro hipóteses: 1. as políticas macroeconômicas recessivas e as políticas cambiais ativas conduziram a um *trade-off*[31] negativo sobre a arrecadação fiscal e a um alto grau de endividamento interno com desajustes fiscais e patrimoniais no setor público; 2. a desregulação dos mercados financeiros e a abertura comercial irrestrita levaram a movimentos de *stop and go*; 3. as políticas antiinflacionárias com âncora cambial e juros altos levaram à sobrevalorização cambial; 4. a emissão de títulos imobiliários da dívida pública resultaram na dívida interna incontrolável.

Para Fiori (2001: 60), os resultados das políticas neoliberais são mais do que claros: aumento dos encargos públicos financeiros, queda das taxas de investimento e crescimento, deterioração das contas externas, concentração da riqueza e do controle dos mercados, redução da participação do salário na renda, aumento do desemprego e do subemprego.[32]

Em suma, o projeto neoliberal revelou-se inteiramente contrário à perspectiva de ampliação da cidadania social no continente latino-americano. E parece ter-se esgotado enquanto estratégia para a pretendida revitalização do sistema econômico, ao bloquear o crescimento e aprofundar a dependência e a vulnerabilidade em face do capital estrangeiro.

---

30. Apud Soares (1999: 29-30).

31. *To trade off*: desfazer-se de algo em troca. Substituição. *Trade off*: o ato de balancear duas coisas que se quer ou se necessita, as quais são opostas entre si. Cf. *Dictionary Oxford*, Advanced Learner's, Oxford University Press, 2000, p. 1434.

32. "Hoje é possível fazer um balanço das conseqüências provocadas pela forma como a América Latina foi incorporada ao novo espaço mundial das finanças privadas e desreguladas. A média do crescimento de todo o continente, para o decênio liberal, ficou em menos de 3%, quando havia sido de 5,5% anuais durante os trinta anos de "populismo econômico desenvolvimentista". No caso brasileiro, estas cifras são ainda mais contrastantes, porque a média anual de crescimento, entre 1945 e 1980, ficou entre 7 e 8%, e a taxa da década neoliberal ficou em torno de 3%, menor do que a da década de 1980, chamada de "década perdida". E, o que é mais doloroso, dezoito anos após o desencadeamento da crise da dívida externa de 1982, a região continua com índices de pobreza e indigência vários pontos percentuais acima dos prevalecentes no início dos anos 80. No Brasil, o emprego declinou, em média, 0,3% ao ano, e o desemprego saltou de 5,6% para 7,2%. Em síntese, *todos os dados apontam na mesma direção: baixo crescimento econômico e aprofundamento das desigualdades, dentro de cada país, e entre a América Latina, como um todo, e o mundo desenvolvido.*" (Fiori, 2001: 200-201) (itálicos meus).

GESTÃO DA SEGURIDADE SOCIAL

4. A reforma da seguridade social

O surgimento de sistemas de seguro social na América Latina pode ser dividido em três períodos: a) o *primeiro*, do início do século XX, com as iniciativas da Argentina, Brasil, Cuba, Chile e Uruguai; b) o *segundo*, impulsionado pela Lei da Seguridade Social americana, com a criação de regimes do Equador, Peru, Venezuela, Panamá, Costa Rica, México, Paraguai, Colômbia, Guatemala e República Dominicana; c) e o *terceiro*, caracterizado por leis que estabeleceram princípios gerais para regulamentação posterior, com os regimes de El Salvador, Bolívia, Honduras e Nicarágua (Garcia e Conte-Grand, 1999: 39).

Há Estado do Bem Estar-Social na América Latina?

Soares (1999: 43 ss.) reconhece uma série de elementos que indicariam a existência de um Estado de Bem-Estar Social na maioria dos países latinoamericanos, a despeito das diferentes estruturas de proteção social. Mas, aponta limitações que, longe de serem resolvidas, foram agravadas pelas reformas neoliberais: má distribuição e baixa cobertura dos programas sociais; caráter predominante do seguro social, que exclui os não-contribuintes; estratificação dos beneficiários segundo o valor dos benefícios, sem caráter redistributivo, reproduzindo a desigualdade; ausência de proteção econômica em caso de desemprego; padrão de financiamento regressivo e insuficiente.

Ao contrário da autora entendo que, à luz do paradigma social-democrático e keynesiano, não se pode afirmar, pelo menos no caso do Brasil, que há um Estado do Bem-Estar Social, não obstante os avanços consolidados no capítulo da seguridade social, na Constituição de 1988.

Os *postulados neoliberais na área social* são: a) o bem-estar social pertence à esfera privada da família, da comunidade e dos serviços privados; b) o Estado só deve intervir para aliviar a pobreza extrema e produzir serviços que o setor privado não quer ou não pode fazer; c) os direitos sociais e a obrigação de garanti-los por meio do Estado, bem como a universalidade, igualdade e gratuidade dos serviços sociais são abolidos. E as estratégias para reduzir a ação estatal na área social são: corte de gastos e redução de benefícios; focalização dos gastos e sua canalização para grupos comprovadamente pobres; privatização da produção de serviços; e descentralização dos serviços para o nível local. Todavia, há obstáculos políticos (a supressão de direitos sociais agrava o conflito social) e econômicos (apenas uma parte dos serviços sociais é rentável, a privatização requer mercado estável e garantido) à privatização. Há três pré-condições para o processo seletivo de privatização: criação de demanda dos serviços e benefícios privados em face da insuficiência ou má qualidade dos serviços do poder público; formas estáveis de financiamento aos altos custos dos benefícios e serviços privados; suficiente maturação do setor privado para expandir-se no encalço da retração estatal (Soares: 1999: 44-45).

Vale registrar ainda as críticas à focalização, à seletividade e à descentralização que são também adotadas como parte de propostas socialmente progressistas de combate à pobreza, não sendo exclusivas da estratégia neoliberal ou conservadora: a) a descontinuidade e a precariedade, devidas aos cortes orçamentários, tendendo à assistencialização; b) arbitrariedade quanto às necessidades dos beneficiários, verificadas por meio de "testes de meios" imprecisos e estigmatizantes; c) processos de descentralização podem agudizar diferenças individuais, sociais e regionais, se não acompanhados de adequados mecanismos de repasse de recursos e acompanhamento pelos organismos centrais; d) risco de duplicidade na política social: uma para os pobres e outra para segmentos com acesso a serviços sociais mais bem equipados e sofisticados (Soares, 1999: 50-51).

E qual é a situação que tem sido objeto da reforma?

Segundo Soares (1999: 51-52),[33] a despeito da grande diversidade de situações da política social latino-americana é possível arrolar os problemas mais comuns, que apresento de forma resumida no quadro 6.

Em outro estudo, Garcia e Conte-Grand (1999: 43) apresentam o diagnóstico da situação objeto das propostas de reforma apontando os seguintes problemas: coexistência de múltiplos regimes com privilégios e baixa ou nula cobertura para os mais pobres; escassa geração de emprego produtivo ou geração de incentivos para a automatização mais que para o uso intensivo de mão de obra; defasagem da relação entre contribuintes e beneficiários; evasão e/ou atrasos no pagamento de contribuições; absorção dos saldos e reservas atuariais pelos orçamentos governamentais; baixa rentabilidade nos investimentos; débil relação entre as contribuições e os benefícios; excessivos custos administrativos e baixa eficiência; sistemas financeiros pró-cíclicos e com encargos sociais que afetam a competitividade das empresas.

Observa-se, portanto, que ao buscar equacionar a reforma da seguridade social somos remetidos, inelutavelmente, a enfrentar problemas da

---

33. Citando Katz e Muñoz (1988), em estudo da CEPAL (1989).

esfera macroeconômica de cujo efeito combinado deriva a chamada *crise da previdência social*.

A maioria dos países da América do Sul já realizou reforma de seus regimes de aposentadorias e pensões e outros encontram-se em processo de análise de sua situação atual e das alternativas de reforma, uma vez que "não existe receita única e válida para todos e que nenhum sistema é imune a riscos. A regra é que não há regra" (Tokman, 1999: 16-17).

Quais são os motivos alegados (Gruat, 1999: 25) para a reforma? São: a) o envelhecimento da população; b) o crescente interesse na privatização, incluindo-se os serviços sociais; c) a globalização dos mercados e a preocupação em reduzir custos e encargos trabalhistas e sociais; d) o crescimento do trabalho informal, deixando sem proteção social a maior parte da população ativa.

Segundo Uthoff (2001: 58), há uma série de problemas que levaram à reforma dos sistemas: a segmentação (um regime geral e outro dos servidores públicos); evasão ou elisão (tendência em não participar do sistema ou participar com contribuições menores do que as devidas); confusão entre previdência social e assistência social; investimentos, no caso dos fundos de pensão, em títulos da dívida pública com correção monetária insuficiente e rentabilidade negativa ou reduzida; a base de benefícios definidos conduz à subdeclaração de salários durante toda a vida e superdeclaração ao final; altos custos administrativos; desemprego e mudanças demográficas dificultam ampliação da base contributiva do sistema.

Em que contexto ocorreram as reformas? Na América Latina, as reformas ocorrem em um contexto marcado por desequilíbrios internos, dívidas externa e interna, déficits educacionais e sanitários, inflação, perda de poder aquisitivo dos salários, desemprego e subemprego, crescimento do trabalho informal, baixa produtividade e corrupção (Garcia e Conte-Grand, 1999: 42).

Em um contexto de baixas taxas de crescimento econômico, crescente competição no mercado global, desregulamentação do trabalho e colapso da estrutura familiar, as preocupações quanto às reformas consistem em: garantir uma vinculação mais estreita entre os regimes de seguridade social e as necessidades sociais reais; considerar a relação entre custos sociais e eficiência econômica; e favorecer as opções individuais (cf. Gruat, 1999: 26).

Os critérios para as fórmulas de prestações de custos sustentáveis mais previsíveis e a longo prazo seriam: a) acessibilidade econômica e financeira

Quadro 6
Problemas da política social na América Latina

Aspectos financeiros	• Contribuições regressivas • Opacidade ou transparência do gasto social — controle sobre o gasto • Financiamento regressivo ou progressivo • Cálculo de custos
Problemas de impacto redistributivo	• Não-cumprimento da vocação de universalidade • Polarizações regionais do gasto social • Desatenção com setores pobres da população • Concentração de subsídios em grupos privilegiados (efeitos regressivos) • Filtrações do gasto para setores que não são o objetivo
Aspectos administrativos e institucionais	• Ausência de trajetória orgânica, coordenada e coerente das políticas • Tradicionalismo, inércia e descontinuidade • Competição entre as diversas instituições da política social • Fragmentação, superposição, duplicidade
Objetivos das políticas	• Contradição entre perspectiva de solidariedade e diretrizes de cálculos diferenciais de serviços • Contradição entre intervenções setoriais e busca de globalidade • Ausência de diretrizes nacionais para as políticas • Indefinição dos problemas, sua natureza e dimensão
Aspectos políticos	• Participação cidadã e da burocracia nas decisões • Clientelismo e privilégios *versus* universalidade e seletividade progressiva • Corporativismo em diversos níveis • Debilidade da base social de apoio às políticas devido ao conflito distributivo e à crise fiscal • Regimes políticos não democráticos • Insatisfação dos usuários com os serviços • Pressões externas para a redução do espaço de ação estatal
Qualidade dos serviços	• Inadequação em face do crescimento da população • Baixa eficiência da cobertura • Inadequação às necessidades • Baixos rendimentos • Segmentação com acesso desigual e diversidade de prestações em detrimento dos politicamente mais fracos. • Influências corporativas

GESTÃO DA SEGURIDADE SOCIAL

Eficácia e eficiência dos serviços e do gasto social	• Custos administrativos excessivos • Baixa produtividade do investimento • Corrupção na administração dos fundos
Efeitos negativos da política econômica sobre a social	• Mecanismos regressivos da política econômica • Redução inadequada do gasto social • Redução da receita devido a contrações no emprego • Pressões sobre o gasto para atender a setores que não podem satisfazer suas necessidades devido a fatores de distribuição de renda • Efeitos regressivos da política econômica na estrutura da receita • Inadequada participação de diversos grupos sociais no financiamento do gasto social
Efeitos negativos da estrutura econômica sobre a política social	• Excessiva concentração dos ativos com repercussões na pobreza estrutural • Estrutura concentrada da renda

Fonte: Soares (1999).

(cotas razoáveis em níveis politicamente aceitáveis para empresa e cidadãos); b) eqüidade individual (vínculo entre o valor das pensões e as contribuições); c) eficiência social, ou seja, combate à pobreza, garantia de níveis de vida dignos e efeitos distributivos. Em outros termos, trata-se de buscar a consolidação de regimes de seguridade social que sejam capazes de, ao mesmo tempo, satisfazer necessidades de um amplo setor da população trabalhadora, ser financeiramente sustentáveis e ter aceitação social e política (cf. Gruat, 1999: 33 e 38).

Como ficaram os sistemas após as reformas? Devido ao grande volume e complexidade das informações quanto às reformas realizadas, optei por reuní-las na sinopse apresentada ao final do capítulo.

As reformas realizadas foram, em suma, de três tipos (Mesa-Lago, 1999: 85-86): a) *substitutivos* (Chile, México, Bolívia e El Salvador), com encerramento do sistema público e sua substituição por um sistema de Capitalização Plena Individual (CPI); b) *mistos* (Argentina e Uruguai), com um componente público reformado que incorpora o sistema de CPI); e c) *paralelos*

(Peru e Colômbia), sendo a CPI alternativa ao sistema público reformado ou não.

E qual tem sido o resultado (Mesa-Lago, 1999: 28-29) das reformas até agora realizadas? De modo geral, observam-se:

— crescente influência do setor privado na estrutura global dos sistemas (Chile, Suíça, Reino Unido, Austrália);

— papel cada vez menor dos interlocutores sociais (França);

— crescente participação das prestações básicas contra a pobreza nos sistemas públicos, freqüentemente definindo-se condições mais estritas para aquisição de direitos (OCDE);

— redução da importância da substituição de renda em favor de um componente de poupança individual ou de outras poupanças similares (China, Alemanha, Suécia, Letônia, Polônia, EUA, América Latina);

— implantação de regimes complementares com uma repercussão cada vez maior no nível global de proteção (todos os países);

— combinação de formas de proteção ativas e passivas, que incluem a esfera do emprego, mas não se limitam a ela (Europa).

Os problemas das reformas não se reduzem à bipolaridade público-privado. Há ainda os níveis de capitalização coletiva ou individual, as técnicas empregadas — atuariais ou financeiras — as inúmeras variáveis que influem no sistema de aposentadorias e pensões como o emprego, a demografia, os salários e as instituições de gestão e controle, entre outras (Garcia e Conte-Grand, 1999: 20).

Segundo inúmeras declarações da OIT e outras, os objetivos da seguridade social referem-se à garantia de: acesso universal aos serviços de assistência médica; substituição adequada da renda perdida; recursos básicos; inserção ou reinserção social. Os princípios são igualdade, solidariedade (financiamento coletivo); filiação obrigatória e cobertura optativa; responsabilidade geral do Estado; e administração democrática.

Porém, as reformas até agora realizadas estão longe de assegurar a cobertura, que já era parcial nos regimes anteriores, para

> "amplos setores que ainda não contam com cobertura e que, por outro lado, são os mais dinâmicos no que se refere à criação de empregos na região e constituem os grupos mais vulneráveis e necessitados de atenção prioritária. As reformas não permitiram avançar na cobertura desses setores do mercado não estruturado, nem tampouco se pode afirmar que tenham constituído um instrumento váli-

GESTÃO DA SEGURIDADE SOCIAL

do para atenuar os efeitos negativos do ajuste econômico e da globalização, em processo na região. A seguridade social não foi utilizada em todo seu potencial para estabelecer a 'rede de seguridade' necessária para atenuar tais efeitos. Tampouco as reformas consideraram em todos os seus alcances a incidência que terão os processos de integração em matéria de coordenação e harmonização dos sistemas de seguridade social. As mencionadas reformas, iniciadas no Chile em 1981 e que já alcançaram oito países na região se dirigiram em todos os casos, na prática, aos grupos que já estavam cobertos pelos regimes originais sem propor novas estratégias dirigidas a incluir os grupos tradicionalmente excluídos. Sem dúvida, conseguiram corrigir algumas das distorções vigentes nos regimes de pensões e introduzir elementos de eficiência administrativa e de gestão. O processo das reformas teve o mérito de situar um tema central das sociedades democráticas no mais alto nível de debate político e em muitos casos, com participação dos setores interessados, tendo multiplicado a produção e interesse acadêmico em torno dos aspectos técnicos, doutrinários e éticos deste tema" (Garcia e Conte-Grand, 1999: 20-21). (Tradução de minha responsabilidade)

As reformas não consideraram os grupos tradicionalmente excluídos, nem eliminaram privilégios de grupos especiais, resultando na persistência de população não coberta. E não contemplaram os outros regimes não reformados (municipais, estatais e territoriais); regimes antigos reformados; novos regimes reformados; regimes profissionais; e regimes empresariais harmonizados ou não. E o mais importante: as reformas determinaram o deslocamento dos regimes obrigatórios de gestão estatal para o setor privado, sem representarem mudanças substantivas nas estruturas nacionais de pensões e aposentadorias (Garcia e Conte-Grand, 1999: 54).

"Um dos ensinamentos mais importantes dos processos de reforma é que o assunto é extremamente complicado de analisar e requer informação adequadamente desagregada, assim como sofisticados modelos para analisar ao menos o impacto histórico, sendo muito aventurado efetuar afirmações absolutas e indiscutíveis sobre a evolução futura." (Garcia e Conte-Grand, 1999: 61)

De qualquer forma, permanecem os seguintes desafios: extensão da cobertura à maioria da população; prestações que respondam às necessidades do trabalhador e de sua família; equilíbrio permanente do regime econômico-financeiro; adaptação dos regimes às condições mutáveis da vida em sociedade; adaptação ao mercado de trabalho; modificações na função do Estado; enfrentamento do desafio da transição demográfica; inserção nos processos de integração regional e sub-regional; níveis de eficiência compatíveis com as aspirações e necessidades dos afiliados; vinculação e harmonização das reformas dos regimes de aposentadorias e pensões às reformas de outros regimes como o da saúde, dos riscos do trabalho, desemprego e apoio à família (ibidem, 69-72).

A propósito dos desafios, Mesa-Lago (1999: 78 ss.) faz interessante análise de algumas bipolaridades ou dicotomias que vêm marcando o confronto de posições quanto às reformas. Todavia, segundo a incisiva abordagem de Schwarzer (1999: 19 ss.) acerca dos dilemas quanto à gestão da previdência social, podem ser identificadas, na América Latina, duas armadilhas que conduzem a equívocos ou mitos quanto à reforma. A primeira consiste na acusação de ineficiência e de falência fiscal do sistema vigente, concentrando-se nos instrumentos para corrigir os desequilíbrios econômicos, perdendo de vista as finalidades sociais. Entrecruzam-se aí, as posições *tecnicistas e excessivamente cartesianas* com interesses privatistas. A segunda enfatiza os objetivos sociais, ignorando possíveis conflitos entre eles e desconhecendo as restrições econômicas de equilíbrio orçamentário, fiscal e atuarial e mesmo as circunstâncias socioeconômicas concretas nas quais se insere o sistema, servindo a interesses clientelistas ou corporativistas. A seguir, apresento de forma sumariada a posição de Mesa-Lago, cotejada com a de Schwarzer, quanto às seguintes questões:

a) Meta geral principal: social ou econômica

De um lado, os argumentos do Banco Mundial e do FMI de que

"a seguridade social e os programas de pensões padecem de sérias falhas como altas contribuições sobre a folha salarial, baixo cumprimento de obrigações (evasão e mora), subsídios fiscais regressivos para a classe média, investimento ineficiente, pesada e crescente dívida atuarial (e às vezes financeira) de pensões, efeitos adversos sobre o déficit fiscal e inflação, como conseqüência, impacto negativo sobre a poupança nacional, o crescimento econômico e o emprego" (Mesa-Lago, 1999: 79).

E a defesa da privatização, em favor da poupança nacional, dos mercados de capitais, dos rendimentos reais positivos e do investimento, do crescimento econômico e do emprego, o que garantiria pensões adequadas e eqüitativas.

De outro lado, a OIT e a AISS alegando que os riscos das reformas são mais altos que os atuais: incerteza quanto a fatores macroeconômicos imprevisíveis (crescimento econômico, inflação, rendimento do capital); complexidade da decisão para selecionar uma opção de pensão no momento da aposentadoria; pensões mínimas insuficientes para satisfazer necessidades básicas; introdução de desigualdades por idade e sexo; carga dupla sobre os atuais segurados ativos para financiar suas próprias pensões e o *déficit* da transição.

Mesa-Lago conclui que o debate continua, pois "no existe evidencia concluyente de que las dos metas generales se refuerzan o están en conflicto entre si...".

Schwarzer (1999: 21 ss.), abordando o dilema — *seguro social ou poupança individual?* —, ao lembrar que o formato histórico do seguro social é o da gestão pública, com contribuições individuais, benefícios definidos e fundos acumulados como poupança coletiva, afirma que os riscos são sociais pois superam a capacidade individual de antevisão e provisão. A distribuição atuarial do risco, pelo seguro, é social porque os riscos escapam do controle individual e só podem ser assegurados socialmente. E que, nesse caso — o do seguro social — há flexibilidade de adaptação a oscilações conjunturais e choques exógenos; a solidariedade coletiva permite a distribuição dos riscos individuais; há possibilidade de repactuação de benefícios em caso de aumentos de produtividade e crescimento sustentado da economia ou de redução dos benefícios quando amplos demais e inviáveis. E a compulsoriedade de filiação garante nível aceitável de subsistência na velhice, evitando o fenômeno da *carona (free-rider)* por quem realiza insuficiente poupança.

b) Regime: repartição ou capitalização plena

O regime de repartição simples (sem reservas) ou com reserva de contingência rege-se pelo princípio da solidariedade intergeracional.

O regime de capitalização, que se baseia em uma taxa fixa uniforme ou contribuição definida, observa o princípio da estreita relação entre contribuições e pensões. Pode ser de capitalização plena individual (CPI) ou de capitalização parcial coletiva (CPC), este último baseado em uma taxa média escalonada.

Há controvérsia quanto aos efeitos positivos ou negativos da CPI no mercado de capitais e na poupança nacional. A OIT e a AISS entendem que não há evidências de que, nos países em desenvolvimento, a CPI tenha tido impacto positivo e que é difícil construir mercados de capitais grandes e eficientes na América Latina. A liberalização de regras para investir parte dos fundos de pensões no exterior poderia estimular a fuga de capitais. E a avaliação daquele impacto não deve limitar-se à CPI, devendo abranger a reforma como um todo que, conduz a *déficit* no sistema antigo e *superávit* na

CPI. Permanece, portanto, a pergunta chave quanto a se o resultado líquido é positivo, negativo ou neutro (Mesa-Lago, 1999: 80-81).

É interessante arrolar, a propósito da privatização, os dez mitos sobre os sistemas de seguridade social, apontados por Stiglitz[34] (1999):

- Mito 1: As contas individuais aumentam a poupança nacional.

- Mito 2: As taxas de rentabilidade são maiores em um sistema de contas individuais.

- Mito 3: As taxas de rentabilidade decrescentes dos sistemas de repartição refletem problemas fundamentais.

- Mito 4: A inversão dos fundos fiduciários públicos em ações não tem efeitos macroeconômicos.

- Mito 5: Os incentivos no mercado laboral são melhores em um sistema de contas individuais.

- Mito 6: Os planos de benefício definido necessariamente incentivam a aposentadoria antecipada.

- Mito 7: A competição assegura baixos custos administrativos em um sistema de contas individuais.

- Mito 8: Os governos corruptos e ineficientes brindam uma argumentação para as contas individuais.

- Mito 9: As políticas de ajuda estatal são piores sob os planos públicos de benefício definido.

- Mito 10: A inversão dos fundos fiduciários públicos sempre se realiza sem o devido cuidado e sua gestão é deficiente.

Schwarzer (1999: 23 ss.), descreve detalhadamente as características do regime de capitalização, aqui resumidas no quadro 7, para concluir que:

a) importante, nos dois casos, é a transparência da governança e da *accountability;*

b) o problema não está no instrumento de financiamento utilizado, mas em outras variáveis do sistema;

c) o pacto intergeracional constitui a base de qualquer sistema previdenciário, uma vez que nenhum dos regimes escapa à lógica da transferência de ativos para inativos, similar às lógicas das outras áreas da política

---

34. Apud Murro (2002).

social: transferência de saudáveis para doentes, na saúde; dos pais para os filhos, na educação; dos incluídos para os excluídos, na assistência social;

d) mesmo o sistema simples de *tax-transfer*, pelo tributo sobre uma base de tributação, requer um estoque de capital físico e humano produtivamente empregado. Portanto, o sistema não dispensa um estoque de capital e é baseado, também, na capitalização;

e) nenhum sistema consegue superar limites impostos pelo envelhecimento da população, pelas transformações do mercado de trabalho, pelo ritmo de crescimento econômico insuficiente.

f) taxas de crescimento econômico insuficiente minam não apenas a arrecadação das contribuições sociais e dos impostos, mas também as perspectivas de valorização adequada ao capital.

Segundo o autor, as vantagens da repartição simples são: proteção de ampla parcela da população; flexibilidade e possibilidade de inclusão de elementos redistributivos; eventual suplemento de recursos pelo Estado; satisfação de aspirações sociais de solidariedade e de certeza quanto à existência de uma rede de proteção fundamental, permitindo comportamento inovador necessário em momentos de transformações socioeconômicas estruturais; efeito estabilizador da demanda agregada em face das oscilações econômicas conjunturais. Já a capitalização individual assegura: previdência complementar; rendimento maior do que aquele que cobre riscos sociais elementares; fonte de poupança de longo prazo para financiamento de investimentos na economia, desde que não seja fruto de uma reforma substitutiva do modelo de repartição anterior com altos custos de transição.

Para o autor, em suma, *a sustentabilidade de qualquer desenho depende da capacidade da economia em crescer continuamente, gerar renda e proporcionar os fatos geradores da tributação e a remuneração do estoque de capital* (1999: 25).

Então, a opção por determinado mecanismo de financiamento depende do objetivo que se pretenda atingir.

c) Contribuições: não definidas ou definidas

Os sistemas públicos caracterizam-se pelas contribuições não definidas, não fixas nem uniformes, tendentes a elevar-se no longo prazo, mais rapidamente na repartição simples e mais gradualmente na CPC. As contribuições são mais elevadas quando a população é mais envelhecida e os sistemas são mais antigos, o que constitui incentivo à evasão, à inadimplência e à subdeclaração de renda.

Quadro 7
Regime de capitalização* — características e riscos

- Custeio dos benefícios por um estoque de capital acumulado através de contas pessoais dos contribuintes.

- Financiamento pela remuneração a juros, dividendos e aluguéis pagos pela geração ativa de um estoque de capital.

- Base de financiamento: massa de remuneração paga no mercado financeiro.

- Também está exposto ao risco de manipulações políticas via determinações legais quanto a investimentos. Pode ser alvo de falcatruas, calotes, corrupção, clientelismo e desfalques no caso de operação com títulos da dívida pública.

- Risco de redistribuição às avessas (isenções tributárias, subsídios) ou de uso da provisão para a velhice como instrumento de cooptação política.

- Melhores taxas de rentabilidade bruta de investimentos financeiros. Porém, a magnitude do estoque de capital para cobrir transferências intergeracionais pode não dispor de investimentos suficientemente rentáveis para garantir rentabilidades líquidas (a bruta menos o custo de administração), permitindo a sustentabilidade do modelo.

- Risco de *constituency*: interesse na manutenção de altas taxas de juros — ciranda financeira — em prejuízo do crescimento econômico.

- Com o *aumento da expectativa de vida*:

  1. Tábuas de mortalidade geram benefício menor

  2. Postergação da idade da aposentadoria

  3. Maiores alíquotas de contribuição

  4. Pressão sobre o Estado visando subsídios e renúncia fiscal sobre benefícios

- Com a *progressiva queda do quociente contribuintes-beneficiários*, se houver estabilidade demográfica, o sistema passa a funcionar como se fosse de repartição. Se prosseguir a transição demográfica, o sistema entra em fase de *despoupança*, com oferta crescente de ativos à venda para demanda minguante. Daí pode resultar: deflação de ativos dos fundos capitalizados, transformação do estoque em um fluxo de renda para os aposentados e pressões inflacionárias.

* Cf. Schwarzer (1999: 23 ss.).

Já no regime de capitalização plena individual (CPI) a contribuição é fixa ou uniforme. Em princípio, a idade da população e do programa não deveriam afetar a contribuição. Porém, como se trata de sistemas de operação recente, ainda não é possível comprovar aquela assertiva. Com a expansão da esperança de vida, para manter o mesmo nível da pensão com a

GESTÃO DA SEGURIDADE SOCIAL

mesma contribuição, os futuros pensionistas teriam que optar por: redução no nível da pensão; ou elevação da idade de aposentadoria; ou aumento na contribuição (obrigatória ou voluntária); ou isenções de impostos ou transferências fiscais. Segundo o Banco Mundial, na contribuição definida o assegurado reduz ou perde sua pensão nos casos de evasão, atraso de pagamentos ou subdeclaração de renda, mas isto não afeta o sistema e os demais segurados. E, conforme demonstram as reformas na América Latina, a metade dos segurados não é de contribuintes ativos (Mesa-Lago, 1999: 82).

d) Pensões: definidas ou não definidas

Nos sistemas públicos há pensão mínima e pensão máxima reguladas por lei. A forma de cálculo baseia-se nos anos e valor da contribuição. O reajuste dá-se conforme o custo de vida. Se o sistema funciona bem, há segurança quanto ao valor da pensão e realiza-se o princípio da solidariedade.

Já no sistema de capitalização plena individual (CPI) o valor da pensão não é definido, pois resulta das contribuições. Quanto maior a acumulação na conta individual e mais contribuições voluntárias adicionais, maiores os investimentos e, portanto, pensões mais altas. Porém, a inflação e o rendimento real são fatores de incerteza. A solidariedade exógena por meio da instituição de uma pensão mínima pelo Estado constitui um incentivo aos oportunistas que, deliberadamente, minimizam as contribuições com o fim de maximizar o subsídio do Estado (Mesa-Lago, 1999: 82-83).

Para Schwarzer (1999: 28 ss.), no caso das *contribuições definidas*, o ajuste pelo lado das despesas, mantendo-se uma alíquota de contribuição estável, tem a vantagem de estimular a contribuição e o combate à sonegação — pelo próprio filiado em favor de si mesmo — e as seguintes desvantagens: o benefício final fica dependente do histórico contributivo individual, da taxa de correção das contribuições e das características pessoais do contribuinte no momento da aposentadoria; há redução da possibilidade de inclusão de mecanismos de redistribuição vertical de renda (dos contribuintes de maiores para os de menores rendimentos) pelo, se houver aportes do Estado, desincentivo à participação no sistema. De qualquer forma, alerta o autor, é um equívoco pensar que seja intrinsecamente mais transparente e menos manipulável.

No caso dos *benefícios definidos*, trata-se de um benefício equivalente a determinada proporção dos rendimentos. Então, o ajuste é pelo lado do custeio, com a variação das alíquotas de contribuição. Há a necessidade de suplementação com recursos tributários, em caso de não se pretender aumentar a alíquota de contribuição, em face de expressivo gasto com aposentadorias. Coloca em desvantagem alguns grupos de pessoas — por exemplo, mulheres —, os quais, pelos atributos e inserção econômica, não podem manter mesmo ritmo de contribuições do segurado com emprego formal, estável e em tempo integral.

Benefícios definidos combinam melhor com o módulo de previdência básica em regime de repartição e com o conceito de seguro social. Rebatendo a crítica de que, na prática, os benefícios acabam indefinidos, o autor afirma que isso se deve à gestão pouco técnica, arbitrária e não transparente, ocultando transferências regressivas e não à modalidade — benefício definido — em si.

e) Administração: privada ou múltipla

O sistema de repartição simples é de administração pública, enquanto o sistema de capitalização plena individual (CPI) é administrado por corporações privadas com fins de lucro, exclusivamente constituídas para tal função.

Porém, a CPI pode ser propriedade de e administrada por corporações privadas, com ou sem fins lucrativos, instituições públicas (inclusive as de seguridade social), bancos, companhias de seguros, cooperativas, fundos de ajuda mútua, sindicatos, fundos de *asignaciones* familiares.

A natureza "privada" do sistema tem sido questionada em vista das quatro funções cruciais desempenhadas pelo Estado no sistema: filiação obrigatória; estritas regulação e supervisão; subsídios e transferências; outras garantias. O BM aponta três vantagens da administração privada: aumento da eficiência da administração; redução dos custos; e maximização do rendimento do investimento. Os requisitos básicos são: acesso à informação, transparência e regulação e supervisão. Mas, vendedores e publicitários jogam papel mais significativo na eleição dos fundos de pensão do que as baixas comissões ou altos rendimentos (Mesa-Lago, 1999: 83-84).

A propósito da *administração pública ou privada*, Schwarzer (1999: 30 ss.), afirma que a primeira apresenta vantagens diante de eventos extraordinários e imprevisíveis (no pós-guerra, por exemplo) pela possibilidade de assegurar benefícios que não teriam sido honrados se dependessem de estoques de capitais profundamente desvalorizados. E, segundo o autor, as experiências internacionais depõem a favor da manutenção do sistema de repartição administrado pelo Estado, mas não descartam a possibilidade de a iniciativa privada ter papel de relevo na provisão de aposentadorias e

GESTÃO DA SEGURIDADE SOCIAL

pensões.[35] No caso da administração privada, as desvantagens são a *seleção adversa* de riscos, a falta de equilíbrio estável, a assimetria de informação entre provedores e demandantes ou principal (o segurado) e agente, tendência à oligopolização dos mercados de fundos privados naqueles países que seguem o modelo chileno ou suas variantes, carecendo de forte ação reguladora do Estado.

f) Independência política do sistema: permeabilidade ou imunidade

Nenhum sistema está imune a interferências políticas que, entretanto, podem ser menores no sistema de CPI, em vista da administração privada em que os segurados são proprietários das contas individuais.

> "... no campo da seguridade social, a maioria dos governos da América Latina comportou-se de forma indevida: não cumprindo com suas obrigações financeiras (como empregador e terceiro), forçando a inversão dos fundos de pensão em valores públicos que têm pouco ou nenhum valor, e/ou ordenando que tais fundos sejam depositados no banco central sem ajustar o principal à inflação e não pagando nenhum juro em absoluto ou um juro real negativo. O Estado, portanto, tem contribuído para a crise da seguridade social na região e é razoável a preocupação sobre se o governo converteria seu tradicional papel negativo em um positivo depois da reforma das pensões" (Mesa-Lago, 1999: 84).

As situações em que pode haver interferência do governo no regime de CPI são: a) quando há o declínio de pensões abaixo da satisfação de necessidades básicas; b) quando o investimento do fundo de pensões afeta negativamente a política fiscal e monetária; c) quando o governo necessita dos fundos para financiar os custos da transição por período muito longo impedindo a diversificação da carteira (Mesa-Lago, 1999: 84).

g) Tipo de reforma: não estrutural ou estrutural

Há consenso sobre a necessidade e desacordo quanto ao tipo de reforma. Não há consenso sobre o diagnóstico do sistema público, cujos problemas seriam: centralização excessiva, carência de coordenação com as políticas macroeconômicas, baixo nível das pensões (abaixo da linha de pobreza,

---

35. O autor aponta, no caso da administração pública, a baixa eficiência em países da América Latina e, por outro lado, as aposentadorias de valor real expressivo a baixíssimo custo de administração em diversos países europeus e EUA. No caso da administração privada, a Suíça, a Holanda e a Dinamarca, com significativa participação da iniciativa privada, apresentam alto grau de satisfação dos segurados. Já o modelo chileno e Europa Oriental apresentam custos de administração e *marketing* proibitivos.

às vezes), falta de reajuste das pensões conforme a inflação, altos custos administrativos, registro ineficiente, precário controle do cumprimento, desequilíbrios financeiros e atuariais, e complexo e demorado processo de concessão das pensões.

As principais características das reformas não estruturais são:[36] reduções das prestações gerais ou específicas, como forma de dividir os custos crescentes da relação de dependência; b) modificações na fórmula para o cálculo das prestações: em geral se aumentam os anos; c) aumento da idade para aposentadoria em combinação com a aposentadoria parcial antecipada; d) ajustes pelo custo de vida ou outras variáveis; e) aumentos das taxas de contribuição; f) igualdade de tratamento para homens e mulheres; g) incremento dos regimes complementares.

Quadro 8
Modelo de seguridade social do Banco Mundial

	Pilar obrigatório administrado pelo setor público	Pilar obrigatório administrado pelo setor privado	Pilar voluntário
Objetivos	Redistribuição e seguro	Poupança e co-seguro	Poupança e co-seguro
Modalidade	Sistema coletivo básico ou mínimo assistencial	Plano de poupança individual ou plano ocupacional	Plano de poupança individual ou plano ocupacional
Financiamento	Fiscal	Contribuições sobre salários	Contribuições individuais

Fonte: Envelhecimento sem crise, Banco Mundial, 1994, apud Soares (2002).

O Banco Mundial preconiza uma radical reforma do tipo estrutural, de modo a substituir o sistema público por um de capitalização plena individual, conforme modelo apresentado no quadro acima. Já a OIT e a AISS preconizam uma reforma do tipo não estrutural, aperfeiçoando o sistema e corrigindo seus defeitos, através de: condições mais restritas de acesso (elevação da idade para aposentadoria, expandindo os anos de contribuição);

---

36. Solorio, Carmen (1998), apud Murro (2002).

GESTÃO DA SEGURIDADE SOCIAL

eliminação dos regimes de privilégio e das prestações demasiadamente generosas; redução dos gastos administrativos; reforço do controle da evasão e da mora; restabelecimento dos equilíbrios financeiros e atuariais; aumento da eficiência; e pagamento de pensões adequadas. Há resistências às duas propostas, conforme os grupos de interesses (Mesa-Lago, 1999: 85).

O modelo chileno, que tem sido referência para as iniciativas de reforma, já demonstrou *ad nauseam* suas contradições e desvantagens:

> "O Chile foi um dos primeiros países da América Latina a montar um sistema de proteção social o mais similar ao *welfare state* dos países europeus. As políticas sociais chilenas, ao final dos anos sessenta e início dos setenta, contribuíram para que o país tivesse um dos maiores graus de desenvolvimento social da região, com uma cobertura quase universal das políticas de educação, saúde e previdência social. Especificamente na área da previdência, o Chile tinha um dos mais antigos sistemas de seguro social da América Latina, que apresentava, em meados dos anos setenta, uma das mais altas taxas de cobertura da região, chegando a cerca de 60% da população ocupada. No entanto, é inegável (...) que a queda do gasto social durante os anos de ajustamento foi responsável pela deterioração dos serviços públicos e pelo aviltamento dos salários dos profissionais que operavam as áreas sociais..." (Soares, 1999: 17).

Resta amplamente comprovado, a partir da experiência chilena e suas variantes, que:

a) a alegada incapacidade do Estado para administrar a seguridade é omitida quando se trata de assumir os custos fiscais da transição para o novo regime ou a sua regulação e controle;

b) o papel do Estado continua preponderante, uma vez que, no caso do Chile, o percentual de aposentados e pensionistas no âmbito da gestão pública é de 85%, sendo de apenas 15% o segmento de filiados ao regime privado. E o INP (Instituto de Normalização Previsional), gozando de grande prestígio, administra com alto grau de eficiência o conjunto de regimes coletivos prévios à reforma assim como outros ramos de benefícios e programas para a terceira idade (Garcia e Conte-Grand, 1999: 53);

c) a cobertura não se ampliou com a reforma, uma vez que "La actual cobertura de la PEA en los ocho países va desde aproximadamente el 80% (Argentina, Chile y Uruguay) hasta el 12% (Bolívia) pero, en el primer grupo de países, esa cobertura era la misma o cercana a la misma antes de la reforma" (Mesa-Lago, 1999: 138);

d) não se confirma a opinião generalizada de que e o sistema CPI gera expansão de um mercado de capitais dinâmico e seguro com alto rendimento dos investimentos e da poupança nacional (ibidem: 133, 141 e 142);

e) a reforma chilena teve efeitos tanto progressivos quanto regressivos sobre a distribuição de renda. A propósito, vale citar que

"O sistema parece estar desenhado para os segurados assalariados com as seguintes características: altos salários e nível de cumprimento de pagamento, emprego estável (portanto, alta densidade de contribuições), e aposentadoria à idade de 65 anos. Porém, a metade dos atuais segurados não reúne essas condições e receberão uma pensão mínima. Do número total de trabalhadores independentes só 10% são filiados e 4% são contribuintes ativos (basicamente profissionais com altas rendas) e o resto não tem acesso ao sistema. Além disso, se provou que a comissão fixa tem um impacto negativo sobre os segurados de baixas rendas, reduzindo suas poupanças e o nível da futura pensão (...) A mudança chilena de um sistema público com solidariedade para um sistema de CPI sem solidariedade endógena, também implica em mudança de um sistema de gênero neutro para um de gênero diferenciado (...) no sistema de CPI haverá taxas de substituição e pensões mais baixas para as mulheres..." (Mesa-Lago, 1999: 136).

Em face dos elementos até aqui coligidos, cabe indagar: — Qual é a reforma que se deve postular para a América Latina?

Aquela que reafirma o caráter social do sistema de seguridade, entendido como garantia de proteção social. Um direito humano fundamental. Socializada na cobertura, na gestão e no financiamento.

"junto com os avanços para separar funções, melhorar a eficiência, aumentar a transparência do setor público, incorporar o setor privado na gestão e melhorar a solvência das instituições, é preciso preocupar-se também com a cobertura e a qualidade dos benefícios, zelar para que a aplicação de critérios de equivalência não sejam à custa dos princípios de solidariedade e de universalidade com que devem operar os sistemas de seguridade social, incluído o sistema de aposentadorias, desenvolver adequadamente a regulamentação e supervisão apropriada dos mercados e identificar as responsabilidades fiscais, que garantam a viabilidade de transição e o bom êxito no funcionamento desses sistemas."[37]

---

37. CEPAL, citada por Uthoff (2001: 11).

Ou seja, mesmo quando se admite a "incorporação do setor privado" sob "regulamentação e supervisão estatais", não se abre mão dos princípios da solidariedade e da universalidade.

Na relação entre público e privado, Estado e Mercado, trata-se de buscar a complementação de ações — pela combinação de regimes de previdência —, sem abdicar da primazia da responsabilidade e do papel regulador do Estado, e sem alimentar mitos quanto à pretensa superioridade do mercado.

> "Recorrer somente ao setor privado para encontrar soluções para um tema de tanta magnitude e importância social como é a cobertura da invalidez e da velhice de todos os cidadãos é uma proposta irreal e recorrer somente ao Estado é uma experiência conhecida que é necessário superar" (Conte-Grand, 1999: 17).

Ora, não se trata de "proposta irreal", mas inaceitável, porque contrária e lesiva aos interesses dos trabalhadores.

A seguridade social é expressão de relações sociais. As escolhas técnicas — gerenciais, atuariais, jurídicas, financeiras, fiscais — quanto à reforma encerram opções políticas. Diferentes projetos se confrontam, a partir de interesses determinados de atores e interlocutores diversos: — os cidadãos que demandam serviços e benefícios, especialmente em situações de fragilidade, risco ou vulnerabilidade; a burocracia estatal; os empregadores; os agentes do mercado de capitais, dos fundos de pensão, das companhias de seguro; os organismos multilaterais; e outros.

Trata-se de enfrentar a tênue fronteira que separa a seguridade social, do risco, da incerteza e da vulnerabilidade. E o espaço público, na arena das lutas pela cidadania, sob o critério do acesso igualitário e universal, é privilegiado em relação a qualquer outro para o equacionamento da seguridade social. A reforma, então, requer debate democrático e busca de amplo consenso, orientados pela concepção da seguridade como estratégia de promoção da inclusão social, pela garantia de renda, seja pela complementação, reposição ou transferência, o que supõe articulação entre política social e política econômica — recuperação do crescimento e geração de empregos —, mas não subordinação à lógica do mercado.

E é preciso resistir à tendência de mercantilização, reiterando a concepção de seguridade social ampla, solidária, coletiva, pública, democrática. Seguridade social pela ação integrada nos campos da previdência, da saúde e da assistência social.

Quadro 9
Principais aspectos da reforma na América Latina

País	Início	Regime	Reforma	Principais aspectos da reforma (*)
Argentina	Início do século	Misto	1993	Primeiro país a introduzir um sistema misto com 2 componentes obrigatórios e integrados: a) programa público reformado que paga pensão básica, que requer 30 anos de contribuição; b) programa de CPI complementar administrado pelas AFPs. Foram excluídos da reforma as forças armadas, os empregados das províncias e das municipalidades. As responsabilidades e garantias do Estado são similares às do Chile. Há pensão de assistência a indigentes.
Brasil	1923	Repartição simples	1998	Será objeto do próximo capítulo.
Bolívia	1949	Capitalização individual	1996	51 programas foram fechados e recursos transferidos para o Tesouro. Forças armadas serão integradas ao novo sistema. AFPs administram 2 fundos separados: CPI e CPC. A filiação ao novo sistema é obrigatória. A contribuição do empregador foi abolida. A idade mínima é de 65 anos para ambos os sexos. O Estado não garante pensão de AS, nem pensão mínima, nem "quebra" das AFPs ou companhias de seguros, nem Bônus de Solidariedade. Há problemas quanto à compilação e informatização dos dados dos segurados dos 51 programas anteriores.
Colômbia	1946	Repartição Simples Capitalização parcial	1993	Os 2 sistemas públicos (1 para o setor privado e 1 para o setor público) anteriores foram unificados no ISS. Conservam seus próprios programas, não tendo sido incluídos na reforma: forças armadas, legisladores e empregados do Congresso, professores públicos, trabalhadores do petróleo, fundos provinciais e municipais. Contribuições de empregadores e segurados foram aumentadas e igualadas em 96. As garantias do Estado são similares às do Chile.

País	Início	Regime	Reforma	Principais aspectos da reforma (*)
Chile	Início do século	Capitalização completa privada Antigo programa de aposentadoria: repartição	1981	Os elementos definidores são: Estado subsidiário; subordinação do social ao econômico; erradicação da extrema pobreza e igualdade de oportunidades; compensação dos custos sociais do modelo econômico; investimento em *capital humano*. Há um sistema *obrigatório* (CPI) para todos os trabalhadores empregados e *voluntário* para trabalhadores por conta própria e independentes. As forças armadas foram excluídas da reforma. As entidades são: a) Caixas de Seguro (instituições fiscais ou semifiscais); b) SFLs formadas por grupos de empresas; c) Fundos de Pensões (sociedades anônimas). O antigo sistema não permite novas filiações. As contribuições dos empregadores foram abolidas. A idade é de 60 anos para mulheres e de 65 para homens. Há pensão mínima de AS paga pelo Estado, bônus de reconhecimento. Os benefícios não são definidos.
Peru	1936	Capitalização parcial		O sistema público foi unificado antes da reforma, exceto para forças armadas. O novo sistema de CPI é quase idêntico ao do Chile e administrado pelas AFPs. Há possibilidade de escolha entre sistema público e CPI. A contribuição dos empregadores foi eliminada e a dos segurados aumentada. O Estado não garante pensão mínima, nem Bônus de Reconhecimento, nem rendimento mínimo do investimento, nem pensões em caso de quebra das AFPs ou companhias de seguros.
Uruguai	Início do século	Repartição simples	1995	O sistema é misto: programa público reformado com pensão básica e CPI com pensão complementar programada. Forças armadas foram excluídas. A idade é de 60 anos para ambos os sexos (aumento de 5 anos no caso da mulher), com 35 anos de contribuição. O Estado financia qualquer *déficit* no sistema público não reformado e no componente público do sistema misto. Respalda as AFPs em caso de "quebra" e paga pensão de AS para indigentes, mas não paga BR, nem pensão mínima na CPI. As garantias são similares às da Argentina.

País	Início	Regime	Reforma	Principais aspectos da reforma (*)
El Salvador	1949		1996	Similar ao modelo chileno. Os 2 sistemas antigos (CPC), um para os empregados privados (ISSS) e outro para os públicos (INEP) foram uniformizados. As forças armadas foram excluídas da reforma. Segurados entre 36 e 50/55 anos (mulheres/homens) podem ficar no antigo sistema ou aderir ao novo. Os de menos de 36 devem transferir-se para o novo e os de mais de 50/55 devem ficar no antigo. As mudanças entre AFPs são limitadas a 2 por ano. A contribuição dos empregadores foi mantida sem alteração e a dos segurados aumentada em 367%. Foram mantidas as idades para aposentadoria: 55/60 com 25 anos de contribuição ou 30, independentemente da idade. A pensão mínima requer 25 anos de contribuições e está limitada à disponibilidade de recursos fiscais. O Estado não paga pensão de AS aos indigentes, mas garante o BR e a pensão mínima. E não garante rendimento mínimo, nem pensões em caso de "quebra" das AFPs.
México	1943	Capitalização parcial	1991-92 1995-96	Em 1992 (reforma parcial) foi implantado novo sistema de poupança para aposentadoria com filiação obrigatória. Os excluídos da reforma foram: forças armadas, empregados federais e trabalhadores do petróleo. Os benefícios não são definidos. A idade é de 65 anos para ambos os sexos. Houve aumento de 10 para 24 anos de contribuições. Não há Bônus de Reconhecimento. Há possibilidade de escolha entre aposentadoria programada ou renda vitalícia. Não há pensão de AS para indigentes. Administradoras podem ser públicas, privadas ou mistas. Reforma estrutural em 1995.

* Conforme Mesa-Lago, 1999: 86 ss.

Capítulo 4

As relações entre Estado e sociedade: "novas" formas da gestão social no Brasil

O objeto do presente capítulo é o marco legal e regulador das relações entre Estado e sociedade no âmbito da seguridade social. Trata-se de indagar sobre a gestão social no contexto da reforma do Estado, que se realiza sob a perspectiva de favorecimento do mercado. Um contexto marcado pelas medidas de privatização, de redução da intervenção estatal ou de implantação de formas híbridas de gestão social pela combinação da ação estatal com a de organismos privados, sob a diretriz da municipalização.

O que se observa, de fato, é a tendência de complementaridade e de mixagem das ações do Estado, da sociedade civil e do mercado, fomentando as ações privadas na área da seguridade social.

São consideradas, neste capítulo, três modalidades de organizações privadas prestadoras de serviços sociais, objeto de legislação promulgada em 1988 e 1999: as organizações sociais (OS), as organizações filantrópicas, e as organizações da sociedade civil de interesse público (OSCIP) ou *terceiro setor*.

A chamada *responsabilidade social* das empresas, a reedição do voluntariado e as "novas" solidariedades constituem importantes expressões das relações entre Estado e Sociedade, sendo, por essa razão, também contempladas em minha análise.

A *seguridade social* constitui um *locus* privilegiado de processamento e mediação das contradições relacionadas às formas de geração, apropriação e distribuição de riquezas. A seguridade é relação social. Oculta e, ao mesmo tempo, revela os embates em torno do acesso aos bens, recursos e serviços socialmente produzidos. Sob o Estado do Bem-Estar Social, como procurei demonstrar no Capítulo 2, acomodaram-se conflitos inerentes às formas de repartição e apropriação de riqueza, de modo a compatibilizar um elenco de direitos sociais com o mercado.

O *fundo público* constituído através de complexos mecanismos de captação, arrecadação, gestão e alocação representa a parcela do excedente econômico apropriada pelo Estado na forma de contribuições e impostos e que retorna para a sociedade na forma de programas e serviços sociais.

O empenho dos governos e dos técnicos em equacionar a gestão da seguridade social na esfera orçamentária, contábil e atuarial não elude a natureza sociopolítica das questões da área. A recorrente interpelação aos sujeitos individuais para que cuidem da própria segurança — *seja responsável, pense no futuro, faça poupança, previna-se, seja previdente* — ou o apelo genérico à *solidariedade social* no âmbito da sociedade civil, ou ainda a retórica em torno da *responsabilidade social da empresa-cidadã*, concorrem para postergar a gestão coletiva das condições de existência social sob critérios mais justos de repartição da riqueza social.

A questão da responsabilidade pela gestão social — dever do Estado? Problema individual a ser equacionado segundo as opções do mercado? Filantropia empresarial? Solidariedade da sociedade civil? — expressa-se por algumas bipolaridades cujo teor é denso em luta social e recoberto por um manto ideológico eivado de promessas de equanimidade. E que, porém, contribui para reproduzir, de fato, a desigualdade social.

E quais são aquelas bipolaridades?

O sujeito individual, por um lado. Por outro, a noção de pacto social — que remonta aos clássicos do pensamento oitocentista acerca do Estado —, pautado em certas regras de convivência coletiva circunscritas, de qualquer modo, à ordem social capitalista.

De um lado, a ênfase no empenho individual em equacionar, no âmbito do mercado, a satisfação de necessidades vitais. De outro, a concepção da seguridade social como projeto coletivo, solidário, universal, de interesse público, a ser equacionado na esfera comum a todos, embora desiguais, do Estado.

O clássico modelo contratual de gestão, no caso da previdência social, condensado na fórmula *pay as you go*, vem representando historicamente um dos mecanismos de regulação das relações de trabalho. O seguro social, na forma como se consolidou após a Segunda Guerra, representou, com efeito, uma alternativa para regular conflitos distributivos, mediatizados pela gestão estatal do sistema previdenciário. Mas, a *contribuição prévia* como condição de elegibilidade e de credenciamento ao *benefício* subordinou, ainda que indiretamente, a necessidade social ao mercado. Ocupação estável e regular aferição de renda têm sido condições indispensáveis para o cumprimento daquele contrato. Um contrato dependente dos movimentos e oscilações do mercado, como outro qualquer. Afiançado, todavia, pelo Estado, dada a sua natureza *social*.

Integrante do sistema de seguridade social e coadjuvante da previdência social ocupacional, contratual, de regulação estatal, dependente da lógica mercantil, comparece a assistência social sob a noção liberal de suplementação para as lacunas do mercado.

Sob a ótica liberal, a assistência social tem sido um modo de satisfazer necessidades sociais que o mercado não satisfaz. Na realidade, uma forma de atenuar o impacto social de políticas econômicas concentradoras de renda, elitizantes do acesso ao mercado e, portanto, reprodutoras da exclusão social.

Embora desmercadorizada, a oferta de benefícios *in cash, in kind,* ou *in voucher,* — nas expressões norte-americanas —, não constrange, obviamente, a lógica mercantil, sendo-lhe subsidiária. Eis que benefícios em dinheiro, em espécie ou em bônus — os famosos *tickets* — têm que ser processados na esfera mercantil. Garantia de renda mínima, tipicamente sócio-assistencial, representa possibilidade de consumo.

Apropriada pelo Estado, parcela do excedente econômico transmuta-se em fundos de *interesse social,* dotações orçamentárias ainda que residuais para a *área social,* subsídios para *ações assistenciais emergenciais,* fundos de *combate à pobreza* e outras medidas congêneres.

Historicamente, a assistência social representou sempre a possibilidade de acesso subalternizado ao *mercado* de bens, recursos e serviços, ainda que pelos deslocamentos, residual e topicamente conduzidos, de recursos dos poderes públicos ou dos setores sociais mais abastados da sociedade em favor dos chamados *carentes,* na condição de *assistidos,* ambas as noções inteiramente refutadas em minha perspectiva de análise.

No Norte da Europa foi possível, sob circunstâncias de privilegiada combinação de crescimento econômico, pleno emprego e ampla intervenção estatal no mercado, erigir um sistema de seguridade social que, informado pelo paradigma beveridgeano-keynesiano, representou o equacionamento do chamado bem-estar social nos marcos da economia capitalista, possibilitando a compatibilização entre mercado e democracia. Ali foi possível a cobertura social *from womb to tomb* — do útero ao túmulo —, sem que os direitos sociais ficassem reféns da lógica mercantil. Uma seguridade social caracterizada pelo maior grau de *desmercadorização*, na expressão de Esping-Andersen.[1]

A alegada crise do Estado do Bem-Estar Social, agravada a partir de meados da década de 1970, constitui expressão, agora sob novas circunstâncias históricas, da permanente reposição e reatualização das contradições inerentes ao processo de produção e de repartição de riqueza. Os crescentes graus de institucionalidade alcançados na gestão dos conflitos sociais, o pacto social estabelecido no período imediatamente posterior à Segunda Guerra e o equilíbrio precário e provisório, embora duradouro, sustentado pelo Estado do Bem-Estar Social dão lugar a um premeditado processo de esgarçamento do papel do Estado, à luz do ideário neoliberal. De novo, os embates em torno da fórmula *mais mercado e menos Estado*, em favor, uma vez mais, do capital, agora sob a hegemonia de sua fração financeira especulativa.

Recessões econômicas, orçamentos deficitários e Estados inadimplentes alimentaram a *cultura da crise fiscal*, contribuindo para desacreditar os aportes teóricos keynesianos em torno da tese da regulação estatal do mercado e dos investimentos sociais como estratégia, justa e paradoxalmente, de enfrentamento das periódicas crises capitalistas.

Observam-se, então, importantes deslocamentos do Estado para a sociedade civil. Do estatal para o privado. Articulam-se argumentos e ações em favor da reforma do Estado. A gestão social estatal, acusada de perdu-

---

1. "A introdução dos direitos sociais modernos, por sua vez, implica um afrouxamento do *status* de pura mercadoria. A desmercadorização ocorre quando a prestação de um serviço é vista como uma questão de direito ou quando uma pessoa pode manter-se sem depender do mercado. A mera presença da previdência ou da assistência social não gera necessariamente uma desmercadorização significativa se não emanciparem substancialmente os indivíduos da dependência do mercado. (...) Em outras palavras, não é a mera presença de um direito social, mas as regras e précondições correspondentes, que ditam a extensão em que os programas de bem-estar social oferecem alternativas genuínas à dependência em relação ao mercado (...) Os *welfare state* escandinavos tendem a ser os mais desmercadorizantes; os anglo-saxões, os menos". Cf. Esping-Andersen (1991: 102-103).

lária e incompetente, vai dando lugar a novas formas de pensar e equacionar necessidades sociais. Florescem as alternativas de gestão social fora do Estado.

No Brasil a *reforma* do Estado significou *desestatização*. Em nome da eficiência, da produtividade e da qualidade, a produção estatal de determinados bens e serviços é transferida para agentes do setor privado,[2] inclusive na área das políticas sociais, como procuro demonstrar adiante. Observa-se uma clara tendência de restringir ou modificar a ação do Estado seja pela redução da aplicação de recursos públicos, seja pela transferência de responsabilidades para instituições privadas, consideradas de interesse público, embora não sejam estatais, mas com o aporte de recursos do orçamento público.

1. O novo marco legal: organizações sociais, filantropia e terceiro setor

Sob a preocupação de estabelecer um marco legal e regulador — compatível com o Plano de Reforma do Estado — das ações entre Estado e organizações da sociedade civil prestadoras de serviços sociais, foram promulgadas, em 1998 e 1999, leis voltadas para três modalidades de organizações: organizações sociais, organizações filantrópicas e organizações da sociedade civil de interesse público (OSCIP), o chamado *terceiro setor*.

Trata-se, nos três casos, de pessoas jurídicas, de direito privado, sem fins lucrativos, voltadas à prestação de serviços sociais. Conforme Quadro 10, as *organizações sociais* (OS) prestam serviços de ensino, pesquisa, desenvolvimento tecnológico, preservação do meio ambiente, cultura e saúde. As *organizações filantrópicas* respondem pela assistência social beneficente e gratuita. Enquanto no terceiro setor, o das *organizações da sociedade civil de interesse público* (OSCIPs), enquadram-se os mais variados serviços, desde a assistência social até as tecnologias alternativas. Mas, vale ressaltar que a lei estabelece um rol de organizações que não são contem-

---

2. Em sua obra *O Brasil privatizado. Um balanço do desmonte do Estado*, Ed. Fundação Perseu Abramo, 1999, p. 5, o jornalista Aloysio Biondi demonstra — e denuncia — o processo de privatização em curso no país: "Assim é a privatização brasileira: o governo financia a compra no leilão, vende 'moedas podres' a longo prazo e ainda financia os investimentos que os 'compradores' precisam fazer — até a Light recebeu um empréstimo de 730 milhões de reais no ano passado. E, para aumentar os lucros dos futuros 'compradores', o governo 'engole' dívidas bilionárias, demite funcionários, investe maciçamente e até aumenta tarifas e preços antes da privatização."

pladas na modalidade de *organizações da sociedade civil de interesse público*, quais sejam: sociedades comerciais, sindicatos, instituições religiosas, partidos e suas fundações, entidades de benefício mútuo, empresas de planos de saúde, hospitais não gratuitos e suas mantenedoras, escolas privadas não gratuitas e suas mantenedoras, cooperativas, fundações públicas e organizações creditícias.

Observa-se um hibridismo nas relações entre público e privado ou, em termos mais precisos, entre o estatal e o *privado de interesse público*. No caso das OS, o instrumento firmado é o *contrato de gestão*, pelo qual o poder público repassa para a iniciativa privada determinados recursos, configurando um parcial processo de privatização. Ainda que de forma híbrida, combinando o estatal e o privado na prestação de serviços de interesse público. No terceiro setor, o instrumento é o *termo de parceria*, que corresponde, com as mudanças adiante tratadas, aos convênios há muito tempo firmados entre órgãos do poder público e organizações privadas, laicas ou confessionais, na prestação de serviços, como os do âmbito da assistência social. No caso das organizações filantrópicas, há o *certificado de entidade filantrópica*, emitido pelo Conselho Nacional de Assistência Social.

Quanto às *organizações sociais*, conforme previsto no projeto de reforma do Estado, instituições públicas podem se converter em organizações sociais, passando a atuar como organizações privadas, sem fins lucrativos. Uma parte dos recursos é proveniente do orçamento, outra parte pode ser captada no mercado com a venda de serviços. Assim, no âmbito da saúde, uma OS pode vender serviços ao SUS, aos Planos de Saúde e a pacientes particulares.

No caso do estado de São Paulo, por intermédio das chamadas *parcerias*, o governo transfere hospitais recém-construídos e equipados para instituições privadas sem fins lucrativos, que recebem recursos financeiros pela prestação de serviços ao SUS. Eventuais déficits são cobertos por fundos públicos. As sobras devem ser aplicadas na própria organização social.[3]

---

3. Conforme publicado na Folha de S. Paulo, de 26/6/1998, as *organizações sociais* Casa de Saúde Santa Marcelina, Associação e Congregação de Santa Catarina, Santa Casa de Misericórdia de São Paulo, Sociedade Nipo-Brasileira, Sanatorinhos, Fundação Faculdade de Medicina-UNICAMP, SECONCI — (Serviço Social do Sindicato da Construção Civil), Fundação Hospital São Paulo, Fundação Faculdade de Medicina — USP serão responsáveis pela administração dos seguintes hospitais estaduais paulistas, respectivamente: Itaim Paulista, Pedreira, Guarulhos, Itaquaquecetuba, Carapicuíba, Sumaré, Grajaú, Pirajussara e Itapecerica da Serra.

GESTÃO DA SEGURIDADE SOCIAL

Quadro 10
Organizações não-governamentais

Organizações sociais	Organizações filantrópicas	Organizações da sociedade civil de interesse público (terceiro setor)
Lei nº 9.637 de 15/5/98	Lei nº 9.732 de 11/12/98	Lei nº 9.790 de 23/3/99
Pessoa Jurídica Privada Sem fins lucrativos	Pessoa Jurídica Privada Sem fins lucrativos	Pessoa Jurídica Privada Sem fins lucrativos
• Ensino • Pesquisa científica • Desenvolvimento tecnológico • Proteção e preservação do meio ambiente • Cultura • Saúde	• Assistência social beneficente e gratuita a pessoas carentes, especialmente crianças, adolescentes, idosos e pessoas com deficiência • Prestação de serviços de pelo menos 60% ao SUS • Oferta de vagas integralmente gratuitas a carentes por entidades educacionais • Atendimento à saúde "de caráter assistencial"	• Assistência social • Cultura • Educação gratuita • Saúde gratuita • Segurança alimentar • Meio ambiente • Desenvolvimento sustentável • Voluntariado • Combate à pobreza • Novos modelos de produção, comércio, emprego e crédito • Promoção de direitos • Assistência jurídica gratuita • Promoção da ética, da paz, cidadania, direitos humanos, democracia e outros valores universais • Estudos e pesquisas • Tecnologias alternativas
Contrato de Gestão • Ênfase no atendimento ao cidadão-cliente • Ênfase nos resultados qualitativos e quantitativos nos prazos pactuados • Controle social das ações	**Certificado de Entidade Filantrópica**	**Termo de Parceria** • Legalidade • Impessoalidade • Moralidade • Publicidade • Economicidade • Eficiência

As organizações sociais constituem estratégia de privatização, pelo repasse de recursos públicos a instituições privadas, pela possibilidade de contratação de servidores sem concurso público e pela desobrigação de cumprimento da Lei de Licitações, aplicável aos órgãos públicos.

No município de São Paulo — e aqui trata-se de outro modelo, e não o das organizações sociais — a implantação do PAS — Plano de Atendimento à Saúde, em 1995, representou, segundo Cohn (1999: 11),

> "... uma nova configuração do setor público estatal da saúde, que consiste numa mutação radical do processo de privatização dessa área no Brasil. Essa mutação é justamente o transplante, para o setor estatal, da racionalidade própria do setor privado, seja em termos de se equacionar a relação custo/efetividade, seja em termos de remuneração diferenciada dos profissionais, quando determinados setores ou grupos de profissionais deixam de seguir os padrões de remuneração próprios do funcionalismo público, seja em termos — o que é mais importante — de se instaurar novos padrões de seletividade do acesso da clientela aos serviços de saúde, que agora tendem a se deslocar para aqueles de maior densidade tecnológica e, conseqüentemente, de maior custo".

Na realidade, tanto no caso do governo do estado — as parcerias com organizações privadas — quanto no caso da cidade de São Paulo — o PAS —, as medidas foram adotadas em consonância com as recomendações do Banco Mundial e do BID em favor da focalização das políticas sociais e, no caso da saúde, precedência da regulação do mercado sobre a regulação estatal; produção privada de serviços por ONGs não lucrativas e financiamento por intermédio de fundos públicos; responsabilidade do Estado pelos serviços básicos de saúde, reservando-se ao mercado os serviços especializados e de alta complexidade tecnológica (Cohn, 1999: 98).

Introduzindo a lógica mercantil na área da saúde, o PAS estimulou a competitividade e a produtividade entre agentes privados, sob o pressuposto da falência estatal na área. Mas, foi uma experiência mal-sucedida, marcada por amplo movimento — de profissionais da área, de entidades médicas, de ONGs, de parlamentares, de partidos de oposição ao governo, de setores da Igreja católica etc. — contrário à sua implantação, a partir de inúmeros questionamentos quanto aos seguintes aspectos: não-implantação do SUS e inobservância do princípio da universalização; repasse com risco de perda de bens públicos para o setor privado; relações de trabalho; não-adesão de milhares de servidores da área que ficaram "encostados" em outras secretarias do governo municipal; modelo de cooperativa de trabalho de iniciativa do poder público e não dos próprios trabalhadores; ausência de controle social e de qualidade; desarticulação da estrutura de saúde anterior; inobservância dos princípios licitatórios; alto custo de manutenção; perspectiva lucrativista; entre outros.

Porém, ainda na própria gestão de Celso Roberto Pitta (1997-2000), o PAS foi parcialmente substituído pelo SIMS (Sistema Integrado Municipal de Saúde), com várias mudanças na área: passagem das unidades básicas de saúde municipais para a administração direta, preservação do modelo de gestão do PAS somente para hospitais, redução do número de módulos e conseqüente redução de gastos com administração de cooperativas, novos mecanismos de controle público sobre as cooperativas, especialmente quanto à compra de insumos e serviços terceirizados (Cohn, 1999: 243). Já na gestão de Marta Suplicy (2001-2004) restabeleceu-se o processo de municipalização e implantação do SUS.

A saúde[4] é a área da política social em que se vislumbra, com maior clareza, a tendência privatizante, na prática mais do que no próprio discurso. Em outros termos, o que se passa na área da saúde é emblemático da forma pela qual a sociedade brasileira, por meio das elites dominantes e dirigentes, vem concebendo a gestão social.

Ora, o segmento privado da saúde — *supletivo, complementar*, nos termos da Constituição Brasileira — vem apresentando notável crescimento, sendo que de 1997 para 1999 observaram-se as mudanças apontadas na tabela a seguir.

De um universo de 156 milhões de brasileiros, segundo pesquisa da ABRASPE (1999), 73,1% utilizam o SUS, enquanto os outros 26,9% recorrem

---

4. Segundo Piolla et al. (2001: 16-17) são quatro os modelos organizacionais de sistemas de saúde na América Latina e no Caribe: 1) *sistemas públicos integrados* (Costa Rica, Cuba e países de língua inglesa do Caribe), caracterizados pela unificação da seguridade social e outros setores públicos, com financiamento e provisão públicos, estabelecendo um sistema de saúde de acesso universal, inspirado no SNS inglês. O setor privado é residual e destina-se àqueles que desejem cobertura suplementar; 2) *sistemas segmentados ou fragmentados* (América Central, Paraguai, Bolívia, Peru, República Dominicana, Suriname e Guiana) em que coexistem a previdência social financiada por cotização para os trabalhadores do setor formal, sistemas privados e intervenções de saúde pública e redes assistenciais para os mais pobres. A cobertura da seguridade social é baixa e a rede assistencial pública, limitada. Atualmente, vários países buscam a integração dos vários setores; 3) *sistemas públicos administradores de contratos*, nos quais o setor público constitui a principal fonte de financiamento, mas *deixa progressivamente a condição de prestador direto e passa a contratar serviços com entidades autônomas públicas e privadas. O país que mais se enquadra nesse modelo é o Brasil, embora o setor privado tenda a se tornar majoritário no financiamento.* O crescimento do seguro privado de saúde configura outra forma de segmentação diferente do modelo anterior; 4) *sistemas de contratos privados atomizados* (Argentina e Uruguai) que se constituem por uma cadeia de contratos entre organizadores e prestadores de serviços da seguridade social, do setor privado e do setor público tradicional. O financiamento realiza-se por cotizações a numerosas instituições mutualistas de seguridade social (itálicos meus).

ADEMIR ALVES DA SILVA

Tabela 2
O "mercado" de saúde no Brasil

TIPO	1997(1)			1999(2)		
	Operadoras	Associados (em milhões)	%	Operadoras	Associados (em milhões)	%
Medicina de Grupo	700	17,3	42	730	17,8	42
Cooperativas Médicas	320	10	22	376	11	26
Autogestão	300	9	24	280	8	19
Seguradoras	40	4,7	12	30	5,3	13
Total		41			42,1	

Fonte: 1) ABRANGE, ABRASPE, UNIMED, apud *Folha de S. Paulo*, 19/10/1997. 2) ABRASPE, 1999.

ao *mercado de saúde*, o chamado sistema supletivo. E o próprio SUS vai se constituindo, crescentemente, pela produção, gestão e prestação privadas de serviços, embora regulados e financiados pelo Estado. A sinopse apresentada no Quadro 11 contém uma caracterização geral do setor.

Quanto às *Organizações da Sociedade Civil de Interesse Público*, firmando *termo de parceria* com o poder público, podem prestar os serviços previstos na lei, sob os princípios da legalidade, impessoalidade, moralidade, publicidade, economicidade e eficiência.

A novidade em relação aos antigos convênios é que o órgão público poderá escolher a OSCIP por meio de concursos; a OSCIP poderá, com recursos do termo de parceria, adquirir imóvel que será gravado com cláusula de inalienabilidade; e os estatutos poderão prever a possibilidade de remuneração para dirigentes executivos e para aqueles que prestem serviços específicos, respeitados os valores do mercado e da região.

Na exposição de motivos do projeto de lei, destaca-se "o fortalecimento do terceiro setor como orientação estratégica nacional em virtude da sua capacidade de gerar projetos, assumir responsabilidades, empreender iniciativas e mobilizar recursos necessários ao desenvolvimento social do país". Destaca-se ainda que "a expansão e o fortalecimento do terceiro setor é uma responsabilidade, em primeiro lugar, da própria sociedade, a qual deve instituir mecanismos de transparência e responsabilização

Quadro 11
Sistema supletivo de saúde: os modelos de gestão privada da saúde

Operadoras	Medicina de Grupo	Seguradoras	Auto Gestores	Cooperativas Médicas
Natureza	Empresa privada	Empresa privada	Sem fins lucrativos	Cooperativa de trabalho
Produtos	Planos de Saúde: • ambulatorial • hospitalar • odontológico • referência	Seguro de Saúde	Assistência à saúde	Assistência médico-hospi-talar: • plano básico • plano especial • plano master
Rede de Serviços	Próprios e credenciados	Livre escolha do prestador pelo segurado		Próprios e credenciados
Modalidades de Oferta	Planos coletivos, individuais e familiares	Cobertura de riscos de assistência à saúde pelo reembolso de despesas		Planos individuais, familiares e empresariais Saúde Ocupacional
Organização	ABRAMGE SINAMGE CONAMGE	FENASEG	ABRASPE	Singulares Federações Confederações
Legislação	Lei n° 9.656/98 MP 1908-16/99	Lei n° 9.656/98 Legislação específica MP 1908-16/99	Lei n° 9.656/98 Res. 5/98-CONSU	Lei n° 9.656/98 Lei n° 5.764/71

capazes de ensejar a construção da sua auto-regulação" (Carvalho, Malan, Ornelas e Calheiros, 1998).

Sob tal perspectiva, a noção — imprecisa e polissêmica — de terceiro setor abrange as instituições filantrópicas, as organizações de defesa de direitos de grupos específicos, o trabalho voluntário — "doação de tempo, trabalho e talento para causas sociais" — e a filantropia empresarial.

Segundo o governo federal, com a referida lei tratou-se de simplificar o registro e o reconhecimento das ações de caráter público ou de interesse geral para a sociedade, distinguir as entidades de fins mútuos daquelas de fins comunitários, prever mecanismos de fiscalização da utilização dos recursos públicos, criar o termo de parceria que permite a negociação de objetivos e metas e o monitoramento e avaliação dos projetos, deslocar a ênfase no controle *ex-ante* para a avaliação de resultados, permitir maior flexibilidade na administração e no uso de recursos, imprimir maior autonomia e agilidade gerencial aos projetos com avaliação de desempenho global. Tratou-se, em suma, de rever a legislação relativa a contratos e convênios, visando novos mecanismos quanto à relação do Estado com o terceiro setor.

Então, a lei reafirma os princípios do interesse social, da não-lucratividade, da gratuidade, da universalidade do atendimento, da filantropia e do voluntariado. Introduz o concurso, a auditoria e a consulta aos conselhos de políticas públicas. Atribui ao Ministério da Justiça os procedimentos para reconhecimento e certificação de uma *organização da sociedade civil de interesse público*. E, claramente, estimula a competitividade entre as OSCIPs.[5]

Todavia, trata-se de uma lei que não teve os efeitos pretendidos[6]. Na prática, as organizações não encontraram razões para mudar sua condição de *filantrópica* para a de *organização da sociedade civil de interesse público*. A legislação aplicada às entidades de utilidade pública e filantrópica é mais restritiva em relação à atividade desenvolvida — saúde, educação e assistência social —, mas oferece um leque amplo de benefícios, como isenção da cota patronal do Imposto sobre Serviços (ISS) e da Contribuição para o Financiamento da Seguridade Social (COFINS). No caso das OSCIPS, pleiteiam-se novos incentivos fiscais, como o retorno da dedução do imposto de renda para a pessoa física e o aumento dos limites de dedução para pessoas jurídicas para 5% — o limite é de 2% do lucro operacional das empresas —, como ocorria até 1995 (Zygband, 2001: F8).

Segundo Melo Neto & Froes (1999: 9-10), as principais causas do crescimento do terceiro setor são: crescimento das necessidades socioeconômicas; crise do setor público; fracasso das políticas sociais tradicionais; crescimento dos serviços voluntários; colapso do socialismo; degradação ambiental; crescente onda de violência; incremento das organizações reli-

---

5. A questão básica refere-se, a curto prazo, à viabilização dos termos de parceria, pelo efetivo repasse de recursos financeiros às OSCIPs.

6. "Desde que foi regulamentada, em junho de 1999, até meados de maio/01, apenas 540 entidades solicitaram ao Ministério da Justiça seu credenciamento. Por não atenderem às exigências estatutárias (94% dos casos, segundo dados do ministério), ou apresentarem finalidades em desacordo com a legislação, somente 146 pedidos foram deferidos" (Zygband, 2001: F-8).

GESTÃO DA SEGURIDADE SOCIAL

giosas; maior disponibilidade de recursos a serem aplicados em ações sociais (*sic*); maior adesão das classes alta e média a iniciativas sociais; maior apoio da mídia; maior participação das empresas que buscam a cidadania empresarial.

Para os autores, o terceiro setor é a base de uma *nova ordem social* — aqui se trata de um uso impróprio da expressão — emergente com as seguintes características: predomínio da ação comunitária sobre a ação estatal e empresarial; mudanças profundas nas relações do cidadão com o governo; surgimento de uma nova concepção de Estado; substituição da prevalência dos interesses corporativos pela hegemonia do interesse social; surgimento de novas instituições sociais; diminuição da influência da burocracia estatal e aumento da influência das entidades comunitárias; abertura de novos canais de reivindicações sociais; e emergência de redes de solidariedade social.

Além do uso indevido da expressão *nova ordem social*, uma vez que não se alteraram os fundamentos da ordem burguesa, os autores não esclarecem a "nova concepção de Estado", referem-se genericamente a um "interesse social" supostamente coeso e homogêneo como se não existissem antagonismos sociais, e acreditam — ou postulam-na? — na "diminuição da influência da burocracia estatal", sem explicitar de que influência se trata e em qual direção, como se a intervenção do Estado não fosse — como tem sido — absolutamente decisiva para fomentar e dar sustentação às "reformas" capitalistas em curso.

Estima-se em 250 mil as organizações do terceiro setor no Brasil (Lippi, 1999: 9). Em 1991, o número de pessoas ocupadas no terceiro setor era de 775.384 e em 1995 de 1.119.533, um crescimento de 44,38% em 4 anos, ao passo que, no mesmo período, o crescimento da população ocupada total foi de 19,86%.[7]

Todavia, a despeito da crescente importância do *terceiro setor* no âmbito da gestão da reprodução social, não há razões para supor que os principais problemas sociais do país serão equacionados por esse segmento da sociedade civil. As *novas solidariedades* podem representar, no âmbito do chamado *terceiro setor*, ampla mobilização da sociedade civil na defesa de direitos, no controle social das ações dos poderes públicos, no combate às variadas formas de exclusão social, na educação ambiental, na democratização

---

7. Fonte: IBGE — ISER — Johns Hopkins, citados por Melo Neto e Froes, 1999.

das relações de gênero, na valorização da cultura popular, na organização de movimentos sociais em torno de demandas sociais, entre outras possibilidades. Mas, as ONGs não substituem[8] o Estado em sua missão intransferível de gestor de políticas públicas sob a perspectiva da justiça social.

Segundo Montaño (2002), *terceiro setor* é um conceito ideológico, subproduto da estratégia neoliberal, cumprindo uma função ideológica, mistificadora e encobridora do real, que facilita a maior aceitação das contra-reformas neoliberais. O autor posiciona-se pela *desconstrução crítica* das armadilhas do debate em torno do *terceiro setor*:

> "afinal, ele induz a uma postura desintegradora da realidade e a uma perspectiva possibilista da mudança social, acreditando em inférteis processos de oposição sociedade civil/Estado, na ilusória co-participação do empresariado (com consciência social) com a população na atividade social/assistencial, ou até na utopista idéia de um processo democratizador/transformador desenvolvido na 'sociedade civil', com independência da dinâmica econômica e política que ocorre no Estado, no mercado, na indústria".

Voltarei à questão ao final da seção seguinte.

Quanto às *organizações filantrópicas*, é necessário retomar sua caracterização antes da lei de 1998. Segundo o artigo 195, Parágrafo 7º, da Constituição Federal "são isentas de contribuição para a seguridade social, as *entidades beneficentes e de assistência social*, que atendam as exigências estabelecidas em lei". E quais são as exigências?

A Lei n° 8212 de 24/7/1997 estabelece em seu artigo 55 que:

---

8. "O terceiro setor é composto por *organizações sem fins lucrativos que visam o bem-estar da comunidade não atingida pelos recursos do Estado. Esta atuação não significa eximir o governo de suas responsabilidades*, mas reconhecer que a parceria com a sociedade permite a formação de uma comunidade melhor e de pessoas melhores..." (Do folheto *Terceiro Setor — Quinta Semana: uma nova perspectiva para o setor social*, Consultoria PUC-JÚNIOR, maio/2001). "Temos de construir no voluntário o sentimento de que não basta realizar ações em benefício de sua comunidade. *Ele também precisa reivindicar políticas públicas para sua área de atuação, exigir que o governo faça a sua parte*" (Vilma de Souza, In: "Ano Internacional do Voluntário joga holofotes sobre a questão no Brasil", SOS Mata Atlântica, Boletim Informativo, março 2001, n. 17, pp. 4-5). E mesmo a senhora presidente do Conselho da Comunidade Solidária, Ruth Cardoso, afirma que "*os voluntários não vão substituir políticas públicas* nem o trabalho remunerado, nem iniciativas de empresas que têm compromisso social. Vão complementar e aperfeiçoar..." (A valorização do voluntariado, *Jornal do Brasil*, 26/1/2001) (itálicos meus).

GESTÃO DA SEGURIDADE SOCIAL

"fica isenta das contribuições de que tratam os artigos 22 e 23 desta lei a entidade beneficente de assistência social que atenda aos seguintes requisitos cumulativamente: I — seja reconhecida como de utilidade pública federal e estadual ou do Distrito Federal ou municipal; II — seja portadora do Certificado ou do Registro de Entidade de Fins Filantrópicos, fornecido pelo Conselho Nacional de Serviço Social, renovado a cada três anos; *III — promova a assistência social beneficente, inclusive educacional ou de saúde, a menores, idosos, excepcionais ou pessoas carentes;* IV — não percebam seus diretores, conselheiros, sócios, instituidores ou benfeitores, remuneração e não usufruam vantagens ou benefícios a qualquer título; V — aplique integralmente o eventual resultado operacional na manutenção e desenvolvimento de seus objetivos institucionais, apresentando anualmente ao Conselho Nacional da Seguridade Social relatório circunstanciado de suas atividades" (itálicos meus).

Segundo o artigo 9º do Código Tributário Nacional, "É vedado à União, Estados, DF e municípios (...) IV — Cobrar impostos sobre o patrimônio, a renda ou serviços de partidos políticos e de *instituição* de educação ou *de assistência social*, observados os requisitos (...)".

Em resumo, as características de uma instituição filantrópica eram: assistencial, beneficente, sem fins lucrativos, reconhecida de utilidade pública.

Em que consiste a mudança? Segundo a Lei nº 9732 de 11/12/1998, são filantrópicas as pessoas jurídicas de direito privado, sem fins lucrativos, que prestem assistência social *beneficente e gratuita* a pessoas carentes, em especial a crianças, adolescentes, idosos e portadores de deficiência. Ou que prestem serviços de pelo menos 60% ao SUS. Ou que ofereçam vagas integralmente gratuitas a carentes na área da educação. Ou que prestem atendimento *de caráter assistencial* na área da saúde.

O requisito de gratuidade será considerado atendido[9] pelas entidades beneficentes que prestem *serviços de natureza exclusivamente assistencial*, nas áreas de: atendimento às pessoas portadoras de deficiências: física, mental, visual, auditiva ou múltipla; — atendimento a crianças até 6 anos, incluindo, guarda, desenvolvimento físico, psíquico, social e cognitivo; — atendimento a crianças e adolescentes de 7 a 14 anos em situação de risco pessoal e social; — erradicação do trabalho infantil — atendimento a jovens de 15 a 24 anos em situação de risco pessoal e social; — promoção social de famílias em situação de risco; — tratamento e recuperação de dependentes do uso

---

9. Cf. Resolução 116/99 do CNAS.

de drogas; — tratamento de pessoas portadoras do vírus HIV, câncer e doenças crônico-degenerativas; — ações e serviços de atenção e apoio à pessoa idosa; — atendimento escolar comunitário.

Os requisitos para a isenção são: utilidade pública federal, estadual e municipal; certificado de entidade de fins filantrópicos expedido pelo CNAS; atendimento gratuito e exclusivo no âmbito da assistência social beneficente; aplicação integral do resultado operacional na manutenção e desenvolvimento de seus objetivos institucionais e apresentação de relatório anual ao INSS; aplicação integral de suas rendas e recursos no território nacional; não percepção de remuneração ou de vantagens e benefícios, a qualquer título, pelos seus diretores, conselheiros, sócios ou benfeitores; não-distribuição ou concessão total ou parcial de resultados operacionais, bonificações, participações ou parcela do seu patrimônio; escrituração contábil conforme legislação vigente; observância da legislação específica aplicável à atividade desenvolvida.[10]

Pessoa jurídica de assistência social beneficente é aquela que promove, *gratuitamente e em caráter exclusivo*, a assistência social beneficente a pessoas carentes, em especial crianças, adolescentes, idosos e pessoas com deficiência, mediante a concessão de benefícios e serviços na área da Seguridade Social. Ou aquela que ofereça pelo menos 60% dos seus serviços ao SUS. Entidade beneficente de educação é aquela que presta, de forma gratuita, atendimento a pessoas carentes, em especial a crianças, adolescentes, idosos e portadores de deficiência. Nesse caso, considera-se vaga cedida aquela custeada integralmente pela entidade, cujo valor não poderá ser superior à mensalidade líquida praticada normalmente para os demais usuários pagantes do mesmo serviço.

Assistência Social beneficente é a prestação gratuita de benefícios e serviços a quem destes necessitar. Na *prestação gratuita de serviços* o beneficiário não é obrigado a nenhuma contraprestação para fazer jus aos mesmos. *Caráter exclusivo* significa que a assistência social é a única atividade da entidade e todo o atendimento é prestado de forma gratuita a pessoas carentes.

Então, o conceito de filantropia foi restringido. Segundo a referida lei, filantropia é sinônimo de *gratuidade total* na assistência social ou de *atendimento prioritário* — 60% dos usuários dos serviços — ao SUS, na saúde.

---

10. Cf. Ordem de Serviço n. 210 de 26/5/99.

Inúmeras instituições anteriormente consideradas filantrópicas e, portanto, isentas do recolhimento da cota patronal do INSS teriam que passar a pagá-la.

Todavia, observou-se enorme resistência à mudança, por razões óbvias: as instituições não querem ou não podem aumentar suas despesas, com o recolhimento da cota patronal sobre a folha de salários. Querem manter a isenção.

Foram concedidas duas liminares em favor das filantrópicas. As organizações argumentaram[11] contra o *vício de procedimento* apontando a inconstitucionalidade da Lei nº 9.732. Quanto à *questão de fundo*, reiteram o conceito mais amplo de filantropia; apontam a dualidade entre entidades beneficentes e entidades filantrópicas; denunciam a deficiência do serviço público nas áreas de assistência social, saúde, educação e previdência; retomam a prática do estímulo governamental às entidades por meio da imunidade fiscal; reafirmam a intangibilidade do direito adquirido pela confiança na postura do Estado e na imunidade; e defendem o princípio isonômico da *gratuidade* aos menos favorecidos e de *cobrança* aos que têm recursos suficientes.[12]

Não obstante a controvérsia em torno da questão — longe de ser superada —, vale ressaltar que uma das vantagens da lei está, sem dúvida alguma, em combater as chamadas — popularmente — *pilantrópicas* (com "p") até então beneficiadas com a renúncia fiscal pela isenção, permitindo a apropriação privada de recursos públicos por seus dirigentes, sob a fachada de *não lucrativas, beneficentes ou filantrópicas*.

Um efeito negativo é onerar ainda mais aquelas instituições que, embora não sejam totalmente gratuitas, prestam também o atendimento gratuito, de interesse social, a pessoas impossibilitadas de pagarem pelos serviços.[13]

---

11. Através da ação direta de inconstitucionalidade n. 2028-5, impetrada pela Confederação Nacional de Saúde — Hospitais, Estabelecimentos e Serviços (CNS).

12. Por outro lado, tramitava em 2002 um projeto de lei de autoria do deputado Agnelo Queiroz e outros, visando modificar a Lei nº 9.732, de modo a permitir a desobrigação ou isenção dos encargos, *ainda que parcialmente*, no caso das instituições educacionais e de saúde "que não pratiquem de forma exclusiva e gratuita atendimento a pessoas carentes". O projeto de lei prevê que "gozarão de isenção das contribuições (...) no montante do valor das vagas cedidas a título gratuito a carentes, em percentual total ou parcial, e do valor do atendimento à saúde de caráter assistencial (...)".

13. Ou seja, aquelas que, de uma forma ou de outra, evidenciam o compromisso social de sua missão institucional, como é o caso da PUC de São Paulo que, sendo uma instituição privada

Ora, será necessário encontrar outra forma de conceber e de regular o funcionamento de tais organizações. Reconhecido o interesse público de suas ações, trata-se de inseri-las na rede pública de seguridade social, sob critérios de transparência, visibilidade e controle social. Então, será necessário romper com a tradição de fomento estatal da *filantropia privada* com aportes financeiros públicos, incorporando aquelas organizações à política pública e regulando-as sob o crivo dos direitos sociais, na esfera da cidadania. Em outros termos, trata-se de conceber a gestão social como questão política, pondo em questão a força simbólica *da filantropia* em processar, na esfera individual e privada, problemas que são coletivos e de interesse público.

O termo filantropia — que significa *amor à humanidade* — remete às noções de benemerência e de caridade. Como o Estado não cumpre seu papel social e o mercado, seletivo e excludente, não satisfaz necessidades sociais de amplos segmentos da população, a sociedade reserva-lhes a benemerência. E segue-se negligenciando a concepção de educação, saúde e assistência social como direitos do cidadão.

Segundo Mestriner (2001: 290 e 293),

"para se consolidar sob a égide da cidadania, o sistema de relação das organizações privadas com o Estado tem que garantir que o acesso ao fundo público seja comprometido com as políticas sociais, *o que supõe a eliminação da categoria filantropia, como mediação para tanto*. A convalidação da categoria filantrópica como forma de criar uma tipologia específica entre as instituições sem fins lucrativos — que lhes permite acesso a subsídios, subvenções ou imunidades — constitui-se num mecanismo de utilização do fundo público, por uma via segregada, sem que se tenha controle sobre o montante e a natureza de tal dispêndio (...) O Estado brasileiro favorece de forma mais intensa a reprodução do capital e não as condições sociais de sobrevivência e qualidade de vida das classes trabalhadoras. Essa regulação trunca a consagração de direitos sociais e faz das reformas adotadas processos predominantemente regressivos para a universalização da cidadania. Transmuta em proteção das organizações sem fins lucrativos o que deveria ser a proteção social às vulnerabilidades do cidadão" (itálicos meus).

---

mantida pelas mensalidades do alunado, presta vários serviços gratuitos através da Clínica Psicológica, do Hospital Santa Lucinda, do Atendimento a Pessoas Portadoras de Distúrbios da Comunicação, do Núcleo de Trabalhos Comunitários, além das bolsas de estudo parciais ou totais, restituíveis ou não, concedidas a um segmento de alunos sem condições socioeconômicas para o pagamento das mensalidades.

O capitalismo sempre precisou, usou e abusou do Estado, a despeito do propalado liberalismo econômico. É verdade que, no contexto da *mundialização*, as grandes decisões são urdidas pelas corporações transnacionais em uma esfera que transcende as fronteiras de qualquer Estado nacional. Mas, o Estado continua sendo a arena de disputas fundamentais em torno de decisões que, no plano da vida nacional, criam as condições para a revitalização do capitalismo em escala global. E a gestão social é politicamente estratégica para a legitimação e sustentação do processo de acumulação e concentração de riqueza.

Privilegiando o mercado, as novas formas de regulação social reduzem as obrigações do poder público, transferindo os ônus para a sociedade civil e ampliando — no plano das declaradas intenções, pelo menos — a parcela de responsabilidade social das empresas.

O Estado passa por importantes mudanças, mas não se retira da cena da gestão da reprodução social. O seu papel é modificado, modernizado, reduzido, mas não abolido. Pelo contrário, pode até voltar a ampliar-se. Educação, saúde, seguridade social, políticas sociais são componentes essenciais da intransferível missão do Estado.

Expressões como *detentora de mérito social*[14] ou de *interesse público* foram cunhadas pelos agentes do poder público para designar organizações privadas que prestam serviços de interesse social, coletivo — em uma palavra — público. Ter *mérito social* significou, portanto, ampliar o alcance da ação social do Estado e compartilhar responsabilidades quanto àquela missão.

De fato, a capilaridade de uma enorme trama de organizações prestadoras de serviços permitiu ao poder público alargar o espectro de suas intervenções em favor dos segmentos populacionais de baixa renda ou sem renda, no caso da Assistência Social. Os novos termos e condições — *organização da sociedade civil de interesse público, parceria público-privado, filantropia entendida como gratuidade total para justificar a isenção fiscal, responsabilidade social empresarial* — poderiam contribuir para ampliar a concepção de *público*, sem restringir a esfera da ação *estatal*, assegurada a primazia da responsabilidade do Estado. O que se observa, no entanto, é a progressiva desobrigação — como será tratado na seção seguinte — do Estado, sem que esteja assegurada a *publicização* daquelas organizações, sujeitos e ações da esfera privada.

---

14. Expressão usada na Prefeitura de São Paulo.

2. A cidadania empresarial e o voluntariado

No âmbito das empresas, a idéia de *balanço social*, tão cara aos protagonistas da ação social empresarial de inspiração cristã, especialmente católica, e que imprimiu sua marca na história do Brasil após a revolução de 1930, é agora resgatada sob o signo da *responsabilidade social corporativa*, uma espécie de reedição do sentido ou da *função social do lucro*, a conhecida noção pela qual procura-se redimir os mecanismos em favor da lucratividade econômica e seus inapeláveis custos sociais. Agora, ganham relevo a *social accountability* e a *ética nos negócios*.[15]

O Conselho de Prioridades Econômicas, dos EUA, publicou em 1998 o *The Corporate Report Card*[16] para orientar os *investidores socialmente responsáveis*, com a classificação de 250 empresas americanas, segundo o desempenho em áreas como: meio ambiente, emancipação de mulheres e minorias, voluntariado, doações filantrópicas, atuação na comunidade, benefícios à família, condições no trabalho: assistência médica, planos de aposentadoria e pensões, segurança no trabalho, programas de bem-estar, assistência ao empregado, participação nos lucros; e *social disclosure*. Na apresentação do compêndio, o CEP esclarece que

> "Você descobrirá também como minimizar seu risco financeiro ao apoiar *empresas* bem gerenciadas e *socialmente responsáveis*. O Relatório Corporativo lhe provisiona com a informação que Você precisa e a paz mental que encontrará quando entender exatamente onde está indo seu dinheiro duramente conquistado, se Você o está gastando como um investidor ou um consumidor" (Tradução de minha responsabilidade).

No Brasil, o Instituto Ethos lançou, em 1998, o guia[17] *Responsabilidade Social nas empresas — primeiros passos*, contendo um *checklist* da responsabilidade social das empresas, traduzido e adaptado para a realidade brasileira do *Starter Kit for Social Responsability*, sob licença do BSR-Business for Social

---

15. É interessante, a propósito, a matéria "Economicamente correto vira moda", in: jornal *O Estado de S. Paulo*, 8/11/1999.

16. *The Corporate Report Card*. Council on Economic Priorities, Dutton, Nova York, EUA, 1998.

17. *Responsabilidade Social nas Empresas*. Primeiros Passos, Instituto Ethos, São Paulo, 1998. Destaquem-se, ainda, as publicações *Indicadores Ethos de Responsabilidade Social Empresarial* e *Guia de Elaboração de Relatório e Balanço Anual de Responsabilidade Social Empresarial*, versão 2001.

Responsability Resource Center and the BSR Education Fund, sediado nos Estados Unidos.[18]

Segundo Ruth Cardoso (2000)[19]

"a mobilização mais ampla possível de recursos e competências, públicos e privados, para ações concretas de combate à pobreza e à exclusão social é a razão de ser da Comunidade Solidária. Os desafios, bem sabemos, são imensos mas a determinação e a capacidade da sociedade brasileira para enfrentá-los nunca foram tão grandes. No Brasil que se aproxima da virada do século, não há assunto de interesse público em torno ao qual grupos de cidadãos não se mobilizem para cobrar ações do Estado ou para tomar iniciativas próprias de melhoria da vida comunitária. Parcerias múltiplas e flexíveis — envolvendo voluntários, organizações da sociedade, empresas e órgãos governamentais — multiplicam recursos e aumentam a eficiência e escala dos projetos sociais. Para a Comunidade Solidária, o voluntariado que nasce do encontro da solidariedade com a cidadania não substitui o Estado nem compete com o trabalho remunerado mas exprime, isto sim, a capacidade da sociedade de assumir responsabilidades e agir por si mesma. Esse é o espírito do Programa Voluntários que estamos desenvolvendo desde 1997 como um dos componentes centrais de nossa estratégia de fortalecimento da sociedade civil no Brasil".

O IBASE publicou, em 1999, um modelo de balanço social — apresentado de forma resumida no Quadro 12 — que em muito se assemelha à agenda de um governo, tal a abrangência das ações de interesse social a serem implementadas, interna e externamente, pela empresa.

---

18. "Instituto Ethos de Empresas e Responsabilidade Social *é uma associação de empresas de qualquer tamanho e/ou setor interessadas em desenvolver suas atividades de forma socialmente responsável num permanente processo de avaliação e aperfeiçoamento. A missão do Ethos é disseminar a prática da responsabilidade social empresarial ajudando as empresas a: — compreender e incorporar de forma progressiva o conceito do comportamento empresarial socialmente responsável; — implementar políticas e práticas que atendam a elevados critérios éticos, contribuindo para alcançar sucesso econômico sustentável a longo prazo; — assumir suas responsabilidades com todos aqueles que são impactados por suas atividades; — demonstrar aos seus acionistas a relevância de um comportamento socialmente responsável para retorno a longo prazo sobre seus* investimentos; — *identificar formas* inovadoras e eficazes de atuar em parceria com as comunidades na construção do bem-estar comum; — prosperar, contribuindo para um desenvolvimento social, econômico e ambientalmente sustentável" (São Paulo, Instituto Ethos, 2001).

19. Presidente do Programa Comunidade Solidária no governo de Fernando H. Cardoso, no prefácio do relatório dos resultados da pesquisa nacional sobre *Estratégia de Empresas no Brasil: atuação social e voluntariado*. Brasília, 2000.

Os principais vetores da responsabilidade social[20] de uma empresa são, segundo Melo Neto e Froes (1999: 78) o apoio ao desenvolvimento da comunidade onde atua; a preservação do meio ambiente; o investimento no bem-estar dos funcionários e seus dependentes e num ambiente de trabalho agradável; as comunicações transparentes; o retorno aos acionistas; a sinergia com os parceiros; e a satisfação dos clientes e/ou consumidores.

Prevalece, então, a concepção de que tudo se equaciona no âmbito do mercado, destacada agora a sua *responsabilidade social*. Trata-se de resgatar a força do mercado na restauração e revitalização da economia capitalista, demonstrada a incontornável falência de alternativas — como a do chamado socialismo real — engendradas pela hipertrofia do papel do Estado.

Mas, por que esperar das empresas um balanço *social*? O *social* não se dissocia do *econômico*, e este do *político*. É forçoso argüir quanto à dicotomia: de um lado, o balanço privado; de outro, o balanço de interesse social, merecedor de publicidade, atestando a responsabilidade social da empresa. Seria razoável preconizar um balanço sem adjetivo, dando visibilidade ao conjunto dos resultados, subordinando a atividade econômica ao desenvolvimento social. Refiro-me ao dever da sociedade como um todo, aí incluídas as empresas, de responder por uma espécie de balanço da justiça social, no âmbito de cada nação.[21]

---

20. Ver, a propósito: Peliano (2001); Vassalo, Cláudia. Fazer o bem compensa? Por que a filantropia está se transformando numa vantagem competitiva para as empresas. *Exame*, 22/4/98; Guia para fazer o bem. Veja, Edição Especial, n. 51, dezembro/2001; — *The new U.S. philanthropists*. Time, 24/7/2000.

21. Em 1995, na Conferência da ONU, em Copenhague, sobre o Desenvolvimento Social os principais temas foram o alívio e a redução da pobreza; a expansão do emprego produtivo; e a integração social dos grupos mais prejudicados e marginalizados. Postulou-se o desenvolvimento social como fim, pela crítica à concepção que o subordina às questões econômicas. O desenvolvimento econômico como sinônimo de industrialização e crescimento econômico não produz por si mesmo a melhoria das condições sociais. Ao contrário, pode até agravar desequilíbrios inter e intra-estatais através do aumento da concentração de riquezas, com deterioração da vida de vastas camadas populacionais. Em muitos casos, implicou a substituição de culturas de subsistência por monoculturas de exportação, com efeitos perniciosos à alimentação e subsistência das populações agrárias. Investimentos em obras de infra-estrutura que apenas beneficiam a indústria e a cultura da exportação implicam cortes de investimentos sociais (educação, saúde, trabalho e segurança). Reiterou-se o caráter humanista do desenvolvimento, fator imprescindível à consecução e à manutenção da paz intra e internacional. Preconizando o desenvolvimento como meio e não como fim — para o aperfeiçoamento da vida humana —, a Conferência denunciou o descaso e o cinismo com que a comunidade internacional pensa a problemática do desenvolvimento (cf. Alves, J. A. Lindgren. A cúpula mundial sobre o desenvolvimento social e os paradoxos de Copenhague. Revista Brasileira de Política Internacional, n. 40, 1997, pp. 142-166).

Quadro 12

Modelo de balanço social

1. Base de cálculo (valores)
— Receita líquida (RL)
— Lucro operacional (LO)
— Folha de pagamento bruta
2. Indicadores Laborais (valor, % sobre RL e LO)
— Alimentação (restaurante, ticket, lanches, cestas)
— Encargos sociais compulsórios
— Previdência privada
  • planos especiais de aposentadoria
  • fundações previdenciárias
  • benefícios aos aposentados e dependentes
— Saúde
  • plano de saúde, assistência médica
  • programas de medicina preventiva
  • programas de qualidade de vida
  • outros gastos com saúde
— Educação
  • treinamentos, estágios, bolsas
  • reembolso de educação
  • assinaturas de revistas
  • gastos com biblioteca
  • outros gastos com educação e treinamento
— Creches/auxílio creche
— Participação nos lucros ou resultados
— Outros benefícios
  • seguros (parcela paga pela empresa)
  • empréstimo (só o custo)
  • gastos com atividades recreativas
  • transportes
  • moradia e outros benefícios
3. Indicadores sociais (valor, % sobre RL e LO)
— Tributos (excluídos os encargos sociais)
— Contribuições para a sociedade/investimentos na cidadania
  • educação e cultura
  • saúde e saneamento
  • habitação
  • esporte e lazer
  • creches
  • alimentação
  • outros
— Investimentos em meio ambiente
  • relacionados com a operação da empresa
  • em programas/projetos externos
4. Indicadores do corpo funcional
— Número de empregados ao final do período
— Número de admissões durante o período
— Número de mulheres que trabalham na empresa
— Número de empregados portadores de deficiência
— % de cargos de chefia ocupados por mulheres
5. Outras informações relevantes

Fonte: IBASE, Rio de Janeiro, 1999.

Na transição para o século XXI, há uma profusão de iniciativas visando estabelecer, em bases científicas, a linha demarcatória da pobreza, os índices de desenvolvimento humano, os mapas da exclusão social, os indicadores de desemprego, entre outros. Ora, por que não reunir todas as informações em uma espécie de balanço econômico-social nacional, incluindo o *ranking* das empresas e o desempenho dos vários setores da economia, sob a perspectiva do desenvolvimento social?

> "nem a área produtiva, nem as redes de infra-estruturas e nem os serviços de intermediação funcionarão de maneira adequada se não houver investimento no ser humano, na sua formação, na sua saúde, na sua cultura, no seu lazer, na sua informação. Em outros termos, a dimensão social do desenvolvimento deixa de ser um complemento, uma dimensão humanitária de certa forma externa aos processos econômicos centrais, para se tornar um dos componentes essenciais do conjunto da reprodução (...) o enfoque correto não é que devemos melhorar a educação porque as empresas irão funcionar melhor: a educação, o lazer, a saúde constituem os objetivos últimos da sociedade, e não um mero instrumento do desenvolvimento empresarial. A atividade econômica é um meio, o bem-estar social é o fim" (Dowbor, 1999: 34 e 36).

A chamada *nova filantropia* empresarial vai constituindo um campo no qual, sob a meta de *agregar valor ao negócio*[22], procura-se obter vantagens em relação aos concorrentes na equação *produtividade-qualidade-competitividade*. Quais vantagens?[23] Uma imagem, um sentimento, uma idéia, uma atitude ou um comportamento que, associados a um produto ou marca, sejam socialmente reconhecidos como *economicamente corretos*. Assim, os certificados de qualidade, a preocupação com a qualidade de vida da comunidade

---

22. Os projetos sociais de uma empresa podem resultar em *menos valor agregado* ou *mais valor agregado*, conforme a natureza das atividades. Assim, dispostas em uma escala de intensidade de agregação de valor social, as atividades geradoras de emprego e renda são as que representam maior retorno social, seguidas pelas atividades assistenciais, as educacionais, as socioculturais e, por último, as esportivas e recreativas. In: Melo Neto e Froes (1999: 142).

23. Segundo Melo Neto e Froes (1999: 94), os principais benefícios decorrentes das ações sociais das empresas são: ganhos de imagem corporativa; popularidade dos seus dirigentes, que se sobressaem como verdadeiros líderes empresariais com elevado senso de responsabilidade social; maior apoio, motivação, lealdade, confiança, e melhor desempenho dos seus funcionários e parceiros; melhor relacionamento com o governo; maior disposição dos fornecedores, distribuidores, representantes em realizar parcerias com a empresa; maiores vantagens competitivas (marca mais forte e mais conhecida, produtos mais conhecidos); maior fidelidade dos clientes atuais e possibilidades de conquista de novos clientes.

GESTÃO DA SEGURIDADE SOCIAL

interna e externa à empresa, os *selos verdes* atestando o compromisso com o desenvolvimento sustentável, a marca associada ao *slogan "empresa amiga da criança"*, entre outros, respondem a estratégias de um novo *marketing* em torno do investimento socialmente responsável.[24]

E a sociedade contemporânea redescobre o *fazer o bem* como uma das formas de promover a coesão em torno do projeto societário hegemônico, descartado, pelo menos em princípio, o retorno ao tratamento da *questão social* como *questão de polícia* e reduzido o papel do Estado, malgrado a inelutável natureza daquela questão como *questão de política*.

No plano retórico preconiza-se a justiça social. No plano estratégico, busca-se investir no social, preservando o capital.

> "Porque *o investimento em projetos e programas sociais nem sempre requer recursos financeiros expressivos*. Existem muitas maneiras de contribuir: doando tempo e equipamentos; prestando serviços gratuitamente, *estimulando o trabalho voluntário*, cedendo espaço físico *ou mesmo, doando recursos".*[25] (Itálicos meus)

---

24. E ganha impulso a aplicação do *marketing* também às atividades do terceiro setor. Percival Caropreso (2001) afirma que "o marketing social profissionalmente estruturado faz para as instituições de Terceiro Setor o que o marketing comercial faz para as empresas da economia formal: cria imagem de marcas, discrimina, persuade, mobiliza e ajuda o consumidor a definir pelo que optar". (In: *Carta de Educação Comunitária*, n. 30, pp. 6-7, SENAC, fev.-mar./2001)

25. Extraído de *10 Razões para investir no social*, Núcleo de Ação Social da Câmara Americana de Comércio — AMCHAM, São Paulo, 2001. As 10 razões são: 1. Porque todos somos responsáveis e devemos contribuir para uma sociedade mais justa. 2. Porque o grau de desigualdade na sociedade brasileira inibe o crescimento da empresa. 3. Porque as empresas podem ampliar a atuação dos governos e contribuir no campo social trazendo inovações no atendimento às comunidades. 4. Porque a sociedade está cobrando uma nova postura das empresas que precisam responder com uma atuação social que vá além da produção de bens e serviços. 5. Porque contribuindo para melhorar as condições de vida da população amplia-se o mercado consumidor. 6. Porque *o investimento em projetos e programas sociais nem sempre requer recursos financeiros expressivos*. Existem muitas maneiras de contribuir: doando tempo e equipamentos; prestando serviços gratuitamente, *estimulando o trabalho voluntário*, cedendo espaço físico *ou mesmo, doando recursos*. 7. Porque a atuação social pode melhorar a relação com os empregados. Empregados socialmente responsáveis contribuem mais com a comunidade e são mais comprometidos com a empresa. 8. Porque cada vez mais o que vai diferenciar a sua empresa das outras será a sua atuação social. A qualidade dos produtos, assim como os preços não são mais suficientes para ganhar a preferência do consumidor. 9. Porque sua empresa vai desenvolver a prática da boa-vizinhança gerando orgulho de sua presença na comunidade. 10. Porque ajudar traz satisfação pessoal, sentimento de civismo e dever cumprido. (Itálicos meus)

Vale ressaltar, que "apesar de já ter crescido muito, o investimento social privado ainda não é proporcional ao tamanho do capital no Brasil".[26] Conforme a mesma matéria,

"de fato, ele ainda é humilde diante do faturamento das empresas do qual se origina. A VW, por exemplo, fechou 2000 com faturamento da ordem de R$ 9 bilhões no País. A BASF reserva todos os anos mais de R$ 400 milhões para pesquisas e desenvolvimento em sua divisão agrícola".

O *voluntariado* ressurge,[27] agora profissionalizado. Não há lugar para o amadorismo e o princípio da qualidade total que deve presidir o mercado transita para o âmbito não-mercantil. É preciso fazer bem o bem. Um voluntariado *update*,[28] devidamente respaldado em conhecimentos teóricos e práticos de planejamento estratégico, captação de recursos, *marketing* social,

---

26. Segundo Léo Voigt, da Fundação Maurício Sirotsky Sobrinho e vice-presidente do GIFE. In: Scharf, Regina. Investimento social privado está mais profissional. Nos últimos três anos, as doações de empresas cresceram 15,7% e chegaram a pelo menos R$ 437 milhões em 2000. *Gazeta Mercantil*, 23/5/2001, pg. A-9. A matéria informa sobre pesquisa realizada pelo GIFE (Grupo de Institutos, Fundações e Empresas) junto a 48 de seus 57 associados. As *áreas prioritárias para investimento social* são, nessa ordem: educação, cultura e artes, fortalecimento de ONGs, saúde, cidadania, assistência social, meio ambiente, desenvolvimento comunitário, economia popular, comunicações, tecnologia, esportes, melhorias habitacionais e saneamento. Nos últimos três anos, as empresas brasileiras ampliaram em 15,7% suas doações, chegando a R$ 437 milhões em 2000. Os investimentos sociais são mais concentrados nas regiões Sudeste (43,7%) e Nordeste (20,8%). Os jovens são o público-alvo favorito (70,8%), seguidos pelas crianças (66,7%), população em geral (56,2%), organizações da sociedade civil (43,7%) e professores (41,7%). Dois terços das instituições e fundações recebem mais de 81% de suas verbas da empresa mantenedora. Cerca de 70,6% não recebem incentivos fiscais. Mais da metade (56,3%) tem sede em São Paulo. A maioria presta contas de seus atos: publica balanço contábil (52,1%) e faz auditorias externas (60,4%). Quatro em cada 10 nasceram nos anos 90. A maioria (76,5%) tem mais de 1000 funcionários.

27. Vale lembrar que o voluntariado sempre foi fomentado pelo Estado brasileiro, a partir da década de 1940, com as iniciativas da então primeira-dama Darcy Vargas através da LBA (Legião Brasileira de Assistência Social), tendo sido estratégia de governos federais durante toda a segunda metade do século, sendo mais recentes as experiências do PRONAV (Programa Nacional do Voluntariado) e do Programa Comunidade Solidária.

28. No Brasil, a Lei nº 9.608, de 18/2/1998, dispõe sobre o serviço voluntário. Foi instituída ainda a *Medalha do Mérito Social*. Por decisão da ONU, 2001 foi o *Ano Internacional do Voluntariado*. Em São Paulo funcionam o *Centro do Voluntariado* e o *Instituto Brasil Voluntário*. Realizou-se em julho/2001, em São Paulo, um *Congresso Internacional do Voluntariado*, na PUC-SP. Há vários *sites* na Internet, visando incentivar o voluntariado: www.portaldovoluntário.org.br; — www.programavoluntários.org.br — www.voluntariado.org.br, entre outros nacionais e internacionais — www.iyv2001.org — www.riovoluntario.org.br

gestão de recursos humanos, entre outros. E o vínculo voluntário, não empregatício e sem remuneração, não dispensa, todavia, a exigência de um perfil profissional, no caso do gestor social,[29] compatível com as exigências da sociedade contemporânea.

A (re)produção social da desigualdade sempre foi dissimulada pela consciência ingênua, mágica ou abertamente cínica que opõe o egoísmo vilão ao trabalho desinteressado em favor do outro ou os interesses pessoais imediatos à generosidade em face dos segmentos sociais subalternizados. O *voluntariado* sempre representou um excelente instrumento em favor da coesão do tecido social. Estimulado pelo Estado, arregimentado por instituições benemerentes, laicas ou confessionais, socialmente avalizado como prática intrinsecamente boa e útil, acima de qualquer suspeita de prestar-se à reprodução de redes de lealdades em torno de formas de controle e dominação social. Mas, o esforço em favor da "coletividade" depende dos motivos. E o que move a ação voluntária? O anseio por justiça social?

Ora, se se pensa a justiça social na esfera comum a todos da cidadania, então admite-se que a sua conquista depende, igualmente, de projeto para o conjunto da sociedade, animado por uma *vontade política* e mediatizado por instituições, na esfera pública. Uma coisa é buscar relações sociais mais justas pela instauração de mecanismos democráticos de acesso à riqueza social. Outra coisa é recorrer ao voluntariado que, à mercê de impulsos volitivos, do arbítrio ou mesmo de veleidades individuais, na esfera privada, não consegue suplantar interesses de pessoas, grupos ou classes sociais, contribuindo para solapar a concepção dos serviços sociais como integrantes de um elenco de direitos e não de uma carteira de benesses. A esfera privada do voluntariado, embora pródiga de ações *socialmente úteis*, não suplanta a esfera pública à qual confia-se a responsabilidade de, pela mediação de interesses contraditórios, buscar o que é *socialmente justo*.

Não se trata, na perspectiva desta pesquisa, de posição — a priori — refratária ao voluntariado, uma prática fortemente fomentada pelos governos e pelas empresas. Não se pretende impedir que pessoas exerçam volun-

---

29. Kliksberg (1993) propõe o seguinte perfil para o gerente social: formação generalista; capacidade de lidar com cenários múltiplos e com a imprevisibilidade e a variabilidade; atuação retroalimentadora e totalmente adaptativa; altíssima sensibilidade em relação à comunidade; municipalização e flexibilização; participação, fusão, no dia-a-dia, do desenho prévio com as ações; perfil *ad hoc* ou mudança de estruturas mentais básicas.

tariamente (sem vínculo empregatício, sem remuneração) determinadas ações consideradas socialmente relevantes. Trata-se, sim, de desvelar e criticar o apelo ao voluntariado, em sua funcionalidade ao projeto de modernização conservadora do Estado e da sociedade, pela despolitização da questão social. A grande questão refere-se à substituição do apelo político pelo apelo moral — na realidade, politicamente orientado — de modo a erodir ideologicamente o potencial de crítica social, contestação e transformação que impulsiona os projetos societários em confronto no âmbito da sociedade civil e no interior do próprio Estado.

Para Halimi (2001: 3) inicia-se um outro ciclo da ordem capitalista. O sistema opera uma metamorfose semântica por meio de técnicas de sedução. *Concertação, transparência* e *ética* estão na ordem do dia. Trata-se, segundo o autor, da *eterna recuperação da contestação*.

Nem seria necessário supor, por isso, que o capitalismo estaria na defensiva.

> "As classes médias ocidentais são suficientemente numerosas e prósperas para que obtenham os apoios necessários; a concentração da esquerda oficial no mercado afasta de momento a hipótese de uma alternativa próxima do neoliberalismo; a submissão cada vez mais notória dos media ao patronato, aos publicitários e aos acionistas trava uma eventual propagação das lutas sociais, já obstruída pela degradação das solidariedades coletivas" (Halimi, 2001: 3).

Prevalecem, portanto, os apelos do capital à *sociedade civil*, aos empreendedores sociais e seus *balanços sociais*, à *responsabilidade social*, ao *cidadão-amigo*, à *cidadania empresarial*, ao *compromisso ético e social*.

Segundo Halimi,

> "o novo discurso cidadão-amigo tem, portanto, por objecto, em média, algumas concessões de ordem simbólica (ou o óbulo dirigido a alguma fundação), facilitar a colaboração da 'sociedade civil' com a estratégia patronal a fim de, no momento certo, cooptar os contestatários no sistema dominante. Esta co-gestão a baixo preço faz então o papel de um sistema de alerta, de 'lobbying' ao serviço da paz social (...) Esta renovação da dinâmica do sistema pela crítica, a sua capacidade de recuperar a contestação, o seu paternalismo dissimulado de participação, nada têm de inédito" (2001: 3).

No Brasil, sob o fetiche da cidadania empresarial e da solidariedade da comunidade, combinadas com as medidas em direção ao chamado mo-

GESTÃO DA SEGURIDADE SOCIAL

delo gerencial[30] de administração pública — inspirado na norte-americana *reinvenção do governo* —, opera-se a *reforma* do Estado, em favor dos já privilegiados agentes do mercado, especialmente o financeiro, na contramão dos direitos sociais.

"O gasto social que, em 1995, chegou a corresponder a 32,67% das despesas efetivas do governo, caiu para 22,88% em 99. Enquanto isso, o montante destinado ao pagamento da dívida pulou de 50,23% para 63,29%. Acrescente-se, ainda, que, entre 95 e 99, o governo gastou cerca de 12,4% do PIB, algo em torno de R$ 100 bilhões, para ajudar os bancos falidos por meio do PROER e do PROES. O que concluir então? O Estado tornou-se mínimo para os pobres. Para os ricos, entretanto, o Estado é o máximo, pois transformou-se no principal instrumento de valorização do capital financeiro pelo mecanismo da dívida pública. (...) Enquanto a carga de impostos sobre os empregados é superior a 20% dos ganhos líquidos, para os que vivem de rendas do capital ela é apenas de 10%. Desse modo, os donos do capital se beneficiam duplamente: não apenas pagam menos impostos, como recebem os impostos dos pobres na forma de juros pagos pelo governo" (Rebelo, 2001).

Em suma, a humanidade já experimentou variadas maneiras de equacionamento dos problemas relacionados à satisfação de necessidades sociais. Sob o modo de produção capitalista, em sua fase monopolista, avançou-se da concepção punitiva e estigmatizante em face da questão social

---

30. Em contraposição aos modelos *patrimonialista* e *burocrático*. No primeiro caso, o aparelho do Estado é extensão do poder do soberano. A *res pública* corresponde à *res principis*. Prevalecem o patrimonialismo e o nepotismo que favorecem a corrupção. O modelo tornou-se incompatível com o capitalismo e a democracia, onde o mercado e a sociedade civil se distinguem do Estado. No segundo caso, o modelo tem origem no sistema militar prussiano, surgindo na segunda metade do século XIX com o Estado Liberal, como forma de combater a corrupção e o nepotismo patrimonialistas, apoiado nos princípios de: profissionalização, carreira, hierarquia funcional, impessoalidade, formalismo, poder racional-legal. Caracteriza-se pelos controles rígidos dos processos. Mas favoreceu o clientelismo e o fisiologismo. Seus defeitos são: ineficiência, auto-referência, incapacidade de voltar-se para os cidadãos como clientes, formalismo, rigidez de procedimentos e excesso de normas. Já o *modelo gerencial*, orientado para o *cidadão-cliente*, surge na segunda metade do século XX, em resposta à expansão das funções econômicas e sociais do Estado, ao desenvolvimento tecnológico e à globalização da economia mundial. O essencial é a eficiência. Trata-se de reduzir custos e aumentar a qualidade dos serviços. A diferença fundamental está na forma de controle baseada nos resultados e não nos processos. Desloca-se da ênfase nos procedimentos (meios) para os resultados (fins). Os princípios são: confiança, descentralização da decisão e de funções, redução de níveis hierárquicos, avaliação, capacitação permanente, controle por resultados, qualidade, participação, formas flexíveis de gestão (conforme o *Plano Diretor da Reforma do Estado*, 1995).

para a pactuação em torno de direitos e o Estado ganhou relevo enquanto arena contraditória de mediação dos conflitos sociais pela gestão de diferentes modelos de seguridade social.

No século XX assistiu-se a uma ampliação das ações estatais em geral. O Estado passou a interferir, crescentemente, na produção, financiamento e gestão de bens e serviços. A *questão social* converteu-se, efetivamente, em questão de política. Após a Segunda Guerra, em consonância com o paradigma *keynesiano* do Estado gestor de políticas anticrise, erigiu-se o Estado da seguridade social, o Estado-Providência, o Estado do Bem-Estar Social, em suas várias expressões — liberal, conservador, social-democrático — com maior ou menor abrangência da proteção social aos cidadãos, como demonstrado no Capítulo 2.

Mas, nas últimas três décadas, o esgotamento da capacidade de investimento estatal, no encalço da longa crise capitalista, vem impondo a *reforma* do Estado e a reorganização técnico-produtiva das empresas, como parte da estratégia de macroajuste da economia de mercado, atendendo às exigências para a livre circulação de mercadorias e de capitais em escala transnacional. E observam-se, neste início de um novo século, importantes deslocamentos e (re)arranjos dos meios e recursos relacionados à gestão social.

No Brasil do final do século XX ocorreu a *desestatização*[31] ou redução da ação estatal na esfera econômica. Em nome da eficiência, da produtividade e da qualidade, a produção estatal de determinados bens e serviços foi transferida para agentes do setor privado. Na área das políticas sociais observa-se a clara tendência de restringir a aplicação de recursos públicos, seja pela redução de dotações orçamentárias, seja pela transferência de responsabilidades para instituições privadas, consideradas de interesse público, embora não sejam estatais, com o aporte de recursos públicos.

O marco legal do terceiro setor, da filantropia e das organizações sociais estabelece uma esfera em que as ações do Estado mesclam-se com as

---

31. O *Plano Diretor da Reforma do Estado*, do Governo FHC, divide as funções do Estado em: a) *núcleo estratégico ou burocrático*: ministérios, secretarias, judiciário, diplomacia; forças armadas; fisco; b) *setor de atividades exclusivas (não-lucrativas) ou monopolistas* do Estado: previdência social básica, tributação, fiscalização, fomento, segurança pública; agências executivas (ex. INSS); c) *setor de serviços não-exclusivos do Estado ou serviços sociais competitivos*: educação, saúde, cultura, pesquisa, ciência e tecnologia e meio-ambiente; instituições públicas não-estatais, de direito privado, as organizações sociais; d) *setor de produção de bens e serviços para o mercado*: empresas estatais ou mistas; mercado financeiro.

ações de instituições privadas. Instaura-se um hibridismo nas relações entre o estatal e o privado, em favor da gestão progressivamente privatizada da produção de bens e serviços de interesse público.

Os apelos à solidariedade da sociedade civil, à responsabilidade social das empresas, ao voluntariado e mesmo às famílias representam um estímulo à emergência, ao protagonismo, à organização e à criatividade de variados sujeitos e interlocutores na busca de novas formas de gestão social frente ao esvaziamento deliberado das funções de produtor, gestor e prestador de serviços do Estado, progressivamente reduzido às funções de regulador e financiador da seguridade social. Trata-se, então, de sucumbir à desarticulação das políticas sociais e ao projeto de esvaziamento do papel do Estado na gestão social? Não, absolutamente.

Segundo Vianna (1998: 12-13).

"Trabalho voluntário, uso social do tempo de lazer (potencializado pela tecnologia produtiva), cooperativismo — toda uma práxis da cidadania solidária — juntamente com formas empresariais de proteção, insinuam a *construção de uma Welfare Society, não substitutiva do Welfare State e sim complementar a ele. Propostas que, desmentindo a mitologia neoliberal, não requerem o afastamento do Estado; consistem em novas modalidades de relação Estado-sociedade e delineiam um mix público/privado no qual o Estado normatiza, subvenciona, estimula, e a sociedade, organizadamente realiza.* Alternativas que renovam as utopias de justiça social, factíveis na medida em que as batalhas por maior homogeneidade sócio-econômica e aprofundamento da democracia são vencidas. Terão elas, todavia, viabilidade no caso brasileiro?" (Itálicos meus)

A própria autora responde:

"*A consolidação de um forte sistema público de proteção social, imprescindível, não implica, entretanto, a refutação do papel (irreversível) desempenhado pelas modalidades privadas ou semiprivadas. No Brasil, não há como fugir de desfechos híbridos,* que, no caso, permitam a superação do atraso, da miséria, do apartheid social, sem barrar o ingresso do país na contemporaneidade tecnológica e produtiva. *Por hibridismo não se entende a substituição do modelo constitucional de seguridade por qualquer dos tipos de regime misto postulados pelos 'reformadores da reforma'* (que em geral reproduzem com políticas previdenciárias diferenciadas as divisões que o mercado impinge à sociedade, estilhaçando-a); tampouco se reivindica complacência com as ambigüidades do atual estado de coisas. Trata-se, antes, de enfatizar que o aperfeiçoamento (ou a edificação) da proteção social no Brasil mal tangencia as soluções clássicas. (...) *se o mercado é incapaz de reduzir as iniqüidades que corroem o país, também o estatismo tradicional satisfaz unicamente aos detentores de privilégios incrustados. (...) Convivência e compatibilidade entre público e privado, com maior eficá- cia do primeiro e menos selvageria do último,* com regras claras e democraticamente estabelecidas acerca dos respectivos espaços e das relações entre ambos, parecem compor uma estratégia bem-sucedida mundo afora e, respeitadas as peculiarida- des nacionais, também adequado ao Brasil." (Vianna, 1998: 186) (itálicos meus)

Ora, a reforma do Estado é necessária e urgente, no sentido de conver- tê-lo em moderno, ágil e transparente instrumento de justiça social. Outra coisa é um projeto de reforma pelo qual se *desmonta* a nação, entregando o patrimônio público a "compradores" privados, desobrigando o poder pú- blico quanto às políticas sociais e submetendo os serviços sociais — *competi- tivos e não-exclusivos do Estado,* assim concebidos — à lógica mercantil.

O fortalecimento da sociedade civil — e aqui refiro-me a uma arena contraditória, na qual se confrontam diferentes projetos societários — é exi- gência inerente ao processo de democratização da sociedade brasileira, con- trapondo-se à concepção *palaciana* de poder, segundo a qual o exercício da política restringe-se a *eles,* os políticos, os notáveis da cena pública, as elites dirigentes. Trata-se, pois, de ampliar as oportunidades e mecanismos de exercício do poder pelo acesso à informação, pela organização, pela partici- pação política e pelas inúmeras expressões da luta social.

Outra coisa é valer-se do discurso da *concertação,* do apelo genérico à *comunidade solidária,* da *co-gestão de baixo preço* — na expressão de Halimi (2001: 3) — e da despolitização das questões concernentes à gestão das ne- cessidades sociais, em favor do *Estado máximo* para os já privilegiados e do *Estado mínimo* para aqueles aos quais já vem sendo negado, historicamente, o acesso à cidadania.

3. Gestão das políticas sociais: municipalização ou desobrigação?

Na presente seção, proponho três ordens de argumentos quanto aos fatores que favorecem ou dificultam a municipalização e o fortalecimento dos poderes locais no âmbito da gestão das políticas sociais brasileiras.

Em primeiro lugar, a cultura autoritária e centralista retarda e cons- trange a plena vigência do pacto federativo. Antes, a ordem imperial e, de- pois, os longos períodos de regime ditatorial marcaram profundamente a história e a formação políticas nacionais. E o espectro dos chamados regi- mes de exceção, por oposição ao *Estado de Direito,* sempre rondou a *repúbli- ca,* o que tem representado, de resto, freqüente ameaça às incipientes e frágeis democracias latino-americanas. Em 2001, fazendo relembrar o Serviço de Informação da ditadura das décadas de 60 e 70, circularam notícias a respeito de documentos da inteligência militar brasileira contendo o mapeamento sociopolítico de movimentos populares. Uma ação militar na contramão da democracia!

E a democratização, declaradamente *lenta* e *gradual*, configura-se como um projeto inconcluso. A democracia representativa no plano político não se faz acompanhar do pleno acesso aos direitos sociais e ao exercício da cidadania. As variadas formas de exclusão social atestam a profunda iniqüidade das relações sociais brasileiras. Desigualdade de renda, desigualdade de raça, desigualdade de gênero e desigualdade entre regiões.[32]

Em segundo lugar, a Constituição de 1988 consolidou o pacto federativo[33] ao estabelecer, entre outros dispositivos, as diretrizes de descentralização, municipalização e participação popular. Mas, as estratégias do governo central expressas em políticas públicas implicam re-centralização. Não é outro o efeito de emendas constitucionais como a que criou o FSE (Fundo Social de Emergência)[34], depois convertido em FEF (Fundo de Estabilização Fiscal) e, posteriormente, em DRU (Desvinculação de Recursos da União) que, em última análise, empobrece estados e municípios pela retenção de recursos na União ou pelo corte de verbas para áreas sociais, a despeito de todos os argumentos técnicos do governo federal contra a alegada excessiva rigidez orçamentária e em favor de maior flexibilidade na alocação de recursos públicos.

É verdade que o modelo de gestão de políticas públicas instaurado a partir da Constituição de 1988, com base no tripé constituído por *Conselho, Plano e Fundo*, representou a possibilidade de avanços significativos na democratização das decisões e ações locais.

---

32. Conforme pesquisa do IBGE, divulgada em agosto de 2001.

33. "A federação é (...) a forma mais sofisticada de se organizar o poder dentro do Estado. Ela implica uma repartição delicada de competências entre o órgão do poder central, denominado *União*, e as expressões das organizações regionais, mais frequentemente conhecidas por *Estados-membros*, embora, por vezes, seja usado, por igual forma, o nome província e, até mesmo, cantão (...). Os *municípios* também desfrutam de uma autonomia similar às dos Estados-membros, visto que não lhes falta um campo de atuação delimitado, leis próprias e autoridades suas. Isso dá ao nosso município a qualidade de autônomo e, mais do que isso, autônomo por força da própria Constituição (...). O *Município* é peça estrutural do regime federativo brasileiro... (e) pode ser definido como pessoa jurídica de direito público interno, dotado de autonomia assegurada na capacidade de autogoverno e da administração própria" (Bastos, 2001: 290, 295 e 319).

34. Emenda Constitucional nº 1 de 1º/3/1994.

Mas, das grandes e mais importantes decisões tomadas no Palácio do Planalto, por meio de medidas provisórias,[35] a maioria dos cidadãos fica de fora e a propalada participação popular não passa de retórica, sem correspondência com a realidade.

O modelo de desenvolvimento adotado em consonância com o ideário neoliberal permitiu, por um lado, a contenção da inflação e a redução do déficit fiscal. Por outro lado, retirou recursos da área social, concentrando a renda e gerando desemprego. A política fiscal ao gerar excedentes para pagamento de juros e amortização, visa impedir o agravamento da dívida. Mas tem custos altos na forma de desemprego e pobreza ao postergar investimentos em saúde, educação e assistência social.

No *plano econômico*, o município não pode equacionar, em seu âmbito local, o problema do desemprego atenuado ou agravado por medidas adotadas ou que se deixou de adotar em âmbito nacional.

No *plano das políticas sociais*, o município é incapaz de conter os efeitos atrozes dos cortes, no Orçamento da União, de investimentos anteriormente previstos.

No *plano dos recursos*, há estados e municípios cuja receita depende inteiramente das transferências federais o que, evidentemente, não favorece a autonomia dos poderes estadual e municipal.[36]

No *plano fiscal*, não obstante o princípio da responsabilidade — e não apenas fiscal — que deve reger a gestão pública, a Lei de Responsabilidade Fiscal,[37] na forma em que foi sancionada, representa um "beco sem saída" para governantes locais.

---

35. Desde a sua criação, em 1988, a exceção das Medidas Provisórias virou regra. Sarney editou 147, Collor, 160; Itamar, 505; FHC 5276, incluídas 836 reedições de MPs de governos anteriores (*O Estado de S. Paulo*, 2/9/01, p. A-5).

36. A proposta de reforma tributária que tramitava no Congresso Nacional, em agosto de 2003, no momento em que encerrava esta pesquisa, escapa ao objeto de meu livro. Deverei ocupar-me dela, posteriormente, em vista das preocupações quanto ao financiamento da seguridade social que depende também de recursos fiscais.

37. Lei Complementar n° 101, de 4/5/2000, que fixa normas para a conduta dos três poderes nas três esferas de governo, estabelecendo limites para despesas com pessoal e dívida pública, além de exigir a fixação de metas fiscais para controlar e compatibilizar receitas e despesas e proibir a criação de novas despesas continuadas por mais de dois anos sem a indicação da fonte de receita correspondente ou sem a redução de outras despesas. Estabelece ainda restrições para controle de contas públicas em anos eleitorais. Os instrumentos de planejamento e acompanhamento orçamentário são: Plano Plurianual, Lei de Diretrizes Orçamentárias com Anexos relativos a me-

GESTÃO DA SEGURIDADE SOCIAL

Khair (2001: 93-101) aponta como vantagens da LRF o estímulo à prática do orçamento participativo; a obrigatoriedade da transparência do planejamento e da execução da gestão; a busca de maior eficiência na ação governamental em face das dificuldades e escassez de recursos; racionalização de despesas; crescimento de receitas a partir da ampla revisão da estrutura administrativa e legal voltada para os tributos próprios; a prática do planejamento da ação governamental por intermédio do Plano Plurianual, a Lei de Diretrizes Orçamentárias e a Lei Orçamentária Anual; e o impedimento de transferir para novos governos em início de mandato a herança fiscal representada por dívidas e compromissos financeiros deixados pelo antecessor.

Para Miranda (2001: 5), por outro lado, a LRF é, para os que

"se deixaram iludir com a propaganda do governo, uma iniciativa louvável e necessária à maturidade administrativa do País. Mas, aos olhos atentos, uma perigosa peça que desvia a atenção do verdadeiro propósito de serviço irrestrito ao pagamento de juros e amortização da dívida e o decorrente congelamento dos gastos sociais".

Entre outras críticas à lei, o autor aponta: a inconstitucionalidade; a restrição às despesas não financeiras, especialmente as sociais e a flexibilidade com as despesas financeiras e as ações do Banco Central; a criminalização da gestão pública no caso de não-cumprimento das metas fiscais sem, todavia, prever punições para casos de negligência ou desvio de dinheiro público; os limites aos gastos públicos de forma draconiana, visando gerar recursos para financiar os custos financeiros, diminuindo a *rolagem* da dívida; a completa liberdade quanto ao aumento de encargos financeiros, sendo que "os cortes necessários para financiar a majoração do serviço da dívida poderão ser decididos nos gabinetes do Poder Executivo, longe dos olhos dos cidadãos, que deles só tomarão conhecimento pelos seus efeitos"; os inúmeros exemplos de descumprimento da lei pela própria União no curto

---

tas fiscais e riscos fiscais, Lei Orçamentária Anual e Relatórios de Execução Orçamentária e de Gestão Fiscal (a cada quatro meses) e Balanços Financeiros Simplificados (a cada dois meses). Prevê sanções de dois tipos para o governante que não cumprir a lei: a) as *institucionais* (suspensão de transferências voluntárias da União ou Estados; suspensão de concessão de novas vantagens aos servidores, de criação de cargos, de novas admissões e de contratação de horas extras em caso de excesso do limite de gastos com pessoal; suspensão de recursos da União ou do Estado, em caso de desrespeito de limites para a dívida); b) as *pessoais*: perda de cargo, proibição de exercer emprego público, pagamento de multas e prisão.

período desde o início de sua vigência, demonstrando o caráter irrealista de sua rigidez; a infringência do princípio federativo, subordinando metas dos estados e municípios à política econômica nacional; e a infringência ao princípio da separação dos poderes, uma vez que o Executivo fica autorizado a limitar o empenho e movimentação financeira dos demais Poderes, se estes não observarem os limites.

Vale destacar, para os propósitos desta pesquisa, a agressão aos princípios fundamentais do pacto federativo pela interferência na autonomia de estados e municípios. Segundo Miranda (2001: 7),

> "o cerco fechado a estados e municípios nos quesitos de autonomia e gastos públicos dão a exata medida do autoritarismo do governo e suas reais intenções de manter as unidades federativas reféns da política oficial" de Brasília "... fixando os parâmetros de metas fiscais dos governos subnacionais, concentrando na União a gestão macroeconômica e minimizando a influência desses governos na atividade econômica...".

A ausência de uma política de desenvolvimento regional leva à concentração das atividades econômicas nos estados mais ricos e favorece a chamada guerra fiscal, contribuindo para um esgarçamento ainda maior do pacto federativo.

E a reforma do Estado brasileiro, capitaneada por Brasília, desarticula políticas e serviços, transferindo para o mercado e para a sociedade civil atribuições indelegáveis do poder público, incluindo os chamados *serviços sociais competitivos*. A reforma em curso vem exigindo, na realidade, forte comando centralizado. E a desconcentração físico-espacial da gestão da malha de instituições e serviços para o âmbito dos estados e municípios representa, em diferentes graus, a desobrigação dos governos central e estaduais em face das políticas sociais.

Em terceiro lugar, a maioria dos municípios não dispõe de condições e de recursos, especialmente financeiros, para a plena vigência do princípio da autonomia de seu poder local. No caso do Estado de São Paulo, por exemplo,

> "dos 73 municípios criados no período de 1993 a 1998, com exclusão de dois, todos são municípios muito pequenos, com pouca ou nenhuma condição de sobrevivência independente do ponto de vista econômico, administrativo e político. São municípios, por definição, dependentes do poder estadual e federal" (Arelaro, 1999: 61 e ss.).

Na área da saúde, para a maioria das cidades não se trata de municipalização, mas de *prefeiturização*, uma vez que o deslocamento de responsabilidades não se faz acompanhar do devido repasse de recursos.[38]

Em muitos casos, os Conselhos de Saúde não chegam a constituir efetivos fóruns de debate e de deliberação quanto à Política de Saúde, embora utilizados para legitimar ações do poder público, sendo muito reduzida ou nula a participação da sociedade civil no controle das ações da área[39] o que, acrescente-se, não é diferente no caso dos Conselhos de Assistência Social, como se constatou nos inúmeros relatos durante conferências municipais, estaduais e nacional no decorrer do ano de 2001.

Do ponto de vista gerencial, a tabela 3 demonstra a situação do processo de municipalização na área da saúde em todo o país.

No estado de São Paulo, até maio de 2001, 161 municípios foram habilitados para a gestão plena do sistema municipal, enquanto 482 respondem pela gestão da Atenção Básica e dois municípios encontram-se sem habilitação. A cidade de São Paulo encontra-se habilitada para a gestão plena da Atenção Básica.

No caso da **educação**,[40] a municipalização tem sido a maneira encontrada pelo Estado para se desobrigar das responsabilidades na área, segundo orientações do Banco Mundial e do FMI, em favor da redução da ação estatal no campo das políticas sociais em geral. A transferência não vem levando em conta a efetiva capacidade dos municípios, implicando agrava-

---

38. No Congresso Nacional, a Frente Parlamentar de Saúde empenha-se pelo cumprimento da Emenda Constitucional nº 29 que vincula recursos orçamentários para o SUS. Ocorre que o governo lança mão de artifícios contábeis para contornar a determinação da emenda, reduzindo em R$ 1,2 bilhão o valor destinado à saúde em 2001, sem o devido reajuste da tabela do SUS, agravando a crise do sistema.

39. Conforme *Saúde Pública no Brasil*, texto do CEAP (Centro de Educação e Assessoramento Popular), disponível em www.abong.org.br/forumsul/assuntos/saúde.htm. Vale registrar, porém, que "embora considerados atualmente como de baixa e média eficácia, os conselhos e as conferências, nos próximos dez anos — um prazo relativamente curto para mudanças culturais significativas —, serão, depois do Ministério Público, a segunda instituição com papel mais destacado na defesa dos direitos dos usuários. À frente, portanto, das associações de portadores de patologia, mídia em geral, órgãos de defesa do consumidor, Ministério da Saúde e, empatados, Congresso Nacional e Poder Judiciário". Cf. Piolla, et al. (2001: 108-109).

40. A educação escapa ao foco de minha pesquisa. As informações que se seguem foram agregadas, todavia, como indicadores de tendências gerais quanto à municipalização, permitindo perceber semelhanças e diferenças em relação à seguridade social (saúde, previdência e assistência social).

Tabela 3
Situação de habilitação dos municípios segundo as
condições de gestão da NOB/SUS — 01/96
Posição em dezembro/2000

Estado	Nº de Municípios	Gestão Plena da Atenção Básica	%	Gestão Plena do Sistema Municipal	%	Pleitos Aprovados	%
AC	22	16	72,73	1	4,55	17	77,27
AL	101	86	85,15	14	13,86	100	99,01
AM	62	53	85,48	6	9,68	59	95,16
AP	16	13	81,25	1	6,25	14	87,50
BA	415	398	95,90	12	2,89	410	98,80
CE	184	155	84,24	29	15,76	184	100,00
ES	77	42	54,55	35	45,45	77	100,00
GO	242	227	93,80	15	6,20	242	100,00
MA	217	170	78,34	44	20,28	214	98,62
MG	853	776	90,97	55	6,45	831	97,42
MS	77	68	88,31	8	10,39	76	98,70
MT	126	125	99,21	1	0,79	126	100,00
PA	143	106	74,13	33	23,08	139	97,20
PB	223	217	97,31	6	2,69	223	100,00
PE	185	171	92,43	14	7,57	185	100,00
PI	221	220	99,55	1	0,45	221	100,00
PR	399	386	96,74	13	3,26	399	100,00
RJ	91	71	78,02	20	21,98	91	100,00
RN	166	155	93,37	10	6,02	165	99,40
RO	52	41	78,85	11	21,15	52	100,00
RR	15	14	93,33	1	6,67	15	100,00
RS	467	454	97,22	10	2,14	464	99,36
SC	293	273	93,17	20	6,83	293	100,00
SE	75	75	100,00	0	0,00	75	100,00
SP	645	480	74,42	159	24,65	639	99,07
TO	139	135	97,12	4	2,88	139	100,00
BR	**5.506**	**4.927**	**89,48**	**523**	**9,50**	**5.450**	**98,98**

Fonte: Secretaria de Assistência à Saúde do Ministério da Saúde.

GESTÃO DA SEGURIDADE SOCIAL

mento do *déficit* de um ensino que já não era de boa qualidade. No âmbito nacional, se observado o período entre 1992 e 1996, posterior à promulgação da Constituição Federal, parece registrar-se um lento movimento de municipalização no caso do ensino fundamental e do ensino médio, sendo que a esfera estadual ainda respondia, em 1996, por 72,1% das matrículas deste último, havendo uma oscilação entre 4,5% e 5,4% da parcela de responsabilidade municipal, conforme tabela 4.

Tabela 4
Distribuição dos alunos por dependência administrativa[41] — Brasil

Nível de Ensino	Anos	Federal	Estadual	Municipal	Particular	Total (X 1.000)
Pré-escolar	1972	0,5	39,7	17,8	42,0	461
	1982	2,0	26,0	31,0	41,0	1.867
	1992	0,2	24,9	48,1	26,7	3.795
	1996	0,05	17,8	58,3	23,8	4.270
Fundamental	1972	0,7	59,3	26,8	12,2	10.371
	1982	0,4	54,9	31,5	13,2	23.564
	1992	0,1	57,8	30,5	11,6	30.106
	1996	0,1	55,7	33,0	11,2	33.131
Médio	1972	4,4	48,7	4,5	42,7	1.300
	1982	3,4	51,2	4,4	41,0	2.875
	1992	2,5	68,9	5,1	23,5	4.086
	1996	2,0	72,1	5,4	20,5	5.739
Superior	1972	23,8	10,4	4,6	61,2	688
	1982	22,7	9,1	3,8	62,6	1.203
	1992	21,9	14,0	5,7	58,4	1.661
	1994	21,9	14,0	5,7	58,4	1.661

Fonte: IBGE: Anuários Estatísticos, 1972, 1982, 1992 e 1996.
MEC/INEP: Sinopse Estatística, 1996.

Silva (2001: 33), tendo realizado pesquisa junto a três municípios do estado de São Paulo, conclui que:

---

41. In: *Plano Nacional de Educação — Proposta da Sociedade Brasileira*, in: Caderno do III CONED — Congresso Nacional de Educação, Forum Nacional em Defesa da Escola Pública, Brasília, novembro/2000, p. 21.

"Os conselhos prestam-se particularmente a referendar os atos financeiros do executivo municipal. Embora possa discutir questões de natureza financeira, o Conselho tem se dedicado a aprovar despesas já contratadas e realizadas pelo município, o que, do ponto de vista moral, não é conclusivo ou indicador de probidade na aplicação dos recursos. Esta função é mais coerente para as atribuições do Tribunal de Contas. Outras posturas administrativas conservadoras dos secretários pesquisados estão relacionadas à distância de contato com a comunidade, à falta de ações que, por meio da educação, busquem a autonomia e a emancipação do cidadão, bem como à *total falta de discussão no município sobre as possibilidades políticas contidas na municipalização para se obter uma educação de qualidade. A educação no município, com a municipalização, está, como se diz no* slogan *afixado nas escolas do Estado, 'de cara nova', porém, de hábitos velhos. Descentralização e municipalização como política pública para a educação, nos municípios pesquisados, só na legislação. A realidade é outra"*. (Itálicos meus)[42]

O estado de São Paulo, com alto índice de escolarização, apresenta o menor índice de municipalização.[43] Mas, a partir do governo Mario Covas, intensifica-se a transferência para os municípios, no caso do ensino fundamental, conforme Tabela 5[44], a seguir.

O que se passa na área da Assistência Social?

Decorridos quinze anos desde a promulgação da Constituição Brasileira de 1988, é possível afirmar que o país dispõe de uma Política Nacional de Assistência Social se tomados como evidências os preceitos constitucionais para a área, a Lei Orgânica de Assistência Social, a Norma Operacional Básica, os Conselhos, Planos e Fundos de Assistência Social em funcionamento nas três esferas de governo, o financiamento com recursos do Orçamento da Seguridade Social, e os programas, projetos, serviços e benefícios da área.

Ganhou relevo, na década de 1990, a concepção de que a Assistência Social deve consolidar-se como Política Pública — direito do cidadão e dever do Estado, independentemente de contribuição prévia — observadas as diretrizes do comando único, da municipalização, da descentralização e da participação popular na formulação e na gestão das ações da área. A LOAS

---

42. Ver também: Oliveira, Cleiton et al. *Municipalização do ensino no Brasil*. Belo Horizonte, Editora Autêntica, 1999.

43. Considero suficientes os dados até aqui utilizados apenas para indicar tendências quanto à municipalização em geral, uma vez que a educação em particular escapa aos propósitos desta pesquisa.

44. Ver, a propósito, Arelaro (1999).

Tabela 5
Matrículas do ensino fundamental na rede pública
1984-1998
Estado de São Paulo

Ano	Rede estadual	Rede municipal	Total	Participação do Estado %	Participação do município %	Nº de municípios com rede municipal	Total de municípios
1984	3.890.022	481.751	4.371.773	89,0	11,0	65	572
1985	3.978.507	506.684	4.485.191	88,7	11,3	64	572
1986	4.098.570	512.941	4.611.511	88,9	11,1	57	572
1987	4.148.844	503.612	4.652.456	89,2	10,8	57	572
1988	4.367.283	511.102	4.878.385	89,5	10,5	63	572
1989	4.575.788	536.942	5.112.730	89,5	10,5	58	572
1990	4.711.559	557.676	5.269.235	89,4	10,6	57	572
1991	4.917.735	587.196	5.504.931	89,3	10,7	64	572
1992	5.126.570	625.706	5.752.276	89,1	10,9	67	572
1993	5.248.114	638.936	5.887.050	89,1	10,9	64	625
1994	5.280.220	646.230	5.926.450	89,1	10,9	64	625
1995	5.263.112	646.500	5.909.612	89,1	10,9	72	625
1996	5.078.539	726.704	5.805.243	87,5	12,5	121	625
1997	4.634.560	1.075.850	5.710.410	81,2	18,8	410	645
1998	4.436.407	1.194.819	5.631.218	78,8	21,2	442	645
1999	4.126.897	1.437.870	5.564.767	74,2	25,8	442	645

Fonte: Centro de Informações Educacionais/ATPCE-SEE,1999.

representou, com efeito, um marco de significativas mudanças em várias dimensões[45] — conceitual, organizacional, gerencial e operacional — em torno do modelo de gestão baseado no tripé *Conselho-Plano-Fundo*.

Todavia, trata-se de um projeto inconcluso. A despeito de todos os avanços da área, a Assistência Social brasileira ainda se ressente da falta de unidade programática e operacional, da débil sustentabilidade, da relutante e subalternizada inserção no elenco das políticas públicas, do orçamento residual,

---

45. Cf. meu trabalho *Políticas de combate à pobreza no Brasil.* In: Programa Brasil em debate. Sergipe em exame. Uma proposta política. Universidade Federal de Sergipe, 1994, pp. 129-136.

do caráter desconcentrador e não descentralizador da municipalização, e do restrito alcance social, estando muito aquém da cobertura universal.

Constituem evidências da falta de unidade programática[46] e operacional a alocação de programas e projetos sócio-assistenciais em diferentes pastas da administração pública, sem a necessária articulação; a dispersão em diferentes unidades orçamentárias de recursos destinados à função *Assistência Social*; a superposição em relação a outras áreas da gestão pública, sob designações diversas como *desenvolvimento social, ação social, relações de trabalho*, entre outras; a recusa ou a desqualificação, tácita ou explícita, da Assistência Social como uma das áreas da política social.[47]

> "Por outro lado, a adoção de padrões homogêneos está prevista na LOAS e carece de andamento, nos seguintes termos: *conceituação única* acerca das necessidades sociais geradoras do direito à assistência social; a composição dos benefícios e serviços concretizando os mínimos sociais; a *conceituação única* das provisões necessárias a esses mínimos; *definição única* dos padrões de qualidade, rompendo *com os* atendimentos discricionários e precarizados; *padronização única* dos níveis de atenção, a exemplo da Saúde; estabelecimento de um *piso único* de financiamento e finalmente a construção do Sistema Unificado de Informações da política de assistência social" (Martins e Paiva, 2003: 54) (itálicos meus).

A municipalização tem representado a transferência para os governos municipais de programas articulados nas esferas federal e estadual, sob exigências de contrapartida orçamentária. Ou seja, as verbas transferidas de fundo para fundo são vinculadas àqueles programas, o que se dá em dissonância com a diretriz da descentralização e o princípio da autonomia dos entes federados. São os chamados recursos *carimbados*, uma vez que sua vinculação a prioridades decididas em outra instância — federal ou esta-

---

46. No início da gestão Luís Inácio Lula da Silva, a então SEAS (Secretaria de Estado de Assistência Social), do MPAS, foi convertida em Ministério da Promoção e Assistência Social. De se louvar a iniciativa de conferir àquela pasta o *status* de ministério, compatível com a concepção inscrita na Constituição Federal, questionou-se, todavia, a regressividade da decisão de denominar aquele órgão como de "promoção", equívoco que foi, em seguida, corrigido. Na gestão paulistana de Marta Suplicy, o programa de renda mínima, tipicamente sócio-assistencial, é desenvolvido no âmbito da Secretaria do Trabalho, Desenvolvimento e Solidariedade e não na Secretaria de Assistência Social. Em Seminário Nacional realizado em São Paulo, no mês de junho/2003, evidenciou-se a superposição entre as áreas de Assistência Social e de Trabalho e Renda.

47. É o que se observa, por exemplo, junto a militantes da área da infância e da adolescência. Vale lembrar que, segundo o ECA (Estatuto da Criança e do Adolescente), a Assistência Social constitui política *supletiva*, em relação às políticas *básicas* de educação e de saúde.

GESTÃO DA SEGURIDADE SOCIAL

dual — retiram dos municípios a decisão quanto à alocação dos recursos transferidos.

As tabelas que se seguem indicam, de qualquer modo, um intenso movimento em favor da municipalização, no estado de São Paulo, com prioridade aos programas da infância e da adolescência, embora esses números não demonstrem por si mesmos os problemas da área, acima apontados. Em 2001, de um total de 645 municípios, 620 dispunham de Conselho de Assistência Social, 629 de Conselho dos Direitos da Criança e do Adolescente e 479 de Conselho Tutelar, havendo apenas 4 municípios sem nenhum conselho implantado.[48] Em todo o país, existem 4.559 conselhos, fundos e secretarias em funcionamento, na área de Assistência Social (Martins e Paiva, 2003: 57).

Tabela 6
Assistência Social: habilitação para a gestão municipal

Situação	Nº de municípios
Habilitados	603
Sob gestão estadual	42
Total	645

Fonte: Secretaria Estadual de Assistência e Desenvolvimento Social — 2001.

Tabela 7
Transferências do FNAS para o FEAS e FMAS — 2000

Programas	Gestão Municipal	Gestão Estadual	Total	%
Criança em creche	26.174.294,80	4.032.109,20	30.206.404,00	72,59
PPD	6.522.000,00	679.035,00	7.201.035,00	17,31
Criança/Adolescente Abrigo	1.888.635,00	384.165,00	2.272.800,00	5,46
Idosos	1.349.160,00	579.480,00	1.928.640,00	4,64
Total	35.934.089,80	5.674.789,20	41.608.879,00	100

Fonte: Secretaria Estadual de Assistência e Desenvolvimento Social — 28/12/2000.

---

48. Cf. SEADS, 2001.

Observa-se[49] ainda o não-cumprimento de normas e procedimentos previstos na NOB quanto à transferência de recursos federais; o desconhecimento quanto à legislação e mecanismos relacionados ao orçamento e financiamento; a inoperância de conselhos municipais, sem poder de deliberação quanto a prioridades e alocação de recursos dos fundos; a dependência exclusiva de transferência de recursos federais e estaduais, não havendo dotação municipal para a área, sob diversos pretextos, entre os quais o de que a destinação de recursos para o Fundo, vinculando-os à Assistência Social, "engessa" a sua utilização; a inobservância da diretriz do comando único, uma vez que as ações de primeiras-damas e de Fundos de Solidariedade e outros mecanismos congêneres colidem com aquela diretriz favorecendo a reedição do clientelismo; a persistência da velha prática da concessão de auxílios e subvenções, conforme interesses que sejam objeto de barganha político-eleitoral. E, por último, mas não menos importante, a intensa disputa entre esferas de governo sob diversas coalizões político-partidárias, para dar visibilidade a "seus" respectivos programas e projetos, em prejuízo da estratégia da descentralização e do fortalecimento dos poderes locais, em dissonância com o preceito constitucional.

O alcance das ações é limitado em face do universo de demandantes dos serviços e benefícios. Durante a gestão de Fernando Henrique Cardoso

> "Alguns programas reduziram o número de pessoas beneficiadas, como o atendimento de crianças em creche, que caiu de 1.652.337 em 1994 para 1.309.985 em 1998, chegando a 1.608.746 em 2001. Também ocorreu redução nas ações de habilitação e reabilitação de pessoas portadoras de deficiência, que caiu de 272.300 pessoas em 1994 para 140.336 em 2001, sendo estes os últimos dados disponíveis. *Embora tenha havido a instituição de novos programas, a abrangência de todos é insignificante diante do número de pessoas em situação de pobreza que deveriam estar sendo beneficiadas*: apenas 15% dos idosos e 30% das pessoas portadoras de deficiência pobres recebem o salário mínimo mensal; somente 17,4% de crianças de famílias com renda *per capita* abaixo de 1/2 salário mínimo estão em creches mantidas com recurso federal; só 17% dos idosos pobres estão em asilos e/ou projetos de convivência; somente 4% de pessoas portadoras de deficiência pobres recebem algum tipo de habilitação ou reabilitação em instituições especializadas subvencionadas com recursos federais; finalmente, as 749.353 crianças que recebem uma bolsa do festejado programa de erradicação do trabalho infantil, correspondem a

---

49. Estou apoiando-me em informações coligidas durante seminário realizado pelo CRESS-SP em 2000, reunindo representantes de vários municípios do estado de São Paulo, do qual fui um dos relatores.

GESTÃO DA SEGURIDADE SOCIAL

apenas 25% do total de 2.908.341 crianças pobres que trabalham, segundo a PNAD/ 99" (Boschetti, 2003: 12) (itálicos meus).

No que diz respeito à relação entre as esferas pública e privada, na cidade de São Paulo, no âmbito da Secretaria Municipal de Assistência Social[50], sob a gestão de Aldaíza Sposati, desenvolveu-se um intenso e inédito esforço de implantação[51], nos anos 2002-2003, de uma Política de Assistência Social baseada na recuperação do papel do Estado e na consolidação de sua indelegável missão de financiador, regulador, provedor e gestor de serviços sócio-assistenciais. A relação com as redes informais e *filantrópicas* de assistência social estabelece-se no sentido de incorporá-las programaticamente à política *pública*, sob um crivo de critérios *públicos*, tendo como um dos instrumentos básicos de avaliação de projetos a audiência *pública*, para responderem pela operação de um elenco de serviços de seguridade social e, portanto, de interesse *público*, sob a gestão do poder *público*.

Trata-se de construir a *esfera pública da cidadania*, pela articulação de alianças em torno de uma proposta para a área da Assistência Social, consubstanciada no PLAS (Plano Municipal de Assistência Social).[52] Não se trata de privatizar os serviços — direta ou indiretamente — nem de fomentar a benemerência em suas variadas expressões pela ação do Estado, mas de ampliar as ações do Estado através de aportes técnicos e financeiros — assegurada a direção político-programática — a organizações sociais privadas, de decisiva contribuição pela capilaridade de sua presença no território municipal e pela inserção nas realidades locais, sob a estratégia da *distritalização* das ações, o que equivale dizer, proximidade do poder público em relação ao cidadão, ali onde ele vive, na arena de lutas pelo acesso à cidade e ao acervo de bens materiais e imateriais que ela produz e (re)produz.

O processo de municipalização — refiro-me ainda à cidade de São Paulo — em curso, especialmente nas áreas da família, infância e adolescência, dá a dimensão da complexidade e dos problemas[53] que ainda terão que ser

---

50. Aqui tomada como referência pela minha experiência profissional em seu âmbito há vinte anos.

51. Trata-se de experiência recente, no governo de Marta Suplicy, que pretendo avaliar posteriormente.

52. Publicado no Diário Oficial do Município em 15/5/2003, dia do Assistente Social.

53. Na área da infância e da adolescência constatam-se dificuldades políticas, legais e técnico-administrativas para operacionalizar os Fundos Municipais, que ainda estão muito longe da eficiência, eficácia, visibilidade e controle social preconizados.

enfrentados quanto à clara definição de competências das três esferas de governo; compatiblização de valores *per capita* de programas, projetos, serviços e benefícios; gestão dos fundos; e, mais do que desconcentração, efetiva descentralização da gestão da política pública de Assistência Social.

Quanto ao financiamento — e aqui destaco o BPC (Benefício de Prestação Continuada) concedido a idosos e pessoas com deficiências — a Assistência Social é discreta ou abertamente rejeitada[54] porque acarretaria ônus adicional, agravando o propalado *déficit* da Previdência Social em função dos benefícios concedidos a *pessoas que não contribuíram previamente*: os beneficiários do BPC e os trabalhadores rurais.

A questão do financiamento — nas três esferas de governo — está muito longe de ser equacionada, considerada a sua débil sustentabilidade no contexto da residual alocação de recursos orçamentários para a área e de sua inserção subalterna, franca ou veladamente rejeitada, no orçamento da seguridade social, em face do *caráter não contributivo*. As despesas executadas pelo Fundo Nacional de Assistência Social em 2002, cerca de R$ 3,4 bilhões, corresponderam a menos de 3% do orçamento da Seguridade Social e a 0,2% do PIB (Boschetti, 2003).

A tabela[55] 8, a seguir, mostra a situação em catorze estados, aqui tomados como amostra. A despesa anual com Assistência Social não chega a 3% das receitas, a exemplo do que ocorre na esfera federal. Na maioria dos casos, porém, os estados da União não chegam a desembolsar 1% de seus orçamentos gerais (fiscal e seguridade) para a área.

Então, para a efetiva implantação de um Sistema Único — municipalizado — de Assistência Social, será necessário assegurar a efetiva disponibi-

---

54. Como se evidenciou no debate em torno da reforma da previdência social.

55. *Sites* dos governos na Internet. (1) Projeto de Lei Orçamentária Anual — 2003; (2) Projeto de Lei Orçamentária Anual — 2003; (3) Relatório contábil — 2002; (4) Orçamento Anual — 2003; (5) Balanço Geral do Estado — Exercício de 2002; (6) Programa de Gestão Financeira e Orçamentária — 2002, SIAFEM, Secretaria da Fazenda doestado do Pernambuco; (7) Leio Orçamentária Anual — 2003, SEPLAN; (8) Relatório resumido da execução orçamentária — dezembro/2002, Secretaria da Fazenda, Governo do Estado do Pará; (9) Orçamento Anual — 2002 — SEPLAN; (10) Balanço Geral — Relatório — 2001; (11) Lei Orçamentária Anual — 2002; (12) Lei 4.700 de 23/12/02 — Orçamento — 2003, Governo do Sergipe; (13) Orçamento Anual — 2003; (14) Orçamento Anual — 2003. Quanto aos estados que não constam da tabela, não foi possível o acesso à informação: acesso negado, site desatualizado, indisponibilidade da informação. Após o fechamento da tabela da página seguinte foi possível obter os dados do estado do Espírito Santo para 2003: receita geral: R$ 4.240.516.741,00 — dotação para a função 8 — Assistência Social: R$ 24.198.466,00, ou seja, 0,57%.

GESTÃO DA SEGURIDADE SOCIAL

lidade de recursos para a área por meio de: fontes regulares de financiamento; regulamentação do dispositivo constitucional que trata do imposto sobre grandes fortunas; viabilização de novas fontes de financiamento nos termos do parágrafo 4° do artigo 195 da Constituição Federal; revisão da legislação relativa à renúncia fiscal; fixação de parâmetros comuns para a remuneração de serviços; garantia de parcela de recursos oriundos de organismos multilaterais, via FNAS; aglutinação de ações e recursos, evitando a pulverização e o paralelismo de ações, entre outras medidas (Martins e Paiva, 2003: 69-70).

Tabela 8
Despesa anual com assistência social
Orçamentos Estaduais — Função 8
Em R$ 1,00

Estado	Ano	Receita	Despesa com Assistência Social	%
São Paulo (1)	2003	54.618.432.678	337.106.422	0,61
Rio de Janeiro (2)	2003	21.752.528.000	170.910.288	0,78
Minas Gerais (3)	2002	18.535.345.776	43.055.461	0,23
Rio Grande do Sul (4)	2003	13.245.996.328	119.777.880	0,90
Bahia (5)	2002	9.632.686.770	96.005.220	0,99
Pernambuco (6)	2002	7.053.322.000	61.170.000	0,86
Ceará (7)	2003	6.174.439.728	99.254.288	1,60
Pará (8)	2002	4.456.472.192	49.648.199	1,11
Goiás (9)	2002	4.291.098.000	98.058.000	2,29
Mato Grosso (10)	2001	3.428.507.455	16.652.134	0,48
Mato Grosso do Sul (11)	2002	2.366.662.102	67.909.847	2,87
Sergipe (12)	2003	2.241.095.330	17.192.770	0,76
Rondônia (13)	2003	1.586.536.000	10.308.190	0,64
Amapá (14)	2003	810.052.038	17.571.723	2,16

Fonte: Sites dos governos estaduais. Ver nota n. 55.

Observa-se, então, pelas evidências até aqui coligidas, que a municipalização[56] é um processo marcado pelas tensões entre as três esferas de

---

56. Parte das considerações que se seguem constam de meu artigo "Municipalização ou desobrigação?" *Informativo Nossas Crianças*, n. 44, São Paulo, Fundação ABRINQ, 2001, p. 1.

governo, podendo conter avanços e retrocessos quanto às políticas sociais. De um lado, a proximidade entre cidadão e políticas públicas; o incentivo à participação popular no controle das ações do poder público; a presença da sociedade civil junto aos representantes dos governos nos Conselhos, sob o princípio da composição paritária; o respeito à autonomia dos municípios e o fortalecimento do poder local. De outro, a municipalização enquanto estratégia dos governos estaduais e federal, que dissimula a desobrigação do poder público para com as políticas sociais e a redução da presença do Estado em favor da lógica do mercado e da transferência de responsabilidades para a sociedade civil.

As iniciativas que impliquem organização e mobilização da sociedade civil, em suas diversas expressões, favorecem o processo de democratização da sociedade brasileira. Mas não substituem o Estado na primazia da responsabilidade intransferível quanto às políticas de seguridade social.

O mercado, por sua vez, reproduz a desigualdade. Não é e não tem a pretensão de ser portador da justiça social. Pode, deve e precisa ampliar o universo de consumidores, mas é, por definição, seletivo e excludente.

Portanto, seria ingênuo pretender discutir a gestão social local, sem situá-la no contexto do modelo de gestão pública nacional.

Há vasta literatura abordando questões em torno da municipalização,

"entendida como o processo de levar os serviços mais próximos à população e não, apenas, repassar encargos para as prefeituras sem maior avaliação da real condição dessas prefeituras operar esses serviços, o que se reduziria a uma simples prefeiturização. A municipalização é a passagem progressiva de serviços e encargos, que possam ser desenvolvidos mais satisfatoriamente pelos municípios. É a descentralização das ações político-administrativas com a adequada distribuição de poderes político e financeiro. É desburocratizante, participativa, não-autoritária, democrática e desconcentradora do poder" (Jovchelovitch et al., 1993: 11).

O processo de municipalização remete inelutavelmente a outros dois deslocamentos: o da *descentralização* e o da *desconcentração*.[57] Pela descentralização fortalece-se a autonomia da esfera local, com a partilha de poder das esferas federal e estadual com as comunidades locais. Descentralização é, nesse caso, instrumento da democratização. A desconcentração representa

---

57. A esse respeito, ver: Oliveira (1999: 16-17); Stein (1997: 6); Sposati e Falcão (1990: 16-18); Jovchelovith et al. (1993: 10-12).

GESTÃO DA SEGURIDADE SOCIAL

o deslocamento de serviços, atividades e objetos de decisão, podendo implicar delegação de atribuições, permanecendo centralizado, porém, o poder de decisão. Desse modo, a desconcentração é necessária ao processo de descentralização, mas não suficiente.[58]

Fica evidente, portanto, que a municipalização afigura-se como um processo permanente de luta política em torno do fortalecimento do poder local nas dimensões legal, administrativa, financeira fiscal e, principalmente, política. Entendida como uma exigência do processo de democratização da sociedade brasileira, a municipalização continua a impor-se como (1) estratégia de luta contra a cultura autoritária e centralista em favor do fortalecimento do pacto federativo; (2) arena de questionamento do modelo de desenvolvimento e do sentido da reforma do Estado conduzidos pelo poder central; e (3) resistência dos municípios à tendência de desobrigação das esferas estadual e federal em face das políticas sociais, seja pelos mecanismos de retenção de recursos na esfera federal, privilegiando-se o *ajuste fiscal* e o pagamento do serviço da dívida, seja pela "prefeiturização" a pretexto de descentralização; seja pela interpelação à chamada "comunidade solidária" e "voluntária" a pretexto de estimular a participação cidadã; seja, finalmente, pelo favorecimento da lógica mercantil sob o pretexto da maior eficiência e da qualidade, sem compromisso com os amplos segmentos excluídos do mercado.

---

58. Para Rondinelli (1986), a descentralização se classifica em quatro tipos: *desconcentração*, entendida como delegação de autoridade ou responsabilidade; *delegação*, como transferência de responsabilidade por funções especificamente definidas, para organizações que estão fora da estrutura burocrática regular, sob controle indireto do governo central; *devolução*, pelo fortalecimento legal e financeiro das unidades subnacionais, que estão fora de controle direto do governo central; e *privatização*, como transferência de atividades para a responsabilidade de organizações voluntárias ou para empresas privadas. São três, segundo Lobo (1990), as formas pelas quais a descentralização se expressa: *da administração direta para a indireta; entre níveis de governo*, pela redistribuição de receitas públicas e pelo reordenamento das competências governamentais; e *do Estado para a sociedade civil*. Apud Oliveira (1999: 14-15).

Capítulo 5

A reforma da Previdência Social brasileira: entre a repartição social e a competitividade mercantil

A polêmica em torno de modelos alternativos para a organização do sistema previdenciário remete aos fundamentos do papel do próprio Estado e de sua relação com a sociedade. Mais que isso, trata-se de pôr em questão — seja pela recuperação, revitalização e/ou pelo questionamento e perspectiva de ruptura — os fundamentos da própria economia de mercado contemporânea.

Neste capítulo procuro problematizar os principais aspectos da polêmica, identificando posições em confronto. Antes, porém, detenho-me na caracterização geral do sistema previdenciário pós-reforma de 1998, começando pelos conceitos básicos quanto aos regimes.

Na *repartição simples ou regime orçamentário*[1] faz-se o cálculo de contribuições necessárias a serem arrecadadas em determinado período de tempo para cobrir benefícios do mesmo período. Não há previsão de reservas, pois não há sobras. A contribuição corresponde a um percentual sobre a remuneração do contribuinte. É um *regime de caixa*, em que as entradas são iguais às saídas. É o regime adotado pela previdência pública em quase todos os países do mundo. No caso do INSS, trata-se de um *regime solidário* baseado no pacto entre gerações. Mas o financiamento pode ser também

---

1. Conceitos de regimes previdenciários conforme: Gushiken et al. (2002: 164-174).

pela capitalização — *regime financeiro de repartição simples* — como nos regimes próprios e de fundos de pensão.

A *repartição de capital de cobertura* é uma combinação dos regimes de repartição simples e de capitalização. Pressupõe formação de reserva. A contribuição individual é definida pela divisão do valor da reserva (garantidora da série completa de pagamentos que é igual ao custo previdenciário) pelo número de contribuintes em determinado período. Tem características solidárias (de repartição) e constitui reservas (capitalização).

No regime de *capitalização* ou de pré-financiamento são determinadas as contribuições necessárias e suficientes a serem arrecadadas ao longo do período laborativo do segurado para custear sua própria aposentadoria. Pressupõe a formação de reservas. Tem dois períodos distintos: contributivo e de fruição do benefício. O modelo é mais sensível a mudanças nas taxas de juros e níveis salariais do que a alterações no emprego formal. É também muito sensível às taxas de longevidade quando o período de recebimento é a vida toda do trabalhador, como no caso da renda vitalícia. Constitui reservas tanto para os segurados inativos como para os ativos, pressupondo a aplicação nos mercados de capitais e imobiliário, para adicionar valor à reserva em constituição.

1. A Previdência Social pós-reforma de 1998

O Sistema Previdenciário brasileiro compõe-se de:

a) Regime Geral de Previdência Social (RGPS): de repartição, obrigatório, nacional, com cobertura para trabalhadores do setor privado até o teto de R$ 1.328,00, administrado pelo INSS;

b) Sistema de Previdência Complementar: administrado por fundos de pensão com possibilidade de benefícios de maior valor;

c) Regimes Próprios de Previdência Social (RPPS) na União, estados e municípios, baseados na repartição, sendo o benefício equivalente à última remuneração. E a previdência dos militares.

O objeto central de minha análise é o Regime Geral da Previdência Social e suas interfaces com os outros dois, após a reforma consubstanciada na Emenda Constitucional nº 20 de 15/12/1998 e as medidas que se sucederam. Trata-se — e isso parece ser consensual entre os diversos interlocutores do debate e por diferentes motivos — de uma reforma inconclusa que, vale destacar, figurou entre as prioridades da gestão federal que se iniciou em 1º de janeiro de 2003.

GESTÃO DA SEGURIDADE SOCIAL

Quanto ao *financiamento* do sistema, 70% das receitas derivam das contribuições sobre a renda do trabalho e o restante provém de outras contribuições parafiscais: CPMF, COFINS, CSLL, FEF, PIS e PASEP.

O valor das *contribuições*[2] que compõem a principal receita é assim estabelecido:

- Do empregado com carteira assinada, inclusive doméstico e avulso: de 8% a 11% do salário.

- Do empregador: 20% sobre os salários dos empregados; 1% a 3% sobre os salários, conforme grau de risco da atividade; 12%, 9% ou 6% sobre o salário do empregado, cuja atividade ensejar aposentadoria especial aos 15, 20 ou 25 anos de contribuição.

- Do empregador: 3% da receita bruta ou faturamento (COFINS); 8% sobre o lucro líquido (18% no caso do setor financeiro); 0,38% sobre a movimentação bancária; 15% sobre o valor bruto da nota fiscal de serviços que lhe são prestados por cooperativas; 5% da receita bruta no caso de associação desportiva com equipe de futebol profissional; 2,6% sobre a receita bruta de comercialização rural no caso da agroindústria; 2,6% sobre a receita bruta no caso do produtor rural (2,1% no caso do produtor, pessoa física).

- Do segurado especial rural: 2,1% sobre comercialização de sua produção.

- Do empregador doméstico: 12% do salário.

- Dos contribuintes individuais: 20% sobre a renda efetiva.

- Do facultativo: 20% sobre o valor que desejar, respeitado o piso de um salário mínimo e o teto de R$ 1.561, 56.

E há as *renúncias previdenciárias*, representadas pela isenção ou baixa contribuição por parte das empresas do SIMPLES,[3] dos segurados especiais que são os trabalhadores rurais, dos empregados domésticos, das entidades filantrópicas e dos clubes de futebol.

O órgão gestor nacional é o MPAS, tendo como executor o INSS, a DATAPREV como empresa de processamento de informações e uma rede

---

2. *MPAS/SPS*, 2. ed., 2002, pp. 11-13.

3. Sistema Integrado de Pagamento de Impostos e Contribuições das Microempresas e Empresas de Pequeno Porte.

de atendimento para prestação de serviços e concessão de benefícios, na qual atuam 42 mil servidores.

A *cobertura* abrange: idade avançada, maternidade, e os riscos de doença, invalidez, morte, desemprego involuntário e reclusão. As *modalidades de benefícios* são: aposentadoria por idade, aposentadoria por invalidez, aposentadoria por tempo de contribuição, aposentadoria especial, auxílio-doença, auxílio-acidente, auxílio-reclusão, pensão por morte, salário-maternidade, salário-família e BPC (Benefício de Prestação Continuada) para idosos e pessoas com deficiências. Os *serviços* abrangem o Serviço Social, a perícia médica e a reabilitação profissional. Os *segurados* integram as seguintes categorias: empregados, empregados domésticos, trabalhadores avulsos, contribuintes individuais (empresários, autônomos), especiais e facultativos.

São concedidos 20 milhões de *benefícios mensais*, dos quais 17,2 milhões são *previdenciários*; 2,1 milhões são *assistenciais*, inclusive o BPC; e 700 mil são benefícios *acidentários* (do Seguro de Acidente de Trabalho) (IPEA: 2002: 15).

O indexador para fins de fixação do piso e do reajuste do valor dos benefícios é o salário mínimo. A partir de 1º/6/2002 o menor benefício é de R$ 200,00. O teto de valor de benefício é de R$ 1.561,56.

São 20,4 milhões de *beneficiários* diretos que, consideradas suas unidades familiares, constituem o universo de 71,4 milhões de pessoas, ou seja, 42% da população brasileira. Mas, a maior parte dos benefícios — 13 milhões — corresponde a um salário mínimo, sendo: 6,3 milhões de benefícios rurais; 2,1 milhões de benefícios assistenciais; e 4,4 milhões de benefício mínimo da previdência urbana (Cechin, 2002: 7; IPEA, 2002: 15).

Para os segurados urbanos, a *idade mínima* para aposentadoria por idade — aquela considerada risco social — é de 65 anos para o homem e de 60 anos para a mulher. Para os segurados rurais, a idade é de 60 e 55 anos, respectivamente.

Quanto ao *tempo mínimo de contribuição* há três situações:

- 35 anos para homem e 30 para a mulher ou
- 30 para o homem e 25 para a mulher (completados até 16/12/98) ou
- No caso dos inscritos até 16/12/98:
  - Homem: 53 anos e 30 anos + 40% (pedágio) sobre tempo que faltava para atingir 35.
  - Mulher: 48 anos e 25 anos + 40% (pedágio) sobre tempo que faltava para atingir 30.

No que diz respeito à modernização da *gestão e operação do sistema previdenciário brasileiro*, vale destacar algumas medidas adotadas nos últimos anos, quais sejam: a) o Programa de Melhoria do Atendimento (PMA)[4] com a modernização das agências e a informatização dos serviços; o tele-atendimento por intermédio do PREVFONE; a concessão de benefícios e a emissão de certidões negativas por meio de *site* na Internet; a implantação de quiosques de atendimento; as agências móveis (furgões e barcos); b) o Programa de Estabilidade Social com o objetivo de ampliar a filiação ao sistema e a cobertura (cf. Ornellas, 2001: 15). Segundo o ex-ministro, "os procedimentos para se filiar, contribuir, requerer e receber benefícios, além de outros serviços, devem ser simples, informatizados e desburocratizados" (Cechin, 2002: 43).

Como demonstrado nos capítulos anteriores, a Europa e a América Latina têm sido palco de intensa polêmica e de medidas inovadoras em torno da reforma de seus sistemas de seguridade social em razão da chamada *crise fiscal do Estado*. De fato, o desequilíbrio das contas públicas vem constituindo o grande argumento em favor da redução das despesas previdenciárias como — no caso da América Latina e, particularmente, do Brasil — uma das formas de liberar recursos para o pagamento de juros e encargos da dívida pública.

Associados à questão do *déficit* fiscal comparecem o desemprego sem precedentes da década de 1990 e as mudanças nas relações de trabalho regidas pela flexibilização e crescente informalidade. As baixas taxas de crescimento econômico com queda da arrecadação previdenciária combinadas com o aumento da longevidade da população têm conduzido ao crescimento desproporcional do universo de beneficiários inativos em face dos contribuintes em atividade.

As mudanças ocorrem no contexto da adesão ao ideário neoliberal voltado à recuperação ou reafirmação dos fundamentos da economia capitalista, sob hegemonia da fração financeira do capital, sendo o Estado sujeito e objeto da reforma. A ênfase no desequilíbrio orçamentário da seguridade, e do próprio Estado, não descuida — ao contrário, privilegia — da criação de condições para a restauração das relações econômicas de modo a

---

4. O manual *Tudo o que você quer saber sobre a Previdência Social* (*MPAS*, 2. ed., 2002, p. 11) destaca: o PREVfone 0800 78 0191, o PREV net www.previdenciasocial.gov.br, o PREVfácil (terminal de auto-atendimento) e a Rede de Atendimento (agência, unidade avançada, PREVcidade, PREVmóvel e PREVbarco).

onerar o trabalho e desonerar o capital ou, pelo menos, afastar a exigência de possível ampliação de custos de manutenção do sistema de seguridade pela taxação do capital, mediante mecanismos de transferência de renda, com um sentido distributivo.

As novas regras vêm representando, com efeito, a imposição de perdas aos segurados, uma vez que o eixo da reforma foi o *aumento da idade média de concessão do benefício* implicando extensão do período contributivo, redução dos gastos no curto prazo pela postergação da concessão e redução dos gastos no longo prazo pela concessão por menor período (Cechin, 2002: 23).

Trata-se de trabalhar mais, contribuir mais e receber menos, estreitando a relação entre contribuições e benefícios pela nova regra de cálculo. Não é outro o sentido, no caso do setor privado, do fim das aposentadorias proporcionais e da restrição do regime especial às comprovadas condições nocivas à saúde e integridade física. E da proposta, no caso do setor público, da idade mínima de 65 anos para o homem e 60 para a mulher, da carência mínima de 10 anos, do fim da aposentadoria proporcional e da restrição a regimes especiais.

Parece haver consenso em torno das medidas modernizantes, acima enumeradas, da inversão do ônus da prova, do reconhecimento automático de direitos,[5] da lei de crimes contra a previdência,[6] do aprimoramento das medidas de ampliação de arrecadação, da criação de mecanismos de atração para a filiação,[7] do combate à sonegação e à fraude, do fim dos privilégios e injustiças, da necessidade de ampliação da cobertura, do papel social pela transferência de renda e combate à pobreza, ou mesmo da necessidade de previdência complementar, entre outros aspectos.

O acordo, todavia, logo se desfaz quando os argumentos em favor da reforma são outros, tais como: o da reprodução da desigualdade, o da *solidariedade invertida*, o da esperteza corporativista do servidor público, o do im-

---

5. A Lei nº 10.843, de 8/1/2002, estabelece o reconhecimento automático de direitos com base nos registros da Previdência Social, desobrigando o segurado de apresentar documentos para provar tempo e valor das contribuições.

6. Lei nº 9.983/00 — Lei de Crimes contra a Previdência Social: apropriação indébita, sonegação, omissão de informações.

7. Concessão de salário-maternidade para autônomas; compensação entre contribuições de empregados e empregadores (setor rural e contribuintes individuais empregados por empresas); retenção da contribuição que consiste na antecipação da receita em relação a setores terceirizados; informações ao público. Pinheiro (2001: 38-39).

pacto de benefícios assistenciais sem base contributiva, o do *déficit* incontrolável, o da introdução de *elementos atuariais* no sistema por intermédio do fator previdenciário, o da modernização da gestão do sistema ou da superação da "gestão pouco técnica, arbitrária e intransparente" (Schwarzer, 1999: 29).

A seguir, ponho em questão estes últimos argumentos — objeto de intensa polêmica — analisando-os primeiro em separado, depois em conjunto.

Quanto ao primeiro argumento, o da reprodução da desigualdade. Segundo pesquisadores e técnicos da área

> "nossos sistemas de proteção social foram mais mecanismos de reprodução da desigualdade estrutural de nossas sociedades do que instrumento de incorporação dos segmentos economicamente excluídos ou de redução das diferenças sociais. Com efeito, os gastos com os sistemas de aposentadorias e pensões, incluindo os regimes especiais dos funcionários públicos, representam a parcela majoritária dos dispêndios sociais e ultrapassam, na grande maioria dos países, 10% do produto nacional, ainda que a cobertura em geral seja limitada e tenha fortes aportes fiscais. Não obstante tenha ocorrido um processo gradual de ampliação da cobertura, tanto horizontal como vertical, em geral, esta não abarca a maioria da população economicamente ativa. Na verdade, não chegamos a conhecer o Estado de Bem-Estar Social. A cultura do privilégio nos levou muitas vezes ao Estado do mal-estar social que, ao reproduzir as estruturas de desigualdade do modelo de crescimento econômico, em geral não foi capaz de resolver os problemas das maiorias (...) Com efeito, o custeio do sistema de seguridade social se baseia em recursos tributários ou parafiscais que incidem sobre diversas etapas da cadeia produtiva (...) incorporados ao custo da produção, gravando, portanto, o preço final de bens e serviços e repercutindo na competitividade da economia. Até que ponto se poderá sacrificar a competitividade em nome da preservação ou da implementação de políticas de bem-estar social e vice-versa?" (Moraes, 1999: 4).

Está aí uma questão que, certamente, divide os interlocutores. Assim colocada — oposição entre competitividade e bem-estar social — a seguridade social tende, sem dúvida, a sucumbir sob a ditadura do mercado. Mas, se a questão central é, realmente, a ampliação da cobertura e a reversão da desigualdade, então prevalece o princípio da seguridade universal, cuja aplicação prática depende do mercado — retomada do crescimento econômico, geração de empregos, filiação à previdência, aumento da arrecadação e garantia de cobertura —, mas não se subordina a ele. E os *aportes tributários e parafiscais* não representam fenômeno externo, alheio e autônomo em relação ao anseio por Bem-Estar Social, mas enquanto parcela do excedente econômico apropriada pelo Estado são constitutivos da riqueza social, patrimônio coletivo. E por que dissociar a política social da política econômica, opondo-as? Ou, ao contrário do que ocorreu ao longo da segunda metade do século XX, estaria descartada a perspectiva de compatibilização da seguridade social com a economia de mercado, enquanto essencial estratégia de regulação social?

Quanto ao segundo argumento — que se articula ao anterior — o da *solidariedade invertida*, segundo o ex-ministro José Cechin:

"No caso do Brasil, caso não houvesse uma reforma no sistema previdenciário, estaria perpetuando-se uma perversa redistribuição de renda, via Previdência Social, em que os mais pobres financiavam os mais ricos. E um dos mecanismos que possibilitavam essa espécie de *solidariedade às avessas* era a aposentadoria por tempo de serviço. O perfil dos beneficiários da aposentadoria por tempo de serviço era o de trabalhadores que tinham em média 48,9 anos, provinham, em grande parte, de postos de trabalho de melhor qualidade, com salários mais elevados e uma vida laboral mais estável, facilitando, portanto, a comprovação, especialmente em termos de documentação, dos requisitos para a obtenção da aposentadoria. O valor médio da aposentadoria era de R$ 515,71 — 2, 3 vezes superior à média de todos os benefícios. (...) Em outro extremo...encontravam-se os trabalhadores que se aposentavam por idade, com, em média, 62,8 anos. Eram pessoas com menor poder aquisitivo e apresentavam dificuldade de comprovação do tempo de serviço, devido à maior instabilidade de suas vidas laborais. Seus postos de trabalho eram mais precários, caracterizados por alta rotatividade, baixa qualificação e baixos salários. O valor médio da aposentadoria por idade, de R$ 145,18, era cerca de 3,6 vezes menor do que o valor médio da aposentadoria por tempo de serviço. Assim, configurava-se um sistema de *solidariedade às avessas*, em que os trabalhadores com melhores condições financeiras se aposentavam por tempo de serviço mais cedo (47,8 e 49,2 anos para mulheres e homens, respectivamente), recebiam um benefício maior (R$ 565,5) e por mais tempo (29,3 e 24,8 anos para mulheres e homens). Além disso, eles continuavam no mercado de trabalho e o benefício tornava-se um mero complemento de renda. Os trabalhadores mais pobres se aposentavam por idade mais tarde (61 e 65,6 anos para mulheres e homens, respectivamente), recebiam um benefício menor (R$ 157,55) e por menos tempo (19 e 13,9 anos para mulheres e homens). A quantidade crescente da concessão das aposentadorias por tempo de serviço em idades declinantes não encontrava explicação no fenômeno demográfico mundial de envelhecimento, mas sim na vigência de um modelo previdenciário de *solidariedade invertida*, só existente no Brasil e em mais três países, Equador, Irã e Iraque" (Cechin, 2002: 9-13) (grifos meus).

Desnecessário reafirmar a necessidade de combater os mecanismos pelos quais os pobres financiam os ricos. E não apenas no interior do siste-

GESTÃO DA SEGURIDADE SOCIAL

ma previdenciário que, inevitavelmente, constitui um reflexo da estrutura socioeconômica da qual se alimenta e que ajuda a reproduzir, esta sim, profundamente desigual. Em outros termos, as condições de trabalho, de inserção ocupacional, de aferição de renda e de qualidade de vida na aposentadoria, que opõe "contribuintes mais ricos" a "contribuintes mais pobres", extrapolam o âmbito do sistema previdenciário, embora possam — e efetivamente o são — ser reproduzidas por ele, como no caso em análise, ao exprimirem um padrão de socialidade em si mesmo iníquo e reprodutor da desigualdade.

Portanto, o dissenso não decorre do imperioso compromisso ético-político de combater, no interior do sistema previdenciário, os mecanismos reprodutores da desigualdade, mas da tendência de se nivelar por baixo a pauta de direitos sociais, nesse caso expressos em garantia de renda, a pretexto de combater privilégios, opondo trabalhadores entre si e transferindo renda de uns para os outros, preservando, em última análise, os ganhos do capital. E quanto à transferência de renda, se é verdade que não se pretende que os "mais pobres" continuem a financiar os "mais ricos", é de se perguntar em que medida a reforma contribuiu, efetivamente, para inverter a situação, transferindo para aqueles o que não mais será pago a estes, além da possível redução da concessão de benefícios "aliviando" o caixa do sistema por determinado período.

> "A concessão deste benefício vinha aumentando até atingir o seu pico histórico em 1997, quando foram concedidas 417,4 mil aposentadorias por tempo de serviço, 17,7% do total de 2,4 milhões de novos benefícios concedidos naquele mesmo ano. Ressalte-se que, até junho de 1998, quando foi alterada a conversão com multiplicador de tempo especial (com exposição a agentes nocivos) para tempo normal, continuava-se com a tendência de cerca de 34 mil benefícios concedidos por mês. Após junho de 1998, este patamar de concessão caiu para 19 mil benefícios/mês e, com a Emenda Constitucional nº 20, de dezembro de 1998, as concessões caíram para um patamar inferior a 10 mil benefícios/mês." (Cechin, 2002: 9-10)

Quanto ao terceiro argumento, relacionado aos propalados privilégios e disfunções[8] da previdência do setor público, a campanha que se desenvol-

---

8. "A lista de disfunções é grande, envolvendo a profusão de Regimes Próprios criados no âmbito dos Municípios e Estados, os quais, desamparados de controle social, absolutamente não transparentes e desprovidos de homogeneização nas regras previdenciárias e administrativas, criaram facilidades para fraudes, incentivaram a prática abusiva de concessão de aposentadorias extremamente generosas protagonizadas por grupos corporativos, desviaram recursos para ativida-

veu, na década de 1990, contra o Estado — acusado de ineficiente, corrupto, esbanjador de recursos e mau patrão — não poderia deixar de capturar, no argumento pela desarticulação do aparelho estatal e das políticas públicas em favor do mercado, a sua figura central — o servidor público. Revitalizou-se certa concepção de que o funcionário público é, por definição, um perdulário do dinheiro público, gozando de privilégios jamais sonhados pelo trabalhador do setor privado.

Ora, não se trata de acabar com o serviço público — ou se trata? — a pretexto de combater a ineficiência e suprimir privilégios. Sem dúvida, os favorecimentos e as disfunções têm que ser enfrentados. Porém, a discussão quanto ao serviço público é eivada de armadilhas, das quais é preciso desvencilhar-se.

Interesses puramente mercantis — e, portanto, privatistas — atentos e fiéis às recomendações do Banco Mundial e do FMI vêm permeando, na América Latina, os embates em torno da reforma do Estado e da seguridade social. Uma coisa é combater o patrimonialismo que, historicamente, marcou a cultura político-institucional, postulando a recuperação do papel do Estado na gestão do interesse público, orientada pela busca de excelência na qualidade de serviços prestados ao cidadão. O que requer investimentos na capacitação e consolidação de quadros de servidores que estejam aptos a responder pela operação de agências governamentais articuladas em uma rede de apoio ao cidadão — titular de direitos civis, políticos e sociais — caracterizada pela qualidade e resolutividade dos serviços prestados. O que implica, evidentemente, combater a corrupção e a ineficiência. Outra coisa é a desqualificação do que se faz para justificar a redução de gastos em

---

des não previdenciárias, não sendo raros os casos em que os Tesouros locais não repassavam suas respectivas contribuições à entidade ou ao órgão gestor e mantiveram sob o mesmo abrigo contábil e financeiro benefícios assistenciais e previdenciários, financiados, via de regra, por contribuições estabelecidas por critérios políticos, sem o menor rigor técnico" (Gushiken et al., 2002: 19). "Era no setor público onde ocorria o maior número de aposentadorias precoces, acumulação de aposentadorias, acumulação de aposentadoria com salário de outro emprego, e onde era maior a duração dos benefícios e menor o prazo de carência (...) No serviço público, os diferentes regimes e critérios permitiam que alguns se aposentassem mais de uma vez e ainda voltassem a ocupar emprego público. A acumulação de aposentadorias — e estas de valor igual à remuneração da ativa — gerava os super salários (...) As tendências indicavam gastos com aposentadorias e pensões de tal magnitude, que inviabilizariam as administrações públicas, com a compressão dos salários dos trabalhadores da ativa e diminuição da disponibilidade de recursos para as políticas públicas locais" (Cechin, 2002: 14-17).

relação àquilo que, na realidade, não se quer fazer — entenda-se —, favorecendo o mercado.

Com efeito, será necessário suprimir privilégios, criar condições para maior eficiência dos serviços e rever velhas concepções em torno da constituição de *feudos* no interior do serviço público. Trata-se, pois, de qualificar o servidor público pelo concurso, pela carreira, pela avaliação de desempenho, pela política salarial, pela seguridade social, pela preservação de direitos adquiridos.

Sob tal perspectiva, a proposta de unificação de regimes — o do setor privado e o do setor público — terá que considerar os critérios que, até agora, vêm orientando a relação do servidor público com o seu trabalho e com a sociedade: o ingresso por concurso, a investidura em um cargo público com direitos e deveres estabelecidos em um estatuto da categoria, a participação na gestão de negócios de interesse público, a estabilidade do vínculo em face da alternância das coalizões governamentais, a ascensão por mérito na carreira.

A permissão de contratação de servidores públicos vinculando-os ao RGPS, conforme prevê a Lei nº 9.962/2000, submete-os às regras do setor privado, ou seja, instabilidade no emprego e redução de vencimentos na aposentadoria. De novo, contrapõe-se trabalhador a trabalhador e agora, sob condições frontalmente antiisonômicas, a pretexto de combater a desigualdade. E, em ambos os casos, sendo forçados a migrarem para a previdência complementar privada. No mesmo serviço público haverá trabalhadores estáveis com aposentadoria integral e trabalhadores instáveis sem vencimentos integrais na aposentadoria. A pretexto de combater a desigualdade entre os trabalhadores do setor privado e do setor público reafirma-se a desigualdade dentro do próprio serviço público.

É certo que os diversos regimes próprios municipais ou estaduais terão que submeter-se à revisão, sob o princípio da responsabilidade fiscal. E em alguns casos terá mesmo que ser redimensionada a contribuição previdenciária dos servidores ativos.[9] Mas, isso não significa compactuar com medidas tendentes ao confisco, seja pela redução dos benefícios, seja pela cobrança de contribuição dos inativos, até porque servidor público, ao con-

---

9. No caso da Prefeitura de São Paulo, os ativos contribuem com 8% de seus salários para a manutenção, exclusivamente, do sistema de pensões, através do IPREM (Instituto de Previdência Municipal). O pagamento das aposentadorias é de responsabilidade do tesouro municipal. Como demonstrado na Tabela 9, o Estado de São Paulo é o que tem a menor alíquota de contribuição previdenciária dos servidores ativos.

trário do empregado do setor privado, não dispõe da poupança compulsória representada pelo FGTS. Trata-se, no caso do FGTS, de uma reserva que, se não utilizada para outros fins durante o período laborativo, poderá complementar a renda na aposentadoria, o que tem sido argumento para a manutenção dos vencimentos integrais do servidor público, que não conta com aquela poupança.

Vale registrar, não obstante, que

"*Em vários Estados da União existe contribuição de inativos*, inclusive diferençada por faixa de renda. De acordo com o Relatório Anual da Previdência Social de 1999 (p. 764) a contribuição dos aposentados é de 3,5% em Minas Gerais, de 4 a 5% no Acre, de 5% na Bahia, de 6% em São Paulo, de 7,4% no Rio Grande do Sul, de 8% em Roraima, de 9% em Tocantins, de 11% no Rio de Janeiro, de 8 a 12% em Santa Catarina e Mato Grosso, de 11 (até R$ 1.200,00) a 20% no Amazonas, de 10 (até R$ 1.200,00) a 20% no Paraná e de 10 (até R$ 200,00) a 20% (acima de R$ 1.200,00) em Pernambuco. Não havia contribuições em Roraima, Pará, Amapá, Piauí, Ceará, Rio Grande do Norte, Paraíba, Alagoas, Mato Grosso do Sul, Goiás e Distrito Federal. Como existem ações na Justiça relativas a essas contribuições, a situação pode ter mudado. Alguns Estados (12) também impõem contribuições aos pensionistas" (Faleiros, 2000: 111-112) (itálicos meus).

Quanto aos funcionários ativos, as alíquotas de contribuições são as que constam, aqui, na Tabela 9.

O quarto argumento quanto ao impacto negativo de benefícios assistenciais sem base contributiva — o Benefício de Prestação Continuada —, nas contas previdenciárias é tributário da concepção de proteção social frente ao risco, reduzida à noção de seguro social, de qualquer modo dependente das oscilações do mercado em geral e do mercado de trabalho em particular.

Um dos avanços da Constituição Federal de 1998, representado pela inclusão da Assistência Social no elenco dos direitos sociais constitutivos da cidadania — compondo, com a Saúde e a Previdência, o Sistema de Seguridade Social — é visto por segmentos progressistas como *assistencialização*[10] da previdência e pelos liberais como agravante do *déficit*, a demandar aportes fiscais. No segundo caso, os argumentos não conseguem disfarçar a intenção restauradora do mérito individual como *garante* do acesso a serviços e

---

10. É desalentador constatar, mesmo nos governos de coalizões de centro-esquerda, o embate entre a afirmação e a recusa da Assistência Social como política pública provedora de bens e serviços no âmbito da seguridade social.

benefícios, sob a lógica mercantil. Há um discurso recorrente contra a incorporação da Assistência Social à Seguridade Social, como ocorreu com a Constituição de 1988. Trata-se da Assistência Social "pura e simples" (Lahóz, 2003: 35 ss) que — segundo os defensores da previdência reduzida a seguro — deve ser desmembrada da Seguridade Social, especialmente pelo fato de ser um benefício sem contribuição prévia.

Tabela 9

Contribuição previdenciária dos funcionários ativos nos Estados

Estado	Alíquota
Acre	9 (alíquota média)
Alagoas	11
Amapá	8
Amazonas	14
Bahia	11
Ceará	11
Distrito Federal	11
Espírito Santo	10
Goiás	11
Maranhão	9 (alíquota média)
Mato Grosso	8 (até R$ 260) e 12 (acima)
Mato Grosso do Sul	10
Minas Gerais	11
Pará	9
Paraná	10 (até R$ 1.200) e 14 (acima)
Paraíba	8
Pernambuco	13,5
Piauí	10
Rio de Janeiro	11
Rio Grande do Norte	8
Rondônia	8
Roraima	11
Rio Grande do Sul	7,40
Santa Catarina	10 (alíquota média)
Sergipe	10
São Paulo	6
Tocantins	11

Fonte: Ministério da Previdência, apud jornal *Folha de S. Paulo*, 19/5/2003.

Ora, o sistema de seguridade social brasileiro, malgrado tratar-se do que apresenta a maior cobertura social no continente latino-americano é "tão acanhado (...) composto apenas de três políticas sociais... e sem as necessárias unicidade e organicidade conceitual, institucional e financeira" (Pereira, 2000: 85).

Todavia,

"A expressão seguridade social implica uma visão sistêmica da política social e com este sentido foi inscrita na Constituição Brasileira de 1988. Ao adotá-la, a Carta consignou o entendimento da política social como conjunto integrado de ações, como dever do Estado e como direito do cidadão. Incorporou, assim, ainda que tardia e nominalmente, uma das grandes marcas do século XX. Pois, seguridade social é um termo cujo uso se tornou corrente a partir dos anos 40, no mundo desenvolvido e particularmente na Europa, para exprimir a idéia de *superação do conceito de seguro social* no que diz respeito à garantia de segurança das pessoas em situações adversas. Significa que a sociedade se solidariza com o indivíduo quando o mercado o coloca em dificuldades. Ou seja, significa que o risco a que qualquer um, em princípio, está sujeito — de não conseguir prover seu próprio sustento e cair na miséria —, deixa de ser problema meramente individual e passa a constituir uma responsabilidade social, pública. Por isso, a Seguridade Social, em países avançados, fica, de uma forma ou de outra, nas mãos do Estado. No Brasil, a intenção constituinte integrou as áreas de Previdência, Saúde e Assistência Social sob a rubrica da seguridade. Assim, sinalizou possibilidades de expandir as ações e o alcance das mesmas, consolidar mecanismos mais sólidos e equânimes de financiamento e estabelecer um modelo de gestão capaz de dar conta das especificidades que cada área possui, mantendo o espírito geral de uma proteção universal, democrática, distributiva e não-estigmatizadora" (Vianna, 2001: 173-174) (itálicos meus).

Então, é preciso resistir à tendência de dissociar a política social da política econômica e a seguridade social do mercado. A seguridade social não pode sucumbir às pressões em favor da *liberdade do mercado* em face dos constrangimentos — para este último — de ter que financiar e manter a seguridade social, especialmente em seu elenco de benefícios "não contributivos", pelo que representam enquanto mecanismos de transferência de renda para os mais pobres. Contributivos ou fiscais, os recursos constituem parcela da riqueza social, cuja gestão e distribuição deve responder a critérios de solidariedade, de universalidade e de justiça social, conforme a concepção de seguridade acima enunciada.

Segundo o ex-ministro José Cechin

GESTÃO DA SEGURIDADE SOCIAL

"evoluiu-se para o conceito de Previdência como seguro social (...) Previdência é de caráter contributivo, tanto no setor privado quanto no serviço público. O acesso a um benefício pressupõe o pagamento dos prêmios do seguro. O esquema que melhor implementa esta idéia é o modelo de capitalização individual do *estilo chileno* (...) Há muito por se fazer para que o sistema previdenciário siga de perto critérios de seguro social, que garantam o equilíbrio atuarial" (Cechin, 2002: 39-40) (itálicos meus).

Na realidade, houve um retrocesso. Reduzir a seguridade à previdência e esta a seguro implica passar a utilizar no seu âmbito todas as estratégias tipicamente mercantis, quais sejam: selecionar riscos de menor custo, recusar certos riscos como objeto de seguro, transferir riscos e prejuízos para o "segurado". Em suma, trata-se da substituição da seguridade pela incerteza em face do risco — ou seja, mais um risco —, prevalecendo o "salve-se quem puder", sob a égide da rentabilidade, no âmbito individual, sem as garantias de um pacto coletivo.

Quanto ao paradigma chileno, não adianta tergiversar:

"Contrariamente ao que se tem difundido, os dados mais recentes sobre a experiência da reforma no Chile, relativos ao ano de 2001, evidenciam fortemente a sua inadequação como modelo a ser seguido: o gasto público elevou-se em função do chamado 'custo de transição', a cobertura previdenciária reduziu-se, o custo administrativo previdenciário aumentou e o valor dos benefícios oscila de acordo com a flutuação do mercado financeiro, gerando incertezas. Além disso, no Chile, a alta concentração dos ativos previdenciários em mãos de poucas administradoras privadas está gerando oligopolização do mercado".[11]

Em outros termos,

"a solução chilena parece não ser a mais eficiente. Mas, com certeza, ela é caríssima e um meganegócio para o setor financeiro à custa do contribuinte".[12]

Definitivamente — a história já demonstrou à exaustão — aumento de estoque de capital não representa, necessariamente, melhoria de condições de vida e bem-estar social.[13]

---

11. Gushiken et al. (2002: 14 — nota de rodapé n. 6).

12. Schwarzer, Helmut. O "modelo chileno" vale o que custa? *Folha de S. Paulo*, 28/9/1997.

13. Ao analisar *Três modelos teóricos para a previdência social*, Miranda (1997: 49) conclui que: "é importante frisar que a adoção de um ou outro modelo tem *sérias implicações* sobre as formulações de política econômica *e, em especial, sobre os resultados a serem esperados de uma reforma no sistema*

Quinto argumento, a recorrente questão do déficit, na verdade o maior motivo declarado para a reforma, também é objeto de dissenso, desde a concepção até a base de dados.

Segundo o IPEA (2002: 15) o déficit foi de 13,3 bilhões em 2001, ou seja, 1,08% do PIB. Ocorre que o RGPS foi superavitário durante longo período, até 1995, quando se inicia a tendência de déficits.[14] De um superávit de R$ 16,6 bilhões em 1988, registrou-se um déficit de 9,1 bilhões em 1998 (Cechin, 2002: 14).

E a redução do déficit é apontada como efeito da reforma, combinada com outros fatores. Segundo Pinheiro (2001: 34), de janeiro a outubro de 2001, o déficit foi de 6,6% menor que o de 2000, considerada também a recuperação da economia no período, com maior massa salarial, base de arrecadação.

Afinal, a reforma reverteu a tendência de déficit? Há mais dúvidas — no máximo, projeções — do que certezas.

No caso da previdência do servidor público federal,

"a tendência é de decréscimo no déficit. Hoje, nós estamos no fundo do poço em relação à previdência do setor público. Para o futuro, considerando que não vai mais haver ingressos no sistema, a tendência é a diminuição do déficit. É lógico que isso ocorrerá em um período muito grande — a projeção se alastra até 2070. Mas, nesse período, que vai até 2015, o déficit fica mais ou menos estável, talvez crescendo um pouco, mas a partir daí deve diminuir" (Pinheiro, 2001: 40).

Já no Regime Geral de Previdência Social,

"as medidas implementadas proporcionaram a melhora na performance da arrecadação e o aprimoramento dos mecanismos de recuperação de créditos, além de ter condicionado a redução da taxa de crescimento da despesa para patamares

---

previdenciário. No modelo de Diamond, *uma migração do sistema Pay-as-you-go para o fully funded* poderia ampliar o estoque de capital da economia, mas não necessariamente ampliaria o bem-estar, pois poderia levar o sistema econômico a um estado de ineficiência dinâmica. Sob a perspectiva do modelo de Barro, essa reforma seria incapaz de ampliar o estoque de capital da economia, uma vez que os agentes privados compensariam por completo a redistribuição inter-geracional de riqueza promovida pelo governo. No modelo de Martins, por sua vez, uma reforma desse teor aumentaria a acumulação de capital, mas, não necessariamente ampliaria o bem-estar, pois nesse caso haveria um decréscimo nas heranças doadas. De qualquer forma, o incremento da poupança gerado no modelo de Diamond estaria amplamente superestimado quando contrastado com aquele obtido a partir do modelo de Martins" (itálicos meus).

14. Gushiken et al., 2002: 13 — nota de rodapé n. 5.

GESTÃO DA SEGURIDADE SOCIAL

inferiores aos observados anteriormente. Neste sentido, os resultados financeiros foram alterados de maneira consistente no curto e longo prazos, *revertendo a trajetória explosiva do déficit previdenciário. Hoje, pode-se dizer que o déficit do RGPS no curto prazo é relativamente controlável*, a depender principalmente de variáveis políticas, como o aumento do salário real para o salário mínimo, e macroeconômicas, como o ritmo de crescimento do PIB (...) a relação déficit/PIB apresentará, no período entre 2003 e 2005, uma queda em função do rápido crescimento esperado para o PIB. A partir de 2006, esta relação apresentará uma trajetória de crescimento, estabilizando-se em torno de 1,20% entre 2013 e 2021. Caso não houvesse reforma, o déficit chegaria a 3,6% do PIB no mesmo período" (Cechin, 2002: 25) (itálicos meus).

Portanto, registra-se uma tendência de reversão tornando *controlável* o déficit, embora *persistente*.

"a previdência social fechou o primeiro ano pós-reforma com um déficit de R$ 10,07 bilhões, equivalente a 0,9% do PIB. Este resultado foi considerado bastante satisfatório, pois estava sendo a primeira vez que o déficit, enquanto proporção do PIB, registrava queda em 5 anos. Contudo, em 2001, o déficit novamente aumentou (R$ 12,8 bilhões), representando 1,08% do PIB" (Marques, Batich e Mendes, s/d.: 11-12)

Todavia, põe-se em questão o próprio conceito de déficit utilizado pelo MPAS, enfocando setorialmente a previdência e não a seguridade social em seu conjunto. As citações que se seguem, embora longas, são fundamentais:

"Considerando esse conceito de proteção social (o da Constituição de 1988), *não seria apropriado calcular isoladamente as contas da previdência social*, tal como previsto na LRF. (...) seu resultado negativo é reflexo, antes de tudo, do desempenho da economia brasileira que, se voltasse a crescer e a gerar emprego junto ao mercado formal de trabalho, superaria rapidamente sua situação de déficit. Essa argumentação não desconsidera, entretanto, que em termos contábeis, seja apurado o resultado da previdência social. O que se estranha é o fato de o governo federal nunca se preocupar em *contabilizar e divulgar para toda a sociedade o resultado do conjunto da seguridade social*. Em 1999, por exemplo, ano em que a reforma foi aprovada e a previdência registrava um déficit equivalente a 1% do PIB, a seguridade social apresentava um superávit de R$ 16,3 bilhões, correspondendo a 1,7% do PIB. Em 2001, adotando-se o mesmo critério, o superávit da seguridade social aumentou para R$ 32,1 milhões, cerca de 2,6% do PIB" (Marques, Batich e Mendes, s/d.: 13) (itálicos meus).

"A Constituição de 88 determina que as contribuições sociais, ou seja, CONFINS sobre o faturamento das empresas, a CSLL — Contribuição sobre o Lucro Líquido, e de empregados e empregadores sobre a folha salarial devem se destinar exclusivamente para o financiamento da seguridade social que, no Brasil, congrega as ações de saúde, assistência e previdência social. A seguridade não inclui os benefícios propiciados a servidores públicos regidos por estatutos próprios. *Considerando essa definição, o Brasil teria um superávit da seguridade, não fazendo sentido falar em déficit da previdência".*[15] (...) O texto constitucional prevê, ainda, se necessário, a utilização de recursos do Orçamento Fiscal para completar o montante necessário ao financiamento do sistema, ainda que o Orçamento da Seguridade Social seja plenamente suficiente para arcar com o custeio dos seus programas fins. Assim, ao se falar no déficit ou superávit (...), *seria necessário considerar as receitas e despesas deste conjunto e não somente a arrecadação do INSS e as respectivas despesas com benefícios previdenciários e assistenciais..."*[16] (itálicos meus).

"Não existe déficit, porque tem de computar nas receitas as contribuições que foram criadas para isso. Se computar R$ 45 bilhões de COFINS, quase R$ 9 bilhões de Contribuição Social sobre o Lucro Líquido, já não há déficit. Em 2001, teria tido um superávit de R$ 34 bilhões na Previdência. Se computar ainda a contribuição da União que não é feita, aí é que *não tem déficit mesmo.* Tem que apurar isso. Se pegarem os desvios, dinheiro que foi para obras..." (Introini, 2003) (itálicos meus).

Se considerada em seu conjunto — setor privado e setor público — a seguridade é superavitária e estável. Em 2002 o superávit foi de 15 bilhões.[17]

Além da questão quanto ao conceito ou critério utilizado para contabilizar o déficit resta, de qualquer modo, impossível chegar a conclusão inequívoca sobre o comportamento dos benefícios e de que a tendência de reversão do déficit — se admitida — seja devida ao impacto da reforma ou se expressa o crescimento vegetativo da demanda — contida ou antecipada — de benefícios, em face de situações atípicas desde 1986: as novas regras de cálculo e de acesso a partir da Constituição Federal de 1988 com aumento de benefícios em 1992/93 e a "corrida à aposentadoria" de 1997 em face das expectativas quanto às mudanças que ocorreriam a partir de 1998. E, considerando-se as três categorias de demandantes de benefícios — os que já recebiam benefícios antes da reforma; aqueles em transição sob as regras anteriores; e os novos ingressantes sob as novas regras. Esperava-se mesmo pequeno impacto da reforma sobre os benefícios, no curto prazo. (Marques, Batich e Mendes, s/d.: 15-17).

---

15. *Seguridade e Desenvolvimento: um projeto para o Brasil.* ANFIP — Associação Nacional dos Fiscais de Contribuições Previdenciárias, Brasília, p. 14.

16. Idem, p. 24.

17. Marques, Rosa Maria (2003). *E se a Previdência não tiver déficit?* Seminário *A reforma da Previdência,* PT e Fundação Perseu Abramo. Maio/2003. www.cirandabrasil. Tavares, Laura (2003) *Não há déficit no sistema de Previdência. Folha de S. Paulo,* 22/6/2003.

GESTÃO DA SEGURIDADE SOCIAL

E parece que relativo sucesso pode ser constatado pelo lado do aprimoramento dos mecanismos de arrecadação, tais como: a retenção que consiste na cobrança de contribuições de empresas terceirizadas; o recolhimento de depósitos judiciais na Justiça do Trabalho; a renegociação da dívida de estados e municípios; os certificados da dívida pública como instrumentos de recuperação de crédito (Pinheiro, 2001: 29).

Entretanto, tão remotas quanto atuais, tão recorrentes quanto jamais superadas, recolocam-se as questões do desvio de recursos[18] e de sua má gestão, das fraudes e da sonegação. E não é surpreendente que, no encalço das propostas de reforma, reacenda a proposta de auditora externa do sistema.

A auditoria deve combinar-se, evidentemente, com medidas administrativas, judiciais e — quando for o caso — policiais para combater o desvio, a fraude,[19] a sonegação[20] e a evasão de recursos constitutivos do patrimônio coletivo da seguridade social.

Mas o principal desvio refere-se ao pagamento dos juros das dívidas interna e externa,[21] o que remete à busca de condições para a renegociação dos débitos, extrapolando a alegada crise da previdência.

Sexto argumento, quanto ao *impacto do fator previdenciário* há, igualmente, divergentes avaliações, como demonstrado a seguir.

A regra[22] de cálculo do valor dos benefícios, pós-reforma de 1998, é a seguinte: $Sb = M \times (Tc \times a: Es) \times (1 + Id + Tc \times a: 100)$

---

18. Mencionados com freqüência: a construção de Brasília, da Rodovia Transamazônica e da Ponte Rio-Niterói.

19. Para Antoninho Marmo Trevisan, auditor, há três pontos vulneráveis à fraude: o sistema eletrônico, o processo de concessão de benefícios e a sonegação pelas empresas.

20. Especialmente de grandes empresas e bancos.

21. Conforme admitido pelo Ministro-chefe da Casa Civil José Dirceu em Seminário do PT, referido na nota n. 17.

22. Fator previdenciário, estabelecido pela Lei nº 9.876 de 29/11/1999, é uma fórmula que considera os seguintes elementos: tempo de contribuição; alíquota de contribuição (0,31); idade e expectativa de vida do segurado, na data da aposentadoria (MPAS/SPS, 2. ed., 2002: 23).

Sb = salário de benefício

M = média dentre os 80% salários de contribuição apurados entre julho/94 e o momento da aposentadoria, corrigidos pela inflação

Tc = tempo de contribuição do segurado

a = alíquota de contribuição do segurado e do empregador = 0,31

Es = expectativa de sobrevida do segurado na data da aposentadoria, medida anualmente pelo IBGE, considerando-se a média única nacional para ambos os sexos

Id = idade do segurado na data da aposentadoria

Em face da resistência de segmentos do Congresso Nacional ao aumento da idade mínima para aposentadoria, na ocasião da discussão do projeto de reforma, o Executivo propôs — e, então, foi aprovado — o *fator previdenciário*. Do ponto de vista do governo, tratou-se de um grande avanço em favor do equilíbrio atuarial entre os benefícios e as contribuições. Do ponto de vista de organizações representativas de trabalhadores, o fator representa um confisco parcial do valor da aposentadoria, impondo perdas aos segurados, no caso do setor privado.

> "Esse fator prejudica os mais pobres e as mulheres, além de estabelecer em relação ao cálculo anterior um redutor de 30% nas aposentadorias, obrigando todos a trabalharem mais para garantir o mesmo nível de aposentadoria da lei anterior"[23] (...) O achatamento prejudica, principalmente quem começa a trabalhar mais cedo, o que ocorre com a maioria da massa trabalhadora. A alteração é profunda e afeta homens e mulheres. Só que as mulheres perdem mais, caso se aposentem após cumprir 30 anos de contribuição, tempo mínimo exigido, terão uma perda de até 50% do valor do benefício a que teriam direito. Serão obrigadas a renunciarem à justa aposentadoria e trabalhar pelo menos 10 anos a mais para recuperar o que está sendo retirado. Os homens também perdem muito. Mesmo que tenha cumprido os 35 anos de contribuição, exigidos como tempo mínimo, o trabalhador que tenha começado sua vida profissional aos 15 anos, aos 50 anos, tendo completado o tempo de contribuição, perderá 30% do valor no seu benefício. Para recuperar a perda terá que trabalhar mais 5 anos".[24]

Trata-se, portanto, de um redutor,[25] obrigando todos a trabalharem mais. Pelo fator previdenciário, com o aumento da expectativa de vida, cai o valor da aposentadoria. O fator impõe o adiamento da aposentadoria. A postergação significa que quanto mais velho o trabalhador mais ganha — em princípio — por menos tempo. E quanto mais novo se aposenta, menos ganha por mais tempo. Então, o aumento da longevidade é punido. Em outros termos, mais anos de vida com menos dinheiro no bolso. E a aposentadoria por tempo de serviço — e de contribuição, portanto — foi severamente desvalorizada.

---

23. *Presente e Futuro da Previdência Pública, Complementar e dos Servidores Públicos.* 10ª Plenária Nacional, CUT.

24. *Projeto de FHC impõe limite de idade e novo cálculo reduz a aposentadoria em 50%.* In: *Quem perde com a reforma*, CUT.

25. Ver, a propósito, o estudo de Penna (1999). Além de demonstrar as perdas para os segurados, o autor demonstra os efeitos lesivos para o próprio Estado.

GESTÃO DA SEGURIDADE SOCIAL

A introdução do fator previdenciário no cálculo da aposentadoria revela seu caráter perverso quando, além do confisco, parece estar longe de equacionar o problema que a motivou, uma vez que não há suficientes evidências de que se esteja em vias de obter o alegado equilíbrio atuarial, a despeito da redução dos futuros benefícios.[26]

É certo que "apesar de reduções de gasto diminutas nos primeiros anos, os gastos no médio e longo prazo após a aprovação da emenda são maiores do que se nada fosse feito". Todavia, vale destacar — de novo, o efeito perverso do fator — que os "ganhos" com a eliminação da aposentadoria proporcional e a postergação da aposentaria, então com salário integral, são neutralizados por um acréscimo ao valor médio dos benefícios de 42,86%. Além disso, a tentativa de implantar a contribuição dos inativos, derrubada por uma liminar no STF, inviabilizou judicialmente a referida cobrança até para alguns estados e municípios que já a praticavam. Ao contrário do que foi anunciado — maior ganho para quem postergar a aposentadoria —, o fator previdenciário implicará perdas da ordem de 40% quando aplicado na integralidade (após 5 anos do período de transição, portanto, a partir de 2004), em função da "elevadíssima taxa intertemporal com que as pessoas descontam valores futuros".[27]

Então, por que perverso? Porque impõe o confisco e posterga sem resolver o alegado problema, pelo menos na forma em que tem sido formulado e apresentado à sociedade por representantes do governo e pela *mídia* conservadora.

Sétimo argumento, a questão da modernização da gestão do sistema é outro ponto controvertido. Às declarações dos ministros do governo de Fernando Henrique Cardoso, acima enumeradas, é possível contrapor as preocupações do ministro do governo de Luís Inácio Lula da Silva:

"Pretendemos fazer uma análise profunda do gargalo tecnológico da DATAPREV. Para o tamanho das informações do INSS — são 21 milhões de benefícios e mais

---

26. Ver, a propósito, artigo de Nassif, Luís. *A síntese da reforma da Previdência*, em que demonstra as perdas decorrentes da utilização da "tábua da vida", argumentando que "o poço continuará sem fundo enquanto não se fizer um corte radical, implantando o novo sistema para quem entrar agora e aportando ativos para garantir o atual passivo previdenciário" e que a "grande revolução que está ocorrendo na Previdência é gerencial".

27. Oliveira (2000: 2). São constatações de um ardoroso defensor da reforma — Chico *Previdência*, o autor aqui citado, para o qual "trata-se de alterar a própria lógica de funcionamento, substituindo-se, pelo menos parcialmente, o inexoravelmente falido regime de repartição pelo de capitalização".

de 50 milhões de contribuintes, entre pessoas físicas e jurídicas —, a DATAPREV tem um parque tecnológico sucateado, funcionários mal remunerados e uma situação de relacionamento com o INSS tensa, por causa das falhas. Às vezes, as agências ficam duas horas sem sistema porque o sistema não agüenta a demanda nacional. Os bancos investem centenas de milhões de reais em informática para ter controle contra fraudes e mesmo assim são objeto de fraude. Esse tipo de investimento, no Ministério, não vem ocorrendo de forma sistemática".[28]

Ou seja, o sistema de processamento, nas condições aqui apontadas, favorece a fraude e não assegura a agilidade, a resolutividade, a confiabilidade e a transparência das informações.

E o próprio quadro de pessoal é insuficiente para a ação fiscal. Segundo a ANFIP (2002: 46-47),

"cada fiscal arrecada o equivalente a R$ 2,7 milhões por ano, segundo dados da Diretoria de Arrecadação e Fiscalização do INSS. Com a quantidade atual de cerca de 3.800 auditores fiscais, o resultado da ação fiscal — RAF — chegou a R$ 9,4 bilhões no primeiro semestre de 2002, quantia equivalente a cerca de 30% da arrecadação líquida total. Com 8 mil, o RAF poderia alcançar um montante duas vezes maior, contribuindo para a melhoria do equilíbrio financeiro do sistema".[29]

De qualquer modo, a perspectiva de realização de concurso para a contratação de 3.800 funcionários parece equacionar, ainda que parcialmente, o problema, considerando-se os dezoito anos decorridos sem qualquer concurso para ingresso no quadro de pessoal da Previdência Social.[30]

Admitindo-se a necessidade da reforma — ou de sua continuidade — quais seriam os parâmetros?

O que é possível depreender da análise da posição dos últimos ministros e outros integrantes da gestão de Fernando Henrique Cardoso, no âmbito da Previdência Social?

Segundo Waldeck Ornélas (2001: 12), o Brasil adotou um sistema de contas individuais "que não é escritural, e sim virtual. Implantou um novo método de cálculo do benefício previdenciário — o fator previdenciário, incorporando critérios atuariais ao sistema. E definiu que a previdência deve

---

28. Ministro Ricardo Berzoini em entrevista ao jornal *Correio Brasiliense*, 10/1/2003.

29. ANFIP (2002) *Seguridade e Desenvolvimento: um projeto para o Brasil*. Brasília, ANFIP — Associação Nacional dos Fiscais de Contribuição Previdenciária, 2002, pp. 46-47.

30. Conforme entrevista do ministro Ricardo Berzoini ao jornal *Correio Brasiliense*, 10/1/2003

ser para todos e continuar pública. A inserção na Constituição de um teto para contribuições e benefícios significa que não haverá privatização".

Virtual e não escritural? Escritural à brasileira. É o próprio MPAS[31] que informa que no modelo adotado "o valor do benefício guarda estreita relação com as contribuições realizadas que passam a ser capitalizadas escrituralmente conforme taxa que varia em razão do tempo de contribuição e a idade dos segurados". E argumenta que a *endogenização* da fórmula de cálculo deveu-se às restrições para se adotar, no Brasil, o modelo de capitalização escritural (um problema político em torno da taxa de capitalização a ser adotada em um país de elevados patamares de taxas de juros e um problema operacional relacionado à deficiência das informações cadastrais dos segurados para períodos extensos, a par da inflação da década de 1980 e da primeira metade da década de 90).

E o que é a capitalização escritural? É o modelo adotado na Suécia.

> "O sistema é muito simples, e tem por base a renda de toda a vida profissional. O Sistema funciona mais ou menos como uma conta bancária ou de poupança em um banco, no qual você tem uma taxa de contribuição definida, no caso da Suécia de 16% da renda. Você paga 16% de sua renda para o sistema, e as contas são nocionais, ou seja, o dinheiro que entra é usado para o pagamento de benefícios atuais do sistema de pagamentos progressivos. Por isso chamamos o sistema de nocional, porque há sempre um demonstrativo do saldo de sua conta" (Palmer, 2001: 27).

Trata-se, portanto, do modelo de *contas nocionais*, ou de *contas imaginárias* ou ainda de *contas individuais*.[32]

Para Pinheiro (2001: 39), no caso do servidor público, "a bomba está desarmada para o futuro", uma vez que estão equacionados *problemas de*

---

31. *Informe de Previdência Social*, MPAS, v. 11, n. 11, novembro/1999, pp. 2 e 3.

32. *Informe de Previdência Social*, *MPAS*, op. cit, p. 2. Segundo Oliveira et al. (1999: 63), "a idéia do atrelamento do valor dos benefícios ao valor capitalizado das contribuições efetivamente aportadas resolve uma série de problemas: reduz o chamado free-rider (o que recebe sem ter pago o custo correspondente), reduz ou elimina a evasão e dá transparência ao sistema. Por estas razões, alguns países — Noruega, Suécia, Itália e a cidade de Shangai — têm adotado, recentemente, *o que se convencionou chamar de capitalização virtual*. De forma geral, os recursos das contribuições presentes, bem como aqueles correspondentes ao reconhecimento de direitos, são apropriados às contas individuais, sendo então capitalizados contabilmente. Os fluxos financeiros continuam, entretanto, a financiar o regime de repartição, evitando-se o desfinanciamento que pode ocorrer na transição. Eventualmente, uma parcela dos recursos pode ser efetivamente investida no mercado" (itálicos meus).

fluxo (novos servidores ingressarão pelo RGPS; estatutários terão a previdência complementar em substituição à aposentadoria integral) mas ainda é necessário equacionar os *problemas de estoque* relacionados aos atuais ativos e aposentados: aumentar a contribuição dos ativos, cobrar contribuição dos inativos, penalizar os maus dirigentes conforme LRF, criar incentivos para desistência da aposentadoria integral e migração para o sistema complementar. De modo geral, seria necessário, segundo o autor: aprimorar o sistema do RGPS, acabar gradualmente com a previdência do setor público e desenvolver o sistema de previdência complementar.

José Cechin (2002: 52), o último ministro da gestão FHC, defende a seguinte agenda para a continuidade da reforma: revisão das alíquotas de contribuição; estímulo à postergação das aposentadorias por tempo de contribuição; especialização das alíquotas em financiamento de benefícios de risco (doença, invalidez, acidente e morte em serviço) e financiamento de benefícios programáveis (aposentadoria); revisão do acúmulo de benefícios ou de benefício e salário; separação do financiamento dos benefícios sem a suficiente contrapartida contributiva; revisão das idades da aposentadoria rural.

Ou seja, o que se preconiza é a unificação dos atuais regimes de gestão pública, o fortalecimento do seguro privado (inclusive, abrindo à concorrência a cobertura do seguro de acidentes de trabalho) sob o pretexto da renda complementar e, em suma, continuar impondo perdas aos trabalhadores urbanos e rurais: *trabalhar mais tempo* (idade mínima na cidade, revisão da idade no campo e postergação da aposentadoria), *pagar mais* (revisão de alíquotas de ativos, cobrança de inativos) e *reduzir os ganhos* (acabar com a aposentadoria integral; revisão do acúmulo de benefício e salário). E fica claro o *retrocesso na concepção de seguridade social* (separação dos benefícios que não tenham suficiente contrapartida contributiva).

Ora, a defesa da previdência social solidária, de gestão pública, democrática e universal significa muito mais do que ela é hoje: restrita cobertura e benefícios equiparados — para 65% dos beneficiários — ao salário mínimo que, sabidamente, está muito longe de ser suficiente para suprir necessidades humanas básicas e vitais para uma unidade familiar que não disponha de outras fontes de renda. E, dentre os argumentos em favor da reforma, o mais facilmente defensável é o que se refere à necessidade de expansão da cobertura.

A atual cobertura é de 39,9% da PEA (MPAS, 2002: 17), sendo de 77,3% a cobertura de pessoas com mais de 60 anos (IPEA, 2002: 15). Estão fora da

GESTÃO DA SEGURIDADE SOCIAL

previdência 40,2 milhões de pessoas, ou seja, 60% da população ocupada no setor privado (Cechin, 2002: 41). Deste universo de não filiados e que poderiam, em princípio, filiar-se, 11,3 milhões são trabalhadores por conta própria, domésticos e empresários e outros 7,5 milhões ganham mais de um salário mínimo, sem carteira assinada, nos setores de serviços, construção civil e agricultura (ibidem: 42).

Trata-se, portanto, de muito pouco para poucos. A maioria está fora do sistema previdenciário.

Na seção seguinte faço um cotejamento dos principais pólos do debate quanto à continuidade da reforma.

2. A polêmica pré-reforma de 2003

Após a posse do presidente Luís Inácio Lula da Silva, a mídia desencadeou um verdadeiro movimento pró-reforma ou continuidade da reforma realizada com a Emenda Constitucional nº 20/98, fazendo recorrentes menções ao próprio programa de governo, no qual a reforma previdenciária figura entre as prioridades.

Acusado de ser o "o maior ralo de dinheiro público do país"[33] ou de causador do "desequilíbrio das contas públicas"[34] o crescimento do déficit é o recorrente argumento em favor da reforma. E, de novo, o alvo é o chamado desequilíbrio atuarial do sistema,[35] seja pela queda do número de contribuintes em relação aos beneficiários inativos, seja pelos *privilégios* do sistema, seja pela incorporação à conta da Previdência de benefícios assistenciais não contributivos, seja, especialmente, pela aposentaria integral do servidor público. O foco é, sem dúvida, a aposentadoria do servidor público.

O Executivo encaminhou ao Congresso Nacional uma proposta de emenda à Constituição.[36] É possível identificar os pontos centrais da polêmica, a partir de declarações do ministro Ricardo Berzoini quanto aos principais aspectos da reforma preconizada pelo governo.

---

33. Reforma da Previdência: Quem vai pagar a aposentadoria dele? Exame, op. cit

34. Reforma da Previdência: ninguém quer largar o osso. Veja, op. cit

35. O equilíbrio seria alcançado pela equivalência do valor presente das contribuições ao valor presente dos benefícios (Conforme MPAS, 1999, op. cit, p. 4, nota de rodapé n. 6).

36. Janeiro de 2003.

A proposta consistia, inicialmente, em regime único para o setor privado e para o setor público, teto único, aposentadoria complementar por intermédio de fundos de pensões, contribuição de 20% sobre o faturamento e não sobre a folha salarial das empresas e regra de transição *pro rata*[37] e contribuição dos inativos. Mas a contribuição de inativos seria descartada em face da inevitável querela — de difícil superação — desencadeada quanto à argüição de inconstitucionalidade da medida.

Após a intensa polêmica que marcou o primeiro semestre de 2003 — incluindo-se as manifestações de servidores públicos contra o projeto de reforma, as pressões dos governadores, os recuos e reposicionamentos do governo federal —, o relatório final da comissão parlamentar definiu os seguintes pontos: aposentadoria integral desde que cumpridos os requisitos de 10 anos na carreira, 20 anos de serviço público, 35 (homem) e 30 anos (mulher) de contribuição e 60/55 anos de idade; benefício calculado pela média das contribuições para os servidores que não cumprirem exigências para a aposentadoria integral; teto de salários e aposentadoria de R$ 17.170,00 para a União; para estados e municípios, subteto salarial até o limite do salário do chefe de cada um dos três Poderes e, para o Judiciário Estadual, de 75% do salário do ministro do STF; teto de R$ 2.400,00 para novos ingressantes no serviço público e trabalhadores da iniciativa privada; aposentadoria complementar por meio de fundo de pensão; extinção da aposentadoria proporcional para servidores que ingressaram até 1998; idade mínima de 55 anos para a mulher e de 60 anos para o homem; pensões integrais até o valor de R$ 1.058,00 e desconto mínimo de 30% sobre a parcela excedente; fim da paridade e correção dos benefícios pela inflação para servidores que não cumprirem requisitos para aposentadoria integral; paridade parcial para aposentadorias integrais com correção restrita ao salário-base; contribuição com 11% de inativos atuais e futuros sobre a parcela de benefícios superior a R$ 1.058,00; alíquota mínima de contribuição de 11% para União, estados e municípios.[38]

---

37. Direito à aposentadoria integral para o tempo já trabalhado, sendo que o tempo restante seria igual à soma do tempo de serviço anterior à reforma dividido por 35 anos e do tempo de serviço posterior à reforma dividido por 35 anos.

38. Cf. a matéria: Como ficou o relatório da reforma da Previdência. *Folha de S. Paulo*, 18/7/2003. Já o texto votado em segundo turno apresentou as seguintes alterações: um redutor de ganhos para quem antecipar a aposentadoria, de 5% para cada ano até o máximo de 35%; aumento do subteto do Judiciário Estadual para 90,25% do salário do Ministro do STF; além das demais, exigência de permanência de 5 anos no último cargo, para aposentadoria integral; aumento de 70

Com a proposta de extinção da aposentadoria integral do servidor público, objeto de intensa polêmica, a noção de *direito* revelou-se inteiramente dependente da circunstância histórica que, ao contrapor interesses e cotejar posições na arena jurídico-política remete, inelutavelmente, aos próprios fundamentos da ordem econômica e social.

Ora, a questão da sustentabilidade do sistema previdenciário não se esgota na esfera do direito que, se por um lado, representa garantias sob a *tutela jurisdicional*, por outro não se desvencilha dos mecanismos fundamentais de reprodução e manutenção da ordem socioeconômica. Em outros termos, não é possível abstrair o direito da base material da sociedade. Não é outro o sentido da polêmica que opõe direito *presumido* a direito *adquirido* ou direito *acumulado* a direito *consolidado*, a pretexto de preservação ou de extinção da integralidade da aposentadoria. Está em questão, simplesmente, a irretroatividade da lei.

A insegurança no plano das relações econômicas expressa-se, então, no plano jurídico-político, na forma de instabilidade de regras, violação ou revogação de princípios constitucionais, esgarçamento da expectativa de direito como marca do Estado democrático. Trata-se, a rigor, da fragilidade de um contrato social à mercê das exigências da política econômica ou fiscal em vigor.

De novo, procura-se opor trabalhador — do setor privado — a trabalhador — do setor público.[39] E de nivelar por baixo os direitos sociais, crian-

---

para 75 anos da idade para aposentadoria compulsória a partir de 2012; teto de R$ 2.400,00 para futuros pensionistas e desconto de 30% sobre a parcela excedente; contribuição de 11% sobre a parcela da aposentadoria ou pensão (inativos) que exceder a R$ 1.200,00, no caso dos estados e municípios, e R$ 1.400,00, no caso da União. Para atuais servidores o teto de isenção, quando se aposentarem, será de R$ 2.400,00. O teto do INSS sobe de R$ 1.869,34 para R$ 2.400,00. *Os fundos de pensão a serem criados após a reforma serão fechados, públicos e com contribuição definida, ou seja, o beneficiário saberá quanto pagar, mas não quanto receber de aposentadoria.* Militares e policiais militares de todos os Estados terão, segundo o governo, projeto específico de reforma (itálicos meus). Cf. Como ficou a proposta, *Folha de S. Paulo*, 15/8/2003. No encerramento desta pesquisa, a proposta de reforma encontrava-se no Senado Federal para apreciação e votação.

39. Em favor da preservação da integralidade dos vencimentos, os *militares* arrolam as condições sob as quais exercem a sua função: dedicação exclusiva, disponibilidade permanente, transferências constantes, horas extras não-remuneradas, não pagamento de adicional noturno, ausência de FGTS, proibição de exercício de atividade profissional paralela, possibilidade de convocação na reserva, baixos salários na ativa, contribuição de 7,5% pelos inativos. Os *juízes*, por sua vez, apontam a carreira específica com limitações funcionais, o acúmulo de cargo somente pela docência, a proibição de filiação a partidos políticos, o impedimento de participar de sociedades comer-

do anteparos à elevação de custos para o capital, na forma de parcela do excedente econômico apropriada e gerida pelo Estado, pelos instrumentos fiscais, tributários e contributivos.

É o que procuro demonstrar, a seguir, estabelecendo um cotejo das propostas que comparecem ao debate. Tendo apresentado, em linhas gerais, a proposta de reforma, passo a discorrer sobre as posições identificadas no âmbito da imprensa conservadora e das organizações — de diferentes perfis — representativas de trabalhadores. No primeiro caso, foram selecionadas duas matérias — uma da Revista *Veja* e outra da Revista *Exame*. No segundo caso, arrolei as posições da Força Sindical, da Central Única dos Trabalhadores, da FENAJUFE (Federação Nacional de Servidores do Judiciário Federal), da ANFIP (Associação Nacional dos Fiscais de Contribuições Previdenciárias) e da UNAFISCO.[40]

A imprensa conservadora insiste no argumento da inviabilidade do sistema público de repartição, recupera o mérito individual — "cada trabalhador financia seu próprio futuro e recebe de acordo com suas contribuições" (Amaral e Barelli, 2003), como condição para a cobertura, segundo a lógica mercantil, defende o regime de capitalização e exige do Estado que faça a reforma e promova o "ajuste fiscal duradouro", de modo a "honrar compromissos, fazer cair o risco país, reduzir o juro interno, retomar o crescimento sustentado" (Lahóz, 2003).

Do ponto de vista do *mercado*, em outros termos, a reforma é importante para evitar o colapso fiscal do país; dar visibilidade de longo prazo às contas brasileiras; tirar o país da zona de risco de moratória da dívida; reduzir a avaliação de risco do país; abrir espaço para cortes nas taxas de juros; criar um ambiente mais favorável ao investimento; permitir à economia crescer sem causar impacto na inflação.[41]

---

ciais. Já os *funcionários da Justiça Federal* destacam o contrato de adesão no ingresso, as regras predefinidas, o exercício de funções com implicações sobre o jurisdicionado, a contribuição previdenciária sobre o total dos vencimentos e não sobre um teto, como no caso do INSS e, como exemplo, a situação dos oficiais de justiça que se sujeitam a riscos de vida para fazer cumprir as decisões judiciais (conforme *Folha de S. Paulo*, 14/1/2003, p. A-4; *O Estado de S. Paulo*, 17/1/2003, p. A-7; Teses aprovadas na Plenária da FENAJUFE — Federação Nacional de Servidores do Judiciário Federal, Agência FENAJUFE de Notícias, Brasília, 4/12/2002).

40. Nesse último caso, trata-se de artigo assinado por: Lisboa, Marco Aurélio de Freitas. *A reforma da Previdência e a nossa aposentadoria*. Publicado no *site* da organização www.unafisco.org.br

41. Cf. Otta, Lu Aiko e Murphy, Priscilla. Mercado aposta tudo na reforma da Previdência. *O Estado de S. Paulo*, 19/5/2003.

GESTÃO DA SEGURIDADE SOCIAL

Qual é a posição, por outro lado, das organizações representativas dos trabalhadores?

Segundo a UNAFISCO Sindical, a reforma tributária deveria preceder a reforma previdenciária, posição da qual compartilho inteiramente. O sistema tributário é concentrador de renda, onera a classe média e privilegia o capital com a "pouca tributação sobre o patrimônio e isenção do juro sobre o capital próprio". O alegado déficit da previdência precisa ser depurado de valores como despesas de pessoal. De novo, a proposta de reforma orienta-se pela lógica fiscal e do capital financeiro.[42]

Para a ANFIP (2002) o debate atual oculta o fato de a previdência pertencer à Seguridade Social. E os maiores problemas para a geração de receitas são as renúncias fiscais; as perdas de arrecadação; a sonegação fiscal pelo subfaturamento; o estoque da dívida previdenciária, cerca de 125 bilhões da dívida ativa em dezembro de 2001; a precarização das relações de trabalho; a queda da massa salarial ou a reduzida base de contribuintes regulares; a exclusão da proteção pela limitação da renda e pela imagem negativa da Previdência. Em face de tal situação, as condições para a manutenção do sistema seriam: aumento do número de contribuintes; maior estabilidade das relações de trabalho com o crescimento do assalariamento e regularização de contratos de trabalho; retomada do crescimento do PIB; revisão dos métodos gerenciais; fiscalização da arrecadação; revisão do regulamento de benefícios; garantia do caráter redistributivo; garantia de direitos sociais, sob pena de elevação da desigualdade já existente no Brasil. Para a ANFIP, portanto, a previdência pública é viável e o mais promissor mecanismo de articulação entre a economia e a sociedade para promover o desenvolvimento. Trata-se de resgatar o papel da seguridade, melhorando os serviços, concebendo a proteção social como núcleo da estratégia para a retomada do crescimento econômico.

A FENAJUFE (2002), com base em ampla análise do contexto latino-americano e brasileiro, em que se realiza a reforma, declara-se contrária à política de privatização, aponta o "declínio do neoliberalismo como saída para o impasse" da crise capitalista contemporânea e, afinal, reafirma os princípios da irredutibilidade salarial, da paridade entre ativos e inativos, do custeio parcial por empregadores privados ou estatais e da responsabili-

---

42. Segundo o Presidente da UNAFISCO Sindical — Sindicato Nacional dos Auditores Fiscais da Receita Federal, Paulo Gil Introíni, em entrevista à *Folha de S. Paulo*, 21/1/2003. O sindicato representa 16 mil pessoas entre ativos, aposentados e pensionistas.

dade integral e absoluta do Estado pela manutenção do sistema e pela garantia de um direito social coletivo. Postula, portanto, um sistema de previdência social público, único, sob gestão estatal — democrática e transparente — com participação dos representantes dos trabalhadores nos conselhos de administração, assegurada a integralidade dos proventos na aposentadoria.

Contestando recomendações do Banco Mundial e imposições do FMI quanto à Previdência nos acordos para concessão de empréstimos, a CUT (2002) preconiza uma previdência geral pública, de gestão paritária, com teto de 20 salários mínimos tanto para o setor privado quanto para o setor público e complementação através de fundos de pensão. Reitera o combate à sonegação e à renúncia previdenciária em favor das falsas "filantrópicas". Defende a gestão pública do SAT (Seguro de Acidentes do Trabalho) e questiona a proposta de fixação de idade mínima sem considerar realidades regionais e características do trabalho realizado. Propõe ainda a ampliação dos benefícios assistenciais. E, sob a perspectiva da defesa da Previdência Pública e Solidária, propõe a revogação da EC nº 20/98 e as leis subseqüentes da reforma.[43]

O quadro ao final do capítulo apresenta, de modo sintético, as diferentes posições quanto aos aspectos principais da polêmica.

O que depreendo da análise das manifestações aqui confrontadas? De um lado, a crítica ao sistema público de previdência social, acusado de *injusto* e *perdulário*, agora destacando o regime dos servidores públicos; a exigência de ajuste fiscal; a pressão para a desoneração do capital seja pela redução da carga tributária, seja para esconjurar pretensas ampliações do chamado "Custo Brasil" a pretexto de geração de novos empregos; a defesa da "competitividade"; a restauração da cultura do mérito individual; e a consonância com a lógica mercantil pela defesa do regime de capitalização. De outro lado, a defesa da previdência pública, de gestão democrática, propondo padrões e limites a serem observados no projeto de reforma, não restando, entretanto, suficientemente claras as posições quanto à proposta de regime único.

Passo, então, a problematizar os principais aspectos apontados. Não vou tratar de todas as questões até aqui arroladas, mas daquelas que consi-

---

43. *Previdência Social. Presente e futuro da Previdência Pública, Complementar e dos Servidores Públicos*. 10ª Plenária Nacional, CUT, São Paulo, 8 a 11/5/2002.

GESTÃO DA SEGURIDADE SOCIAL

dero mais importantes e que remetem aos fundamentos da seguridade social e da economia capitalista.

A primeira questão refere-se à privatização. Ora, desnecessário é lembrar que toda a reforma do Estado brasileiro, em curso, orienta-se por uma estratégia de progressivo e crescente favorecimento do mercado, que equivale à privatização. No Plano Diretor de Reforma do Estado, do governo FHC, no setor de atividades exclusivas (não lucrativas) ou monopolistas do Estado, figura a *previdência básica*. *Básica* em relação ao conjunto das operações da área, a serem crescentemente assumidas pelas entidades abertas e fechadas de previdência privada. *Básica* no sentido de se pagar um *mínimo* para pessoas cujos ganhos já são mínimos ou inexistentes: os trabalhadores de baixa renda com vínculo formal de trabalho filiados ao sistema e os idosos e pessoas com deficiências, não contribuintes, admitido, com relutância, o seu *direito* à seguridade social.

As baixas taxas de crescimento econômico, o desemprego estrutural,[44] a informalidade do mercado de trabalho, a não filiação ao sistema impossibilitando o aumento de arrecadação e mesmo a falta de credibilidade no sistema — agora agravada com a permanente ameaça de confisco pela reforma — são fatores que contribuem para incentivar, de fato, a privatização, a julgar pelo sucesso da previdência privada, como veremos adiante. O mercado pede flexibilização, desregulação e privatização. E há um evidente interesse dos bancos e seguradoras privados no estoque de recursos geridos pelos fundos de pensão que, por sua vez, apropriam parcela da renda dos trabalhadores a título de capitalização e formação de reservas para complementar a aposentadoria.[45]

O governo FHC parece ter afastado a proposta de substituição do regime de repartição pelo de capitalização individual privada, não por questão de princípio, mas pelos elevados custos da transição, tendo como modelos que não devem ser seguidos o Chile e a Argentina.

No caso do Chile questiona-se mesmo se teria havido efetiva privatização ou, em outros termos, quais foram os limites da propalada privatização, uma vez que "o Estado regula a demanda (através das contribuições compul-

---

44. Por oposição ao desemprego voluntário, friccional, temporário, ocasional ou sazonal.

45. Ver, a propósito, a matéria Lobby quer gerir pensão do funcionalismo, segundo a qual bancos e seguradoras criticam teto de R$ 2.400 e tentam influir na reforma do sistema complementar público. *Folha de S. Paulo*, 26/5/2003.

sórias), regula a oferta (supervisionando as AFPs), financia parte das pensões, administra e financia o antigo sistema" (Oliveira et al.,1999: 47).
No caso da Argentina,

> "há margem para acreditar que o sistema de previdência privada... venha a ter dificuldades para cumprir suas promessas de fornecer benefícios mais adequados e para mais pessoas do que um sistema público reformado poderia ter sido capaz de proporcionar a um grau de risco financeiro muito inferior. Mantida a tendência, provavelmente a Argentina *terá de proceder a uma reestatização* do sistema de fundos de pensão privados em momento futuro, assim que as questões mais prementes da estabilização macroeconômica tenham sido resolvidas"[46] (itálicos meus).

Então, as "soluções de mercado" têm tido resultados desastrosos não apenas por privilegiarem a rentabilidade e reproduzirem a desigualdade social, mas também por serem incapazes de honrar os próprios postulados e intenções retóricas. É um mercado "livre" que nada faz sem o Estado e que, mais que isso, quer o Estado cúmplice do *diktat* mercantil.

Reatualiza-se, destarte, a recorrente e velha questão quanto ao caráter do seguro — do ramo de seguros em geral no âmbito do mercado e não apenas da previdência social — na sociedade contemporânea: Qual o modelo que se postula?

> "o da solidariedade, onde o seguro significa proteção da vida, da saúde, dos bens dos cidadãos brasileiros e no qual há que se inserir a preocupação com o caráter social do seguro? Ou o do risco, onde o seguro antes de tudo é considerado investimento, mais um serviço financeiro prestado pelos grandes conglomerados? Ou uma combinação de ambos?[47]

Quanto à segunda questão concernente à unificação dos regimes,[48] além da relação entre setor público e setor privado, já abordada, terão que ser

---

46. IPEA (2002) *Previdência*. In: Políticas Sociais. Acompanhamento e análise. Brasília, ago. 2002, n. 5, p. 24. Ocorre que, segundo a mesma fonte, vem caindo o percentual de inscritos efetivamente contribuintes, de 55,3% em 1995 para 30,3% em 2001, o que inviabiliza o regime de capitalização individual.

47. Alberti et al., 1998: 296). É interessante, na introdução ao texto, a apresentação de duas concepções de seguro, aqui sintetizadas: a *anglo-saxã* (seguro marítimo — "navegação de longo curso" —, de mercado) e a *alpina* (seguro institucional, solidário, mutualista).

48. Mas, o governo desistiu da idéia de regime único, que não consta do relatório da comissão parlamentar concluído em meados de julho de 2003.

GESTÃO DA SEGURIDADE SOCIAL

equacionadas algumas bipolaridades como: filiados e não filiados, contribuintes e não contribuintes, condições para o homem e condições para a mulher, trabalhador urbano e trabalhador rural.

Regime único e universal, mas que respeite a diferença, sob pena de, ao "equalizar", reproduzir a desigualdade. Se se trata de consolidar o sistema de seguridade social brasileiro, então o desafio é ampliar a cobertura — pela inclusão daqueles que por falta de trabalho, por insuficiência de renda, por absoluta impossibilidade de contribuição prévia ou mesmo por desconfiança encontram-se fora do sistema —, aumentando o número de filiados e de contribuintes, o que remete à retomada do crescimento econômico e à ampliação das oportunidades de emprego.

A composição e o papel da família encontram-se em franca mudança, valendo ressaltar o protagonismo feminino — e não apenas na manutenção da coesão de famílias matrifocais —, pondo em questão as funções e efeitos econômicos do trabalho doméstico não remunerado e modificando o perfil do mercado de trabalho. Então, qualquer modelo que se venha a adotar terá que equacionar a *diferente* inserção da mulher nas relações de trabalho, sob *condições diferenciadas*, tais como a descontinuidade do vínculo, a maternidade, a condição cultural e histórica — longe de ser superada — de *cuidadora*[49] dos demais membros da família nas diversas condições (porque é criança, porque é idoso, porque está doente, porque é portador de deficiências, porque depende de *cuidados pessoais*).

Quanto à relação urbano-rural, é verdade que a vida no campo se *urbaniza* em vários sentidos como o acesso aos meios de comunicação, aos serviços, a hábitos de consumo. E é evidente a tendência de se trabalhar no campo sem viver ali confinado, morando no núcleo ruro-urbano, na agrovila, na pequena cidade. Isso está longe de significar condições de trabalho similares às da cidade, a não ser pela informalidade, pela precariedade do contrato, pela baixa remuneração e pela redução de oportunidades de trabalho em razão da mecanização da produção. Além de reproduzirem o que se passa na cidade no que diz respeito à precarização do trabalho, as condições laborais no campo são reconhecidamente mais deletérias, dependendo da inserção ocupacional e do "contrato". Então, assim como no caso do tra-

---

49. Na América Latina, especialmente no Peru, na Guatemala e na Bolívia, 20% dos lares — 1 em cada 5 famílias — são chefiados por mulheres. No Brasil, inúmeros estudos vêm apontando o crescente protagonismo feminino na gestão da família, a par da "feminização" da pobreza. Entre os idosos, a maioria é feminina, conforme o IBGE.

balhador urbano, terá que ser considerado o grau de exposição a riscos sociais, ambientais, ergonômicos, físicos, emocionais e, em suma, a qualidade de vida no trabalho.

Agora apontada como um fator de agravamento do alegado déficit, sob o argumento de que se trata de concessão de benefícios que não tiveram a devida contrapartida da contribuição prévia, a extensão da cobertura previdenciária ao trabalhador rural, por intermédio da criação do FUNRURAL em 1971, depois incorporado ao INPS, foi um significativo avanço da seguridade social brasileira.

> "o PRORURAL/FUNRURAL representou um múltiplo rompimento com os princípios do seguro social de padrão contributivo bismarchiano, que caracterizaram a história da previdência social na América Latina no século XX. Houve a ruptura com as noções de que: 1. a um benefício deve corresponder uma contribuição; 2. essa contribuição deve ser tripartite (segurado, empregador e Estado); e 3. o benefício resultante deve estar vinculado ao padrão de rendimentos pregressos do segurado. O próprio fato de o benefício ser de valor constante flat-rate, uma característica mais presente em paradigmas de proteção social universalistas, constitui uma inovação em relação à tradição brasileira e latino-americana em geral. Outro elemento diferenciador consiste no fato de que há, no programa, redistribuição de renda no sentido urbano-rural, contrarrestando, ao menos parcialmente, o subsídio rural-urbano implícito na forma de financiamento dos sistemas urbanos via contribuição sobre a folha salarial, cuja parcela patronal geralmente é repassada para os preços dos bens consumidos também na área rural".[50]

Então, trata-se de preservar, aprimorar e ampliar a cobertura previdenciária do trabalhador rural com recursos, se necessário, do orçamento fiscal, como parte de uma estratégia de distribuição mais justa da renda nacional.

A terceira questão — *piso* e *teto* — remete às condições de existência coletiva que se deseja preservar, aprimorar ou superar. Refiro-me a *padrões de vida* como expressão das relações sociais. Hábitos de consumo, graus de acesso a bens, recursos e serviços, condições de vida, longe de se restringirem a preferências, escolha pessoal e adesão seletiva, exprimem modos de ser socialmente determinados. Direitos são expressões de luta social e política, condensando as possibilidades e limites de pactos coletivos, sob deter-

---

50. Malloy (1976), apud Delgado, G. e Schwarzer, Helmut *Evolução histórico-legal e formas de financiamento da Previdência Social rural no Brasil.*

minadas condições históricas. Então, as noções de básico, vital, mínimo, razoável, máximo, excelente ou ideal, todas *adjetivas*, prestam-se a estabelecer os parâmetros para outras noções, estas sim *substantivas*, relacionadas às várias formas de apropriação de parcelas da riqueza social, das quais a renda é a mais inequívoca, nem por isso suficiente. São noções mutáveis, relativas, dependentes das condições objetivas em que se dá a produção e a apropriação de riqueza.

Integralidade (e não parcialidade), irredutibilidade (e não redutibilidade) e paridade (e não disparidade) são princípios de justiça social. Por que a aposentadoria tem que ser punida com a redução de renda? Por que o *tempo livre* tem que significar queda do padrão de vida, opondo ativos e inativos? Quem estaria impondo tais condições a quem?

Piso e *teto* não podem ser discutidos em si mesmos, fora das relações econômicas. Observa-se forte tendência em colocar a questão dos ganhos da aposentadoria no plano dos *privilégios*, para justificar o confisco geral, nivelando por baixo a pauta de direitos sociais. Por que a discussão tão intensa em torno da renda do trabalho, mas não quanto à do patrimônio e do capital? Aqui, seria justo compartilhar da posição da ANFIP de que a reforma tributária deve preceder a reforma previdenciária.

Admitindo-se um teto para o valor da aposentadoria do servidor público — o atual teto do setor privado é de R$ 1.561,00 e as propostas em debate oscilaram entre 10 e 20 salários mínimos, ou seja, R$ 2.400,00 e R$ 4.800,00[51] —, seria razoável considerar que 67,3% dos funcionários do Executivo Federal, já ganham abaixo do teto de R$ 2 mil.[52] Considerado o país como um todo, estima-se que 80% dos funcionários públicos já recebem abaixo de R$ 1.561,00 por mês, o teto do INSS.[53]

A CUT sabe que, ao propor um teto de 20 salários mínimos está assegurando salários integrais para a absoluta maioria dos trabalhadores do setor público. Está preservando, na realidade, o princípio da irredutibilidade salarial, estabelecido pela Constituição Federal.

---

51. Em julho de 2003 o salário mínimo era de R$ 240,00.

52. Cf. Balbi, Sandra. Aposentados levam 42% da folha da União. *Estado de S. Paulo*, 13/1/2003, p. A6. Segundo a mesma fonte, "só 1,5% dos servidores civis do Executivo receberam mais de R$ 8.500,00 mensais nos 12 meses encerrados em setembro passado", citando Sonoe Sugahara, do IPEA. E mil servidores ganham acima de 20 mil por mês, segundo Amaral e Barelli (2003: 36).

53. Caldas, Suely. Estados são maior obstáculo à reforma de Berzoini. *Estado de S. Paulo*, 12/1/2003, p.A4, citando estimativa feita pelo Partido dos Trabalhadores.

A quarta questão refere-se ao financiamento. Até aqui já apontei as discrepâncias quanto às bases de dados e diferentes concepções de *déficit*; reafirmei a concepção ampla de seguridade social, rebatendo o reducionismo do seguro atuarial; postulei o equacionamento do *piso* e do *teto* — e da integralidade — no âmbito das relações econômicas, destacando os parâmetros e limites também para os ganhos do capital,[54] compartilhando da concepção de que a reforma tributária deve preceder a previdenciária; e posicionei-me pela manutenção dos benefícios assistenciais, sem prévia contribuição, no âmbito da seguridade social financiados, se necessário, por recursos provenientes de outras fontes — fiscais ou parafiscais —, admitida para a previdência social a função de transferência de renda para os mais pobres.

Não há, portanto, como reduzir a questão do financiamento ao "desencaixe atuarial", à desproporção entre contribuintes e beneficiários, à oposição entre trabalhadores do setor privado e trabalhadores do setor público, ao aumento de contribuições e redução de benefícios e, em suma, a mecanismos de maior expropriação do trabalho. O que está em questão não é apenas o "equilíbrio atuarial" das contas da previdência, mas o equilíbrio e a coesão da própria sociedade com base em formas mais justas de apropriação e fruição da riqueza social.

Antes, porém, de expor as conclusões da análise até aqui empreendida, faz-se necessária a caracterização, ainda que em linhas gerais, da previdência privada complementar e de suas interfaces com o sistema público, como farei a seguir.

---

54. Tanto no plano nacional como no internacional. Para o âmbito internacional, considero atual, oportuna e pertinente a proposta do professor americano James Tobin, de 1972, de criação de um tributo sobre as operações de câmbio. "Tributar as operações de câmbio para penalizar a especulação, controlar o movimento de capitais de curto prazo significa fazer uma séria advertência política aos principais agentes econômicos e afirmar que o interesse geral deve prevalecer sobre os interesses particulares e a necessidade de desenvolvimento sobre a especulação internacional" (p. 12) "O economista americano Howard Watchell sustenta que seria preciso pelo menos três taxas para controlar o capital: além do tributo sobre as operações cambiais, um sobre os investimentos diretos no exterior e, por fim, um tributo internacional uniforme (ou 'tributo único') sobre os lucros. Ademais, é óbvio que o parasitismo financeiro não poderá ser estrangulado sem que se ataquem os mecanismos que o sustentam. O que está em jogo é o caráter sistêmico do processo de mundialização dos mercados financeiros, bem como os fundamentos rentistas dos mecanismos de apropriação e de transferência internacional do valor e da riqueza" (p. 15). Cf. Chesnais (1999).

3. A previdência privada complementar e a estratégia incrementalista de privatização

O que procuro demonstrar, por meio deste capítulo, é que a questão previdenciária é inapreensível fora dos processos, em curso, de busca de saídas para a crise da economia capitalista contemporânea. Assim, seria ingênua ou resultaria equivocada qualquer abordagem que dissocie a política da economia, a reforma do Estado da reestruturação produtiva, a seguridade social do mercado, o direito dos embates em torno do acesso a parcelas da riqueza social, o bem-estar social da competitividade mercantil. Como afirmei, na introdução ao capítulo, a polêmica em torno da reforma do sistema previdenciário remete, inelutavelmente, aos fundamentos do papel do próprio Estado em sua relação com a sociedade, pondo em questão a economia de mercado contemporânea.

Daí a necessidade de contemplar nesta análise a previdência privada, embora o objeto central desta pesquisa seja a previdência social pública, em um contexto em que se diluem as fronteiras entre o *público* e o *privado*, sob a argumentação de que o interesse público não se restringe à gestão estatal ou, em outros termos, *público* não é, necessariamente, sinônimo de *estatal*. Está em curso, com efeito, a privatização.

A propósito, a *Carta de Brasília* (1992),[55] expressão de um consenso no âmbito do mercado de seguros, é indicativa desse comprometimento, ao menos em nível retórico, entre interesse de mercado e interesse social, entre público e privado, ao postular o compromisso com a economia de mercado, "não o da liberdade cega e absoluta", mas o que leva ao "progresso socialmente justo"; as responsabilidades econômicas (proteção aos agentes produtivos contra os riscos ao seu patrimônio e investimento institucional) e sociais (melhoria da qualidade de vida, proteção à velhice, aos enfermos, aos inválidos, aos acidentados no trabalho e às famílias dos que morrem); a visão das reservas não como produtos financeiros, mas como recursos para a geração de empregos e melhoria do nível de vida da população; e a opção pela modernidade e por mudanças provenientes do próprio mercado e não do Estado.

Estão aí os pólos de uma contradição fundamental. Antes, porém, de problematizar as interfaces da previdência social com a previdência privada, irei caracterizar o sistema de previdência privada chamada *complementar*.

---

55. Apud Alberti et al. (1998: 261-262).

As informações que se seguem baseiam-se na legislação promulgada nos anos de 2001 e 2002 — recentemente, portanto — indicando o caráter tardio e pouco consolidado do sistema no Brasil,[56] cuja operação legal têm apenas 25 anos, admitindo-se como referência a Lei n° 6.435/77.

As operadoras da previdência privada complementar são as *entidades fechadas* — os fundos de pensão — e as *entidades abertas*. São fundações ou sociedades civis sem fins lucrativos, no primeiro caso e, no segundo, sociedades anônimas, bancos e seguradoras. O objeto das entidades operadoras é a administração e execução de planos de benefícios de natureza previdenciária sendo, no caso das entidades abertas, na forma de renda continuada ou pagamento único.

O regime financeiro é de capitalização no caso das entidades abertas, e de repartição simples, repartição de capitais de cobertura ou capitalização, no caso das entidades fechadas ou fundos de pensão.

Os fundos de pensão, conforme os planos de benefícios, classificam-se em: de plano comum, para todos os participantes e de multiplano, para diversos grupos de participantes com independência patrimonial. Quanto aos patrocinadores ou instituidores, os fundos podem ser singulares ou de multipatrocinadores.

No caso dos fundos de pensão, os sujeitos são:

- *Patrocinador*: empresa ou grupo de empresas ou a União, estados, DF e municípios.

- *Instituidor*: entidades profissionais, classistas ou setoriais (conselhos profissionais e entidades de classe, sindicatos, centrais sindicais e federações e confederações, cooperativas, associações profissionais, outras).

- *Participante*: a pessoa física que adere aos planos de benefícios.

- *Beneficiário*: o indicado pelo participante para gozar de benefício de prestão continuada.

- *Assistido*: o participante ou seu beneficiário em gozo de benefício de prestação continuada.

O plano de benefícios contempla as opções sumariadas no Quadro 13.

---

56. Não me refiro, evidentemente, ao mercado de seguros como um todo, cujas primeiras instituições e operações, no Brasil, datam do século XVIII. Ver, a propósito, Alberti et al. (1998).

GESTÃO DA SEGURIDADE SOCIAL

Na análise da legislação pertinente aos fundos de pensão procurei identificar os princípios que devem reger as operações da área, aqui arrolados em ordem diversa daquela em que figuram nos textos, ainda que não declaradamente como *princípios*. Os princípios são: transparência, acesso às informações, divulgação e visibilidade, gestão democrática, filiação facultativa, flexibilização na criação, profissionalização da gestão, autonomia em relação ao RGPS, atratividade, competitividade, base na constituição de reservas, prudência na gestão de ativos, equilíbrio financeiro e atuarial, ganhos de escala, economia de custos, diversificação nas aplicações, resseguro do risco maior, segurança, rentabilidade, solvência e liquidez.

Quadro 13
Planos de Benefícios

Entidades fechadas *(occupational pension)*	Entidades abertas *(private retirement provision)*
Conjunto de regras definidoras de benefícios de caráter previdenciário, comum à totalidade dos participantes ao fundo vinculados, com independência patrimonial, contábil e financeira. • Plano de benefício definido • Plano de contribuição definida • Plano de contribuição variável	• **Fundo de Aposentadoria Programada Individual — FAPI (*individual retirement accounts — IRA*)** — conta individual de poupança — criado em 1997 como alternativa ao plano tradicional — alega-se que não obteve adesão por falta de benefícios fiscais • Plano Gerador de Benefícios Líquidos — PGBL (similar ao 401-K norte-americano) — sem garantia de renda mínima, com escolha do perfil do risco • **VGBL — Vida Gerador de Benefício Líquido** — o cliente escolhe o valor da contribuição, o tempo de duração do plano, o tipo de fundo de investimento — os depósitos podem ser semestrais (mínimo de R$ 200,00) ou anuais (mínimo de R$ 1.000,00) — há 3 opções de aplicações: conservadora, agressiva, mais agressiva • **Plano de Previdência** — garantia de rendimento mínimo

É possível afirmar, portanto, com base no rol de princípios aqui apresentado, que o marco legislativo contém os principais traços do que seria a política de previdência privada complementar brasileira, no âmbito das entidades fechadas, ou seja, os fundos de pensão. Em se tratando de entidades abertas, os princípios são rentabilidade, baixo risco e menor volatilidade, que equivale a estabilidade.[57]

No caso dos fundos de pensão o órgão regulador e fiscalizador é a SPC (Secretaria de Previdência Complementar), do Ministério da Previdência e Assistência Social e, no caso das entidades abertas, é a SUSEP (Superintendência de Seguros Privados), do Ministério da Fazenda. Os instrumentos de avaliação são: demonstração contábil, auditoria atuarial, auditoria de benefícios e análise das hipóteses biométricas, demográficas e financeiras segundo padrões de razoabilidade ou de referência. Para as entidades abertas os instrumentos são: balancetes mensais, balanços gerais e, no caso das seguradoras, demonstrações financeiras com discriminação de atividades previdenciárias e de seguros.

E qual tem sido o desempenho da previdência privada complementar? Vejamos, primeiro, o caso das entidades abertas e, em seguida, as entidades fechadas.

As 60 entidades que operam na área gerem um estoque de capital da ordem de mais de 25 bilhões, apresentando uma variação anual de receitas em torno de 40%, nos anos de 2000 e 2001, conforme tabela nº 10 a seguir, com 10 milhões de filiados. O Bradesco é líder do segmento com 44% da receita total (Clapp, 2003: 49).

As razões para o avanço da previdência privada aberta são: a) macroeconômicas: fim da indexação, estabilidade da moeda, controle da inflação e maiores horizontes de investimentos; b) mercadológicas: entrada de novas empresas, mudanças na regulamentação, introdução de novos produtos, maior exposição nos meios de comunicação; c) institucionais: percepção de problemas no INSS por parte do público; primeira fase da reforma da Previdência Social aprovada pelo Congresso, segunda fase da reforma da Previdência em trânsito no Congresso (Bom Ângelo, 2001: 4-5).

---

57. Ou seja, "não são freqüentes os ganhos ou perdas em larga escala". Cf. o vice-presidente da Canadá Life, Sílvio Strauss Vasques, ao dar sugestões quanto à escolha de um produto. In: Clapp (2003: 48).

GESTÃO DA SEGURIDADE SOCIAL

Tabela 10
Desempenho da previdência privada aberta

Ano	Receita	Variação %	Carteira de investimento	Variação %	Reservas técnicas	Variação %
1994	670.382	56,6	3.017.627	17,3	1.600.676	44
1995	1.050.181	92,3	3.539.466	69,8	2.306.567	44,1
1996	1.397.918	33,1	4.637.091	31,0	3.133.717	35,8
1997	2.163.893	54,8	6.254.606	34,9	4.645.677	48,2
1998	3.185.200	47,2	8.376.350	33,9	6.965.447	49,9
1999	3.803.716	19,4	12.726.117	51,9	10.394.238	49,2
2000	5.326.660	40,0	17.142.853	34,7	14.837.463	42,7
2001	7.371.057	38,4	23.415.944	36,5	19.635.218	38,5
2002	6.083.354	23,9*	27.814.583**	33,40**	25.556.948	36,61**

Fonte: ANAPP — Associação Nacional de Previdência Privada (cf. Clapp, 2003: 46).
* De janeiro a setembro. Mesmo período de 2001.
** Até setembro de 2002. Percentual de crescimento em relação a setembro de 2001.

Desnecessário lembrar que o setor de seguros é parte do sistema financeiro, conforme o artigo 192 da Constituição Federal que estabelece: "O Sistema financeiro nacional, estruturado de forma a promover o desenvolvimento equilibrado do País e a servir aos interesses da coletividade, será regulado em lei complementar, que disporá, inclusive, sobre: (...) II — autorização e funcionamento dos estabelecimentos de seguro, resseguro, *previdência* e capitalização, bem como do órgão oficial fiscalizador" (itálico meu).

Das operadoras, 80% pertencem integralmente ou estão associadas ao capital estrangeiro, em movimento paralelo ao dos bancos de varejo e de investimento (Bom Ângelo, 2001: 4). Trata-se do processo de *financeirização* do seguro[58] e que responde — e articula-se — à tendência de oligopolização pelos grandes conglomerados financeiros, favorecida, no caso brasileiro, pela entrada de companhias estrangeiras, pela flexibilização da legislação, pela desregulação do mercado de seguros, pela quebra de monopólio do IRB (Instituto de Resseguros do Brasil), dentro da *estra-*

---

58. "... a atividade de seguros tem hoje uma identidade claramente vinculada ao setor financeiro e ao campo de investimentos", cf. Alberti (1998: 15). E mesmo no caso dos fundos de pensão, "a tendência é no sentido de que (...) sejam principal e unicamente investidores financeiros", cf. Jimenez (2001: 105).

tégia incrementalista ou *gradualista* do governo, em favor do mercado. (Alberti et al., 1998: 271, 272 e 291).

A tendência de concentração[59] não se restringe aos setores de bancos e seguros, mas estende-se ao setor de serviços, notadamente, publicidade, consultorias e serviços de informática, configurando a chamada economia de escala, em que o consumo deve ser massificado para que os preços sejam reduzidos (Alberti et al., 1998: 243).

A *revolução financeira* em curso tem, portanto, quatro traços fundamentais: a tendência ao declínio do banco comercial tradicional com o crescimento do mercado de títulos e valores; a internacionalização do mercado de capitais e do mercado de serviços financeiros; a desregulação financeira; e o fim da segmentação do mercado financeiro (Alberti et al., 1998: 241-242).

> "Atualmente, as instituições privadas mais poderosas do mercado financeiro mundializado são as instituições financeiras "não-bancárias". Este termo designa as instituições que não têm a responsabilidade de criação de créditos e podem se especializar exclusivamente na frutificação da liquidez que recolheram e concentraram em suas mãos. São as companhias de seguro, cada vez mais engajadas no seguro de vida e outros "produtos de poupança", *os fundos de previdência privada por capitalização (os fundos de pensão)* e os fundos mútuos de investimento, administradores de carteiras de títulos (mutual funds, bancos de investimento ou companhias de seguro). O enorme poder político e financeiro adquirido por essas instituições repousa em dois mecanismos. O primeiro, durante muito tempo mais comum nos EUA e no Reino Unido, é o recolhimento, no âmbito dos sistemas de previdência privada por capitalização, de contribuições patronais calculadas sobre o salário ou, então, de uma poupança forçada. O segundo (...) baseia-se numa combinação articulada da distribuição desigual da renda, com a diminuição do imposto sobre os rendimentos do capital e sobre as altas rendas, com o crescimento da dívida pública (...) comum a todos os países da OCDE (...) Estamos aqui frente a títulos que geram um rendimento financeiro, rendimento que não está associado a uma atividade específica como a do assalariado, do capitalista ou do funcionário público" (Chesnais, 1999: 24-25) (itálicos meus).

E quanto aos fundos de pensão?

---

59. No Japão e nos EUA prevalece o modelo segmentado entre bancos e seguradoras. Já na França, Inglaterra, Holanda e Alemanha há o modelo conjunto — *allfinanz* e *bancassurance* (banco-seguro) — em que bancos fazem *joint ventures* com seguradoras ou montam suas próprias seguradoras (Alberti et al., 1998: 242).

Os fundos de pensão ganham relevo no contexto da crise econômica e da polêmica em torno da reforma previdenciária, respondendo, simultaneamente, pela expectativa de se consolidarem como alternativa complementar à previdência social e como um dos instrumentos de "alavancagem do desenvolvimento". A propósito, da análise da literatura pertinente, depreende-se que os objetivos da previdência complementar poderiam ser expressos, em princípio, pela trilogia *poupança-investimento-emprego*.

E qual tem sido o desempenho dos fundos de pensão?

São 351 operadoras com cerca de 1,7 milhão de filiados responsáveis por uma carteira de investimentos da ordem de R$ 140 bilhões, com variação percentual anual em torno de 10%, no caso dos 10 maiores fundos.

Em face do esgotamento dos paradigmas de financiamento do investimento por intermédio de canalização de recursos externos por bancos públicos — grau excessivo de empréstimos — e da inflação, os "Fundos de pensão são os que, pouco a pouco, podem contribuir para essa rede, neces-

Tabela 11
Posição dos fundos de pensão
Agosto — 2001

Entidade	Investimentos		Participantes ativos	
	R$/bilhões	Variação em 12 meses (%)	Total	Variação em 12 meses (%)
PREVI	36.855	6,59	72.519	-2,74
SISTEL	9.073	10,49	46.556	6,54
PETROS	8.260	13,22	39.602	-0,14
FUNCEF	7.962	14,44	53.513	-1,92
Fundação CESP	5.258	11,53	21.453	-12,79
CENTRUS	3.751	-3,81	83	0
Itaubanco	3.493	16,09	37.319	4,99
VALIA	3.436	30,60	21.233	50,91
FORLUZ	2.409	13,91	11.343	-3,14
Real Grandeza	1.907	10,81	4.693	-4,24
10 Maiores	82.404	9,68	308.314	1,63
Total do sistema	139.453	8,62	1.708.058	3,37

Fonte: ABRAPP (cf. *O Estado de S. Paulo*, 23/10/2001, p. B4).

sária para canalizar os recursos dos investimentos. Mas, agora, a partir do reforço da poupança interna, em vez dos recursos externos ou da arrecadação inflacionária, para que essa complexa rede se complete" (Jimenez, 2001: 106).

Mas, qual é a situação dos fundos de pensão?

Dois episódios marcaram a história recente dos fundos de pensão: a intervenção na PREVI — o maior fundo de pensão brasileiro[60] — do Banco do Brasil por inobservância da legislação e a exoneração da secretária da Secretaria de Previdência Complementar, que desagradou os gestores, por divulgar a estimativa daquela Secretaria de um déficit de 12,7 bilhões de um conjunto de 86 fundos de pensão e sua impossibilidade de pagar aposentadorias já concedidas e benefícios a conceder.[61]

E qual é o impacto macroeconômico dos fundos de pensão? Ora, o montante de recursos da poupança previdenciária é pouco expressivo em relação ao PIB (13%). Segundo Rabelo (2001: 107 ss), trata-se de uma área estagnada e com pequeno crescimento[62] e a cobertura é muito baixa:

> "se olharmos só os participantes ativos dos fundos de pensão, veremos que, em 1997, menos de 2,5% da população economicamente ativa do país estava coberta por tal sistema. Pegando só setor formal (os empregados com carteira), notamos que a cobertura também não é expressiva, 7,5% da população economicamente ativa é coberta pelo sistema privado fechado de previdência".

E não há dados concretos sobre o impacto dos fundos de pensão no mercado de capitais, na provisão de capital de risco para a economia, no

---

60. A entidade tinha, no ano passado, 73.545 participantes ativos (contribuintes) e 68.484 assistidos (aposentados).

61. Cf. Fernandes, Adriana e Cristino, Vânia. Déficit dos fundos de pensão passa os R$ 12,7 bilhões. *O Estado de S. Paulo*, 9/5/2001, p. B12; Ciarelli, Mônica e Brandão Júnior, Nilson. Intervenção assume pela manhã e afasta diretores. *Estado de S. Paulo*, 4/6/2002, p. B3; Godoy, Leonardo. Solange volta a criticar fundos de pensão. *Valor Econômico*, 31/7/2001; Barbosa, Alaor. Desajustes mobilizam os fundos de pensão. *O Estado de S. Paulo*, 23/10/2001, p. B4.

62. Já no caso da Europa e dos EUA, "o desenvolvimento desses fundos está ligado à *'mercadorização' dos sistemas de aposentadoria* e de poupança salarial, bem como à ampliação dos mercados financeiros. Com efeito, eles necessitam de novos cotistas e/ou de obter rendimentos financeiros elevados, ainda que precisem diversificar seus portfólios em nível mundial, quer para maximizar sua participação no mercado ou minimizar os riscos. Ao final desse processo, os fundos de pensão acompanhados de outros investidores institucionais tornaram-se, portanto, os principais compradores e vendedores de títulos nos diferentes segmentos do mercado financeiro mundial (mercados de câmbio, de ações, de títulos públicos e privados, etc.), atores e beneficiários dessa desregulamentação e dessa liberalização financeiras. Cf. Chesnais (1999: 36-37) (itálicos meus).

mercado nascente de recebíveis imobiliários, nos empreendimentos turísticos (Rabelo, 2001: 113).

Rabelo (2001: 108) acredita na reversão da situação:

> "A poupança previdenciária cresce em cenário de estabilidade econômica, o maior inimigo dos fundos de pensão, de poupança previdenciária, é a conjuntura macroeconômica volátil. Um grande legado que o atual governo está deixando ao Brasil: uma política macroeconômica saudável, rigorosa, que tem, de fato, garantido a estabilidade, e é muito importante que os próximos governos atentem para a necessidade da estabilidade macroeconômica. Sem estabilidade, não poderemos ter crescimento sadio da poupança previdenciária no país".

De qualquer modo, "apesar de contribuir para o processo de acumulação de capital e crescimento econômico, a previdência não é capaz, em si de solucionar o problema da diminuição do ritmo de crescimento do produto" (Oliveira et al., 1999: 53). Ao contrário, o sucesso dos fundos de pensão depende do crescimento e da estabilidade macroeconômica.

É interessante destacar, finalmente, a propósito da relação entre os fundos de pensão e o desenvolvimento, que

> "fundos de pensão, abertos ou fechados, destinam-se a prover renda de aposentadoria a seus participantes e, portanto, seus investimentos devem ser feitos unicamente no interesse do participante (...) Obviamente, se eu tenho dois investimentos, com a mesma característica de risco e retorno, e um deles tem um impacto social mais positivo, aí sim, posso optar por esse investimento, dadas suas externalidades. Mas como gestor de fundo de pensão, *não posso me permitir sacrificar retorno de investimentos em nome de supostos efeitos sociais*" (Rabelo, 2001: 107) (itálicos meus).
>
> "entre dois projetos com a mesma rentabilidade, certamente podemos escolher o que tenha maior impacto social. Porém, *a rentabilidade é condição sine qua non para* que o fundo funcione e possamos participar do projeto. *Não há nenhum mal pensarmos em projetos que tenham impacto no desenvolvimento do país, e até podermos olhar essa possibilidade, desde que a rentabilidade seja adequada ao* perfil de um fundo de pensão. Estamos procurando diversos projetos que tenham esse perfil e acreditamos que temos um papel importante a cumprir" (Lustosa, 2001: 125-126) (itálicos meus).

Tecnicamente justificada, a busca de rentabilidade produz reféns e efeitos perversos entre os quais o de se ter que desculpá-la pelo descompromisso com o investimento produtivo e seu impacto no desenvolvimento e com a ressonância social. Ora, não se disse que a previdência complementar é instrumento de alavancagem do desenvolvimento?

Com as informações coligidas nesta seção 3, a par da análise empreendida nas seções anteriores, reiterei que as pressões pela reforma da previdência social respondem a uma estratégia de *mercantilização* da seguridade social, o que equivale dizer de um processo incrementalista de privatização.[63] Assim, a previdência se converte em *produto* a compor com outros *produtos* o portfólio de bancos e seguradoras no caso das entidades privadas ou passa a depender dos investimentos *rentáveis* — sem compromisso com o desenvolvimento social — no caso dos fundos de pensão.

De qualquer modo, num caso e noutro, pela associação — maior ou menor — ao capital internacional, pela observância às recomendações do Banco Mundial e do FMI e pela incorporação da experiência européia ou norte-americana, naquilo em que representam poder e sucesso no mercado de capitais. Qual poder? E que sucesso?[64]

Da análise até aqui realizada, posso depreender que a polêmica oculta e — ao mesmo tempo, conforme a posição adotada — revela interesses que extrapolam o sistema previdenciário público, dissocia a política da economia, reduz a concepção de seguridade social ao cálculo financeiro e atuarial, isola a questão do déficit do conjunto das questões relacionadas ao financiamento das ações do Estado, omite as exigências do Banco Mundial e do FMI, negligencia o caráter redistributivo das políticas sociais e representa mais uma forma de confisco aos trabalhadores, opondo os do setor privado aos do setor público. Em última análise, privilegia o capital, particularmente sua fração financeira, e expropria o trabalho.

A previdência é um campo de batalha de uma guerra maior. É inaceitável que seja imputada à previdência social, isoladamente, a responsabili-

---

63. A propósito, foi de 74,6% o aumento da captação dos planos de previdência privada no primeiro trimestre de 2003 em comparação a igual período de 2002 (cf. *Folha de S. Paulo*, 26/5/2003). Em outros termos, a proposta de reforma, antes mesmo de sua votação no Congresso Nacional, provocou uma corrida à previdência privada, que vem tendo crescimento acima dos 35% a 40%, média anual do setor (cf. ANAPP — Associação Nacional de Previdência Privada, in jornal *Diário do Nordeste*, 19/4/2003).

64. Ver, a propósito, o texto de Chesnais (1999:31 ss) sobre o poderio das instituições financeiras e sua perversa participação nos ataques especulativos que provocaram as crises cambiais de 1992 e 1993. Deles participaram: os maiores trinta bancos, os fundos especulativos especializados — *hedge funds* — dentre os quais a sociedade *Quantum Funds*, de George Soros, e *os fundos de pensão (investidores institucionais)* e os fundos mútuos de investimento "que decidem o resultado do conflito travado no mercado cambial, em detrimento dos governos e a favor do melhor meio de lhes impor suas exigências (...) o efeito desestabilizador sobre os mercados (de câmbio e de títulos) desencadeado por esses investidores institucionais é incomensurável".

GESTÃO DA SEGURIDADE SOCIAL

dade pela deterioração das contas públicas. O que está em crise é um modo de organização e gestão da vida social. O que está em jogo são os interesses de favorecimento da "competitividade" do capital em detrimento das políticas sociais.

A crise econômica é que determina as alegadas dificuldades da previdência e não o contrário. A previdência depende do crescimento econômico e do mercado de trabalho e não o contrário. Inaceitável, portanto, que o ônus da crise, agravada sob as políticas neoliberais, recaia sobre os funcionários públicos. E que o propalado déficit seja atribuído à não contribuição prévia do trabalhador rural ou dos beneficiários da Assistência Social, ao reajuste do salário mínimo que corresponde ao valor dos benefícios de dois terços dos segurados do setor privado ou ao reajuste anual das pensões dos demais segurados.

A reforma da previdência é necessária, mas está longe de ser solução para uma crise da qual é apenas uma das expressões. Qual reforma?

A que concebe a previdência como parte da seguridade social, expressão de um pacto coletivo e solidário e que, portanto, resiste à privatização. Que consolida o democrático Estado de Direito honrando compromissos e *respeitando contratos* com os trabalhadores. Que não impõe novas perdas aos segurados através de "fatores" de confisco. Que equacione piso e teto, parâmetros e padrões, iguais e diferentes, na esfera do direito social — portanto, na arena do interesse público — sem reduzir tudo a *produtos,* segundo a lógica mercantil, sabidamente reprodutora da desigualdade social.

Trata-se, portanto, de recolocar a questão nos termos que a história exige. História tecelã da trama social. Palco de lutas em torno de projetos para a humanidade. Testemunha e cúmplice dos embates em torno da produção e apropriação de riquezas materiais e imateriais.

Quadro 14
Posições quanto à reforma da Previdência Social — 2003

Aspectos do sistema	Posição do governo FHC	Posição do governo Lula	Imprensa conservadora		Organizações de trabalhadores				
			Veja	*Exame*	Força Sindical	CUT	FENAJUFE	ANFIP	UNAFISCO SINDICAL
Privatização	Inviável pelos custos de transição	Contra	A favor, citando Chile, Austrália e Suécia. Saída é implementar regime de capitalização.				Contra	Contra	Contra
Sistema público	A favor. Aprimorar o RGPS	A favor	Critica o sistema e afirma que não satisfaz nenhum dos seus objetivos. Sistema de repartição já não funciona mais.				A favor	A favor	Reversão das condições do RGPS (teto, fator, valor dos benefícios). Inclusão dos trabalhadores informais.
Gestão	Programa de Melhoria do Atendimento: modernização e informatização Programa de Estabilidade Social	Combate à fraude e à sonegação. Valorização dos servidores. Aumento da arrecadação. Contratação de 3.800 servidores. Modernização da DATAPREV Auditoria.			Gestão tripartite	Quadripartite paritária	Democrática e transparente com participação dos trabalhadores	Quadripartite Modernização Fiscalização Revisão dos métodos gerenciais. Banco de dados de livre acesso.	

GESTÃO DA SEGURIDADE SOCIAL

Aspectos do sistema	Posição do governo FHC	Posição do governo Lula	Imprensa conservadora		Organizações de trabalhadores					
			Veja	Exame	Força Sindical	CUT	FENAJUFE	ANFIP	UNAFISCO SINDICAL	
Regime único	Extinção gradual da previdência do serviço público	Abandonou posição inicialmente favorável			A favor	A favor. Mesmas condições para quem usa farda, toga, britadeira, giz ou bisturi	A favor			
Teto		10 salários mínimos			10 salários mínimos	20 salários mínimos		10 salários mínimos		
Piso								1 salário mínimo		
Direito adquirido		Reconhecimento do direito acumulado	Princípio democrático basilar: Sociedade só evolui quando elimina direitos adquiridos individuais em benefício da coletividade				Direito constitucional, adquirido no ingresso, individual, incorporado ao patrimônio		Respeito aos direitos adquiridos e às cláusulas constitucionais vigentes no ingresso no serviço público	
Integralidade	Contra	Contra	Contra. Cada trabalhador financia seu próprio futuro e recebe de acordo com suas contribuições	Ingressantes: aposentadoria igual ao valor capitalizado Atual: Problema é elite que recebe sem ter contribuído para valores altos		Até o teto de 20 salários mínimos	A favor da mesma remuneração da ativa na aposentadoria		A favor da manutenção	
Aposentadoria Complementar	Fomentar e desenvolver o sistema e incentivar a migração	A favor Através de Fundos de Pensões			A favor, em regime de capitalização: fechado e aberto	Fundos de pensão para complementar aposentadorias acima do teto				

Aspectos do sistema	Posição do governo FHC	Posição do governo Lula	Imprensa conservadora		Organizações de trabalhadores				
			Veja	Exame	Força Sindical	CUT	FENAJUFE	ANFIP	UNAFISCO SINDICAL
Contribuições	Revisão e aumento das alíquotas	20% sobre faturamento e não sobre folha salarial das empresas		Possibilidade de contribuições menores					
Contribuição de inativos	A favor	Inviável por ser inconstitucional e afrontar direito adquirido		A favor		A favor, para quem recebe mais de 20 SM	Contra		Contra
Paridade entre ativos e inativos	Contra						A favor da manutenção		A favor da manutenção
Fórmula de transição	Implantada com a Emenda Constitucional nº 20/98	Sistema de reconhecimento do direito acumulado Direito *pro rata*							Contra eliminação de regras transitórias
Idade mínima	Revisão das idades da aposentadoria rural Idade mínima para o setor privado			A favor		Contra. Considerar realidades regionais e características do trabalho realizado			
Financiamento	Separação dos benefícios sem a contrapartida contributiva	Aporte de recursos orçamentários complementares	Inevitável algum grau de desencaixe atuarial	"Fechar o ralo". Fazer a reforma, honrar compromissos, fazer cair o risco país, reduzir o juro interno, retomar crescimento sustentado		Combate à sonegação de empresas Contra isenções para bingos e falsas "filantrópicas"	Não exclusivamente por contribuições s/a folha salarial. Seguridade é fonte de poupança interna, chave para a política econômica.	Retomada do crescimento. Aumento do número de contribuintes. Estabilidade das relações de trabalho. Maior assalariamento. Fiscalização da arrecadação Combate à sonegação	Auditoria e ressarcimento de valores desviados Combate à sonegação, cobrança da dívida ativa e revisão de benefícios fiscais

Considerações finais

O Estado do Bem-Estar Social representou, historicamente, a forma mais avançada pela qual a sociedade capitalista buscou a regulação dos conflitos sociais em torno do acesso à riqueza. Tendo que responder, simultaneamente, pelas funções de acumulação e de legitimação do Estado capitalista, o *Social Welfare State* erigiu-se sobre consistente e duradoura institucionalidade democrática, consolidando a concepção de seguridade social como responsabilidade do conjunto da sociedade e não do indivíduo à mercê dos próprios riscos, dependente do mercado e tendo que equacionar a própria segurança como questão de mérito individual.

Entretanto, a ofensiva neoconservadora em torno da revitalização do ideário liberal restaurou o movimento que opõe Estado do Bem-Estar Social e economia capitalista. No caráter "paternalista" e "perdulário" do Estado do Bem-Estar Social estariam os motivos da propalada "crise fiscal" e os obstáculos à superação da crise capitalista de longa duração. Segundo o projeto neoliberal tratou-se — desde a segunda metade dos anos 1970 — de reduzir encargos sociais, rebaixar os custos da mão-de-obra, flexibilizar as relações de trabalho, reduzir os gastos — e o próprio tamanho — do Estado e promover as reformas da seguridade social. Em outros termos, desonerar o capital, sob o pretexto de retomar o crescimento, gerar empregos e superar a crise. O Estado do Bem-Estar Social que, após a Segunda Guerra, representou alternativa para a crise à luz do paradigma keynesiano, passa então a ser acusado de responsável pela crise. E, de fato, sucederam-se as reformas em vários níveis e tendências.

Entretanto, a concepção de seguridade social integra um modo de vida, tendo marcado a gestão pública na segunda metade do século XX, especialmente na Europa, ao compor o elenco dos direitos sociais constitutivos da cidadania, sob a égide de valores democráticos. E como a política não se dissocia da economia, continuarão os embates em torno das propostas de redução ou ampliação da cobertura social, como parte das responsabilidades da gestão pública, como demonstrado no segundo capítulo.

A chamada *terceira via*, suposta alternativa entre o liberalismo e o socialismo ou entre a social-democracia da *velha esquerda* e o neoliberalismo da *nova direita*, revelou-se, na realidade, cúmplice da estratégia neoliberal de compatibilizar o funcionamento do Estado com as novas exigências de acumulação, implicando em corrosão da esfera pública.

Com efeito, as estratégias para revitalizar o processo de acumulação, sob a reafirmação dos postulados liberais, conduziram à desarticulação do sistema de seguridade social e agravaram a desigualdade no contexto da *nova realidade da pobreza* ou das novas manifestações *da* questão social, dentre as quais destaca-se o desemprego, mas não foram capazes de suplantar a duradoura crise capitalista, em suas inúmeras expressões regionais ou nacionais.

Na América Latina, a filiação ao projeto neoliberal, cujas metas e estratégias se exprimem, de forma condensada, no *Consenso de Washington*, teve conseqüências deletérias ao agravar a desigualdade social no continente. Aqui, abaixo do Rio Grande, a onda neoliberal operou um premeditado esgarçamento da esfera pública, em favor do mercado, tendo um caráter regressivo no que respeita à perspectiva de ampliação e consolidação da cidadania. E parece ter se esgotado enquanto estratégia para a pretendida revitalização do sistema econômico, ao bloquear o crescimento e aprofundar a heteronomia, a dependência e a vulnerabilidade em face do capital estrangeiro.

A reforma da seguridade social nos países latino-americanos oscilou entre as *estruturais* em seus modelos substitutivo, misto e paralelo — pela privatização, em maior ou menor extensão, conforme recomendação do Banco Mundial — e as *não-estruturais* — preconizadas pela OIT e pela AISS. A reforma do Chile e, em menor medida, a da Argentina revelaram-se paradigmáticas tanto pelo suposto sucesso quanto pelas reais contradições e malogro — amplamente demonstrados — dos princípios e metas que regeram a privatização parcial ou total, em consonância com a *racionalidade do mercado*. E mesmo na concepção de mentores e ideólogos da reforma sintonizados com a lógica do mercado, a conclusão é de que se trata de experiências — a chilena e a argentina — a serem evitadas, pelas razões apontadas nos capítulos 3 e 4.

Revigora-se, portanto, a utopia da construção da unidade latino-americana, em torno da busca de uma estratégia global em face dos fundamentos da crise. E de articular um projeto supranacional, que não seja circunscrito à liberalização comercial e às pautas econômicas comuns. Mas que consolide o intercâmbio cultural e a defesa comum das riquezas e belezas naturais, ressaltando-se a construção social do meio ambiente como patrimônio coletivo.

A radical revisão dos modelos econômicos concentradores de renda — em seus inapeláveis custos sociais — constitui exigência impostergável de um projeto latino-americano pautado na conquista da democracia política, cultural, ambiental, social e econômica nos âmbitos locais, regionais, nacionais e nas relações internacionais. A democracia não é — e a história o demonstra à exaustão — compatível com a ditadura do mercado, onde quer que este tenha sua sede ou matriz.

Trata-se de inserir o combate à desigualdade social no centro das agendas nacionais, pondo em questão as políticas macroeconômicas, de modo a reverter a tendência de alijar crescentes segmentos populacionais da arena cidadã. E de restabelecer o papel social do Estado, instrumento privilegiado na realização de tal projeto, pelo qual se preconiza a superação das debilidades de uma democracia — a latino-americana —, pródiga de avanços no plano político, mas que não chega a converter-se em efetiva condição social e econômica.

Admitida a necessidade da reforma latino-americana — especialmente no que concerne à ampliação da cobertura, o que equivale dizer, democratização da seguridade social —, trata-se de postular a garantia de proteção social como direito humano fundamental. E de pugnar por uma seguridade socializada na cobertura, na gestão e no financiamento.

No contexto da *mundialização,* as grandes decisões são urdidas pelas corporações transnacionais — sob a hegemonia do capital financeiro — em uma esfera que suplanta as fronteiras de qualquer Estado nacional. Mas, o Estado continua sendo palco de disputas em torno de decisões que, no plano da vida nacional, criam as condições para a revitalização do capitalismo em escala *doméstica,* sob determinações supranacionais. E a gestão social é politicamente estratégica para a legitimação e sustentação do processo de acumulação e concentração de riqueza.

Arena contraditória de mediação das relações sociais, *lócus* de luta social, expressão de interesses em confronto, o Estado não se separa da economia. A abordagem do Estado, circunscrito à superestrutura social e, portanto, dissociado das relações de produção, obscurece a realidade que se quer compreender.

Não é possível equacionar a questão social, de modo circunscrito à esfera do Estado. Trata-se de tomá-los, Estado, sociedade civil e mercado, como totalidade da vida social, no interior da qual são forjados as relações de produção e os modos de apropriação da riqueza social.

Então, a política social, enquanto arena de confronto de interesses em torno da gestão dos conflitos distributivos e do acesso à riqueza social, remete, inapelavelmente, a pensar o conjunto da sociedade e não apenas a parcela do excedente econômico apropriada pelo Estado, na forma de tributos e contribuições, constitutivos do fundo público, convertido em políticas sociais.

No Brasil, o marco legal do terceiro setor, da filantropia e das organizações sociais estabelece uma esfera em que as ações do Estado mesclam-se com as ações de instituições privadas. Estabelece-se um hibridismo nas relações entre o estatal e o privado, em favor da gestão progressivamente privatizada da oferta de serviços de interesse público.

Os serviços da área da saúde, sob o modelo privatista de gestão, já vêm sendo convertidos, há muito tempo, em *produtos* a compor a carteira de ofertas de *planos de saúde*. A trajetória do SUS — que está longe de consolidar-se — se faz pelo confronto e intercomplementaridade com o crescimento do setor privado, concebido como sistema supletivo, segundo a Constituição Federal. A investida mercantilizante contra a previdência social — de forma mais incisiva — é uma tendência que se acentuou na década de 1990 no contexto das reformas neoliberais. Ao comporem um conjunto de serviços e benefícios absolutamente indispensáveis, saúde e previdência representam maiores atrativos para a esfera dos negócios, sendo mais suscetíveis à regulação e aos interesses mercantis.

Já a Assistência Social dispensada aos *excluídos do mercado* converte-se — no espaço de um outro *mercado* — em *moeda política, território da solidariedade* ou *expressão do bem*, sem constituir atrativo para o mercado, em face de um público *consumidor não pagante*, impossibilitado de responder pela *contribuição prévia*. Mas, a assistência desenvolveu-se, historicamente, no âmbito privado, ainda que altamente fomentada pelo Estado, na forma de renúncias fiscais, isenções, subvenções e auxílios. E os serviços sócio-assistenciais são prestados mediante a celebração de convênios entre o poder público e as organizações sociais privadas, com base em um modelo misto de

GESTÃO DA SEGURIDADE SOCIAL

gestão — que supõe contrapartida de recursos —, ainda que sob a gestão político-programática do Estado.

Justamente no contexto histórico em que ganhou expressão o movimento sociopolítico pela inserção da Assistência Social no elenco das políticas públicas — Assistência Social de interesse público e, portanto, na esfera da política — recrudesce a tendência privatizante em relação à saúde e à previdência, no interior da contra-reforma social que marcou a década de 1990.

A esfera pública, *locus* de lutas pela cidadania, sob o critério do acesso igualitário e universal, é privilegiada em relação a qualquer outra para o equacionamento da seguridade social. E é preciso resistir à reforma conservadora, desencadeada imediatamente após a promulgação da Constituição Federal de 1988, ocasião em que o então presidente José Sarney, abrindo caminho para as medidas regressivas que se sucederam, bradou: *Esta constituição torna o país ingovernável.*

A organização, a mobilização e o fortalecimento da sociedade civil — na qual se confrontam diferentes projetos societários — constituem exigência do processo de democratização da sociedade brasileira. Mas as iniciativas de organizações sociais privadas, em suas diversas expressões, não substituem o Estado na primazia da responsabilidade intransferível quanto às políticas de seguridade social. Não há razões para supor que uma *Welfare Society* venha a se consolidar por oposição ou como alternativa ao *Welfare State,* até porque este não chegou a configurar-se no Brasil.

É preciso, pois, resistir à despolitização da gestão social, convertida em objeto da solidariedade, sob a polissêmica noção de *terceiro setor*.

Exigência do processo de democratização da sociedade brasileira, a municipalização continua a impor-se como estratégia de resistência à cultura autoritária e centralizadora. O embate em torno da reforma tributária em pauta no Congresso Nacional em meados de 2003 — opondo as três esferas de governo em torno da disputa por parcelas da arrecadação tributária — dá a medida da complexidade da questão, evidenciando uma vez mais as debilidades do sistema federativo brasileiro.

Trata-se de pôr em questão, a partir dos poderes locais, as políticas macroeconômicas, os projetos de desenvolvimento e o caráter da reforma do Estado, conduzidos pelo poder central. E de resistir às várias estratégias de desobrigação da União e dos estados quanto às políticas sociais.

A defesa da previdência social significa preconizar muito mais do que ela é hoje: restrita cobertura e equiparação da maioria dos benefícios ao salário mínimo. O principal desafio é a ampliação da cobertura.

É preciso contrapor a concepção ampla de seguridade social ao reducionismo do seguro atuarial. A gestão da previdência social tem que ser equacionada no âmbito das relações econômicas, destacando-se os parâmetros e limites também para os ganhos do capital, em face da responsabilidade de financiá-la. E a manutenção dos benefícios assistenciais, sem prévia contribuição, requer recursos provenientes de outras fontes, reconhecendo-se para a seguridade social a função de transferência de renda para os mais pobres. Contributivos, fiscais ou parafiscais os recursos constituem parcela da riqueza social e sua gestão e distribuição devem responder a critérios de universalidade e de justiça social.

Não há, portanto, como reduzir a questão do financiamento ao "desencaixe atuarial". O que está em questão não é o "equilíbrio atuarial" das contas da previdência, mas o equilíbrio e a coesão da própria sociedade com base em formas mais justas de apropriação e fruição da riqueza social. A alegada crise do sistema previdenciário é reflexo da *financeirização* da economia, do privilegiamento do capital especulativo, do descompromisso com o investimento produtivo, da recessão econômica, do desemprego, da informalização do trabalho, da redução da massa salarial, da queda de arrecadação, do desvio de recursos para pagamento dos juros das dívidas interna e externa.

O discurso dos privilégios — que têm mesmo que ser combatidos na previdência social e fora dela — que implicou até a equiparação entre o juiz e o cortador de cana, exerceu forte impacto sobre a opinião pública carreando apoio à reforma. Mas mascarou as reais dimensões da crise, postergando o seu enfrentamento. A crise é da economia capitalista. O que está em crise é um modo de gestão da sociedade contemporânea.

A reforma de 1998 e a proposta de sua continuidade em 2003 — como espero ter demonstrado no quinto capítulo — ocultaram e, ao mesmo tempo, conforme a posição adotada, revelaram interesses que extrapolam o sistema previdenciário público em favor dos negócios privados; dissociaram a política da economia; reduziram a concepção de seguridade social ao cálculo financeiro e atuarial, concebendo como avanço o que, na realidade, é retrocesso; isolaram a questão do déficit do conjunto das questões relacionadas ao financiamento das ações do Estado; subordinaram-se às exigências do Banco Mundial e do FMI; negligenciaram o caráter redistributivo das políticas sociais e representaram mais uma forma de confisco aos trabalhadores, opondo os do setor privado aos do setor público. Mas agradaram e *tranqüilizaram* o mercado.

GESTÃO DA SEGURIDADE SOCIAL

A ampliação da cobertura previdenciária depende da recuperação do crescimento econômico, da geração de empregos, do fomento à filiação ao sistema e do aumento do universo de contribuintes ativos. Porém, o seu financiamento não pode restringir-se a recursos provenientes do orçamento da seguridade social — do trabalho e do consumo, portanto — mas exige a participação de recursos do orçamento fiscal, com base na tributação de outras parcelas da riqueza social como o grande patrimônio, a renda, a grande fortuna, o capital financeiro, o latifúndio. Daí o entendimento de que a reforma tributária — sob o princípio da progressividade — deveria preceder qualquer reforma previdenciária.

Na resistência à tendência de converter tudo em mercadoria, ganha novo alento a luta cultural em defesa de valores democráticos pela crítica social e pelo resgate da política no âmbito da qual se equacionam condições sociais de existência, sob critérios de justiça social.

Em suma — e aqui retomo a proposição final do primeiro capítulo — ocupar-se da gestão social contemporânea, no âmbito da política social, supõe o diálogo com as vertentes do pensamento social crítico em torno da construção de estratégias para o enfrentamento dos fundamentos da crise capitalista, de modo a subordinar a atividade econômica ao bem-estar social dos cidadãos. O que, inelutavelmente, põe em questão as formas contemporâneas de geração e apropriação de riqueza.

Trata-se, também, de refinar nossas capacidades de produção intelectual e de crítica social para consolidar, na esfera da cultura em geral e da cultura profissional em particular, um projeto ético-político pautado em valores democráticos e identificado com os anseios populares, como o que vem marcando a trajetória do Serviço Social brasileiro nas duas últimas décadas.

Impõe-se, destarte, o questionamento da socialidade burguesa, submissa ao mercado, em sua presunção de ser a expressão última e acabada das possibilidades da vida em sociedade. E de reconhecer no trabalho humano — ou seria o labor, o inesgotável ato de criar? — o modo privilegiado de transformar a natureza, mudar o mundo, gerar riquezas, ganhar a vida, humanizar as pessoas, sem capitular ao rentismo, à especulação financeira, ao entesouramento perdulário, ao colonialismo e à apropriação espúria do bem coletivo.

Bibliografia

ABRAHAMSON, P. (1992). *Welfare pluralism: para um novo consenso na política social européia?* Traduzido por Potyara A. P. Pereira. Brasília, NEPPOS/CEAM/UNB.

AIQUEL, Pabro (2000). Um presidente "bolívar" para a Venezuela. *Le Monde Diplomatique*, n. 20, Portugal. Editora Campo da Comunicação.

ALBERTI, Verena (coordenadora); LEOPOLDI, Maria Antonieta Parahyba; MOTTA, Marly Silva da; SARMENTO, Carlos Eduardo e COSTA, Ricardo Cesar Rocha (1998). *Entre a solidariedade e o risco: história do seguro privado no Brasil.* Rio de Janeiro, FUNENSEG — Fundação Escola Nacional de Seguros e Fundação Getúlio Vargas.

ALVAREZ, A. (1994). *Diseño de Bienestar social: um enfoque estratégico.* Colômbia, CNTS/ALAETS/CELATS.

AMARAL, Luís Henrique e BARELLI, Suzana (2003). *Começou mal a reforma da previdência.* Veja, São Paulo, n. 3, edição 1786, 22/1/2003.

ANTUNES, Ricardo (1995). *Adeus ao trabalho?* São Paulo, Cortez Editora.

ARELARO, Lisete Regina Gomes (1999). A municipalização do ensino no Estado de São Paulo: antecedentes históricos e tendências. In: *Municipalização do ensino no Brasil.* Belo Horizonte, Editora Autêntica.

BALBI, Sandra (2003). Aposentados levam 42% da folha da União. *Folha de S. Paulo*, 13/jan. p. A6.

BARR, Nicholas (1998). *The Economics of the Welfare State.* Grã-Bretanha, Oxford University Press.

BASTOS, Celso Ribeiro (2001). *Curso de Direito Constitucional.* São Paulo, Saraiva.

BEHRING, Elaine Rossetti (2003). *Brasil em tempos de contra-reforma. Economia e Estado nos anos 90.* Tese de Doutorado. Rio de Janeiro, UFRJ.

BIONDI, Aloysio (1999). *O Brasil privatizado. Um balanço do desmonte do Estado.* São Paulo, Ed. Fundação Perseu Abramo.

BLAIR, Tony & SCHROEDER, Gerhard (1999). *Europe: the third way — Die neue mitte.* IEDM — Montreal Economic Institute. Disponível em www.iedm.org

BOM ÂNGELO, Eduardo (2001) Previdência Privada Aberta, uma alternativa para o país e para o consumidor. *Economia em Perspectiva.* Carta de Conjuntura, São Paulo, n. 175, CORECON-SP.

BORON, Atílio (1994). *Estado, capitalismo e democracia na América Latina.* Rio de Janeiro, Paz e Terra.

BOSCHETTI, Ivanete (2003). *A "pobreza" dos programas assistenciais no governo FHC.* Brasília, UNB.

BOSI, Alfredo (2000). A crise da universidade pública brasileira. Entrevista concedida a José Corrêa Leite. *Teoria e Debate,* São Paulo, n. 45, Fundação Perseu Abramo.

BRANCO, Francisco (1993). Crise do Estado Providência, universalidade e cidadania: um programa de investigação e acção para o Serviço Social. *Intervenção Social,* Lisboa, Instituto Superior de Serviço Social.

CALDAS, Suely (2003a). Estados são maior obstáculo à reforma de Berzoini. *O Estado de S. Paulo,* 12/jan., p. A4.

_____. (2003b). PT foi contra projeto igual, afirma ex-secretário. *O Estado de S. Paulo,* 12/jan., p. A6.

CANUTO, Otaviano (2001). A insustentável leveza da economia. *O Estado de S. Paulo,* 13/jul.

CARVALHO, C. B.; MALAN, Pedro; ORNELAS, W. e CALHEIROS, Renan (1998). *Exposição de motivos sobre o terceiro setor.* Brasília, Governo Federal, 24/jul.

CASSEN, Bernard (2001). A armadilha da governança. *Le Monde Diplomatique,* Porto, Campo da Comunicação, ano 3, n. 27.

CASTEL, Robert (1997). As armadilhas da exclusão. In: Castel, R.; WANDERLEY, L. E. e WANDERLEY, Mariângela B. *Desigualdade e a questão social.* São Paulo, EDUC.

CEATS-USP (1999). *Estratégias de empresas no Brasil: atuação social e voluntariado.* Conselho da Comunidade Solidária.

CECHIN, José (2002). A previdência social reavaliada — II. *Revista Conjuntura Social,* Brasília, MPAS.

CEPAL (2000). *Panorama social de América Latina.* Santiago do Chile, Nações Unidas.

CHESNAIS, François (1999). *Tobin or not Tobin. Porque tributar o capital financeiro internacional em apoio aos cidadãos.* São Paulo, UNESP, ATTAC.

CHRISTOFOLETTI, Lílian e MEDINA, Humberto (2003). Berzoini recua e defende benefício especial a militar. *Folha de S. Paulo,* 14/jan., p. A4.

CLAPP, Jorge (2003). Faça você a sua aposentadoria. *Conjuntura Econômica.* Rio de Janeiro, v. 57, n. 1, jan./2003.

COHN, Amélia e ELIAS, Paulo E. (coords.) (1999). *O público e o privado na saúde. O PAS em São Paulo.* São Paulo, Cortez Editora/CEDEC.

CONNOR, Steven (1989). *Cultura pós-moderna. Introdução às teorias do contemporâneo.* São Paulo, Loyola.

GESTÃO DA SEGURIDADE SOCIAL

CONTE-GRAND, Alfredo H. (1999). América Latina: el debate internacional sobre la reforma de la seguridad social. In: *Reforma previdenciária. Vetores do debate contemporâneo.* São Paulo, Centro de Estudos da Fundação Konrad Adenauer, Série Debates, n. 19.

CORAGGIO, José Luís (1999). O Mercosul diante da globalização. *Revista PUC Viva,* São Paulo, APROPUC, PUC-SP, n. 6.

CUT (2003). *CUT defenderá fim da aposentadoria diferenciada de militares e juízes.* Matéria publicada em 16/1/2003 na Seção Brasil (AE). Disponível em: www.cut.org.br

_____. (2002). Previdência Social. Presente e Futuro da Previdência Pública, Complementar e dos Servidores Públicos. 10ª Plenária Nacional, 8 a 11/5/2002, São Paulo. Disponível em: www.cut.org.br

_____. (s/d.). *Quem perde com a reforma. Projeto de FHC impõe limite de idade e novo cálculo reduz a aposentadoria em 50%.*

DALY, James (2000). *Com um pé atrás.* Exame, São Paulo, nov./2000.

D'ARCY, François (1998). *O Estado de bem-estar francês frente à construção européia e globalização.* São Paulo, PUC-SP.

DELGADO, Guilherme e SCHWARZER, Helmut (s/d.). *Evolução histórico-legal e as formas de financiamento da Previdência Rural no Brasil.*

DINIZ, Eli (1996). *Governabilidade, governance e reforma do Estado: considerações sobre o novo paradigma.* Revista do Serviço Público, Brasília, ENAP, v. 120, n. 2.

DOWBOR, Ladislau (1999) A gestão social em busca de paradigmas. In: *Gestão social, uma questão em debate.* São Paulo, EDUC/IEE-PUC-SP.

DRAIBE, Sônia Miriam (1990). As políticas sociais brasileiras: diagnósticos e perspectivas. In: *Prioridades e perspectivas de Políticas Públicas para a década de 90.* Brasília, IPEA/IPLAN, v. 4.

DRAIBE, Sônia e HENRIQUE, Wilnês (1988). *Welfare State, crise e gestão da crise: um balanço da literatura internacional.* Revista Brasileira de Ciências Sociais, v. 5, n. 6.

DUFOUR, Dany-Robert (2001). As perturbações do indivíduo-sujeito. Esta nova condição humana. *Le Monde Diplomatique,* Porto, Ed. Campo da Comunicação, ano 2, n. 23.

DUPAS, Gilberto (1998). *A lógica econômica global e a revisão do Welfare State: a urgência de um novo pacto.* Seminário Internacional Sociedade e a Reforma do Estado, São Paulo.

ESPING-ANDERSEN, Gosta (1991). As três economias políticas do Welfare State. *Lua Nova,* São Paulo, CEDEC, n. 24.

_____. (2000). Un nuevo examen comparativo de los distintos regímenes del bienestar. In: *Fundamentos sociales de las economias postindustriales.* Barcelona, Editorial Ariel S. A.

FALEIROS, Vicente de Paula (2000). A questão da reforma da previdência social no Brasil. *Ser Social,* Brasília, UNB, n. 7.

FENAJUFE (2002). *Teses aprovadas na Plenária da Fenajufe.* Disponível em: www.fenajufe.org.br, 4/12/2002, Brasília.

_____. (2003). *Deu na imprensa.* Disponível em: www.fenajufe.org.br. Acesso em 10/1/2003.

FERRERA, Maurizio (2000). A reconstrução do Estado Social na Europa Meridional. *Análise Social,* Instituto de Ciências Sociais da Universidade de Lisboa.

FERRERA, Maurizio & HEMERIJCK, Anton e RHODES, Martin. (2000), *O futuro da Europa social. Repensar o trabalho e a protecção social na nova economia.* Presidência Portuguesa da União Européia.

FIORI, José Luís (2001). *60 lições dos 90. Uma década de neoliberalismo.* Rio de Janeiro, Record.

FLEURY, Sonia (1994). *Estado sem cidadãos. Seguridade Social na América Latina.* Rio de Janeiro, Editora Fiocruz.

FLORA, Peter e HEIDENHEIMER, Arnold J. (1995). *The development of Welfare States in Europe and America.* New Jersey, USA, Transaction Publishers.

Força Sindical (2002). *Jornal da Força,* n. 27. Disponível em: www.forcasindical.org.br

FREI BETTO (2000). *Pós-modernidade e novos paradigmas. Reflexão.* São Paulo, Instituto Ethos de Empresas e Responsabilidade Social, ano 1, n. 3.

FRIEDLANDER, Walter e APTE, Robert Z. (1974). *Introduction to Social Welfare.* Englewood Cliffs, New Jersey, University of California at Berkeley Prentice-Hall.

FUNDAÇÃO JOAQUIM NABUCO (2002). *Programa do Seminário Internacional: O papel do Estado e a luta contra a pobreza na América Latina e no Caribe,* Recife.

FURTADO, Celso (1998). *Capitalismo global.* Rio de Janeiro, Paz e Terra.

GARCIA, Alejandro Bonilla e CONTE-GRAND, Alfredo H. (1999). *Pensiones en América Latina. Dos décadas de reforma.* Peru, OIT.

GENRO, Tarso (2002). *A esquerda e a terceira via: um dilema teórico e político em curso.* PROLIDES — Programa de Lideranças para o Desenvolvimento Sustentável no Mercosul, II Seminário Internacional — Democracia e Governabilidade. Disponível em: www.prolides.org

GIDDENS, Antony (1996). *Para além da Esquerda e da Direita.* São Paulo, Editora UNESP.

_____. (2001a). *A terceira via. Reflexões sobre o impasse político atual e o futuro da social-democracia.* 4. ed., Rio de Janeiro, Editora Record.

_____. (2001b). *A terceira via e seus críticos.* Rio de Janeiro, Editora Record.

_____. (2003). O mundo ainda vai ouvir muito sobre a Terceira Via. *Folha de S. Paulo,* 12/7/2003.

GOBETTI, Sérgio e FERNANDES, Diana (2003). PT definirá aposentadoria de novos servidores antes. *O Estado de S. Paulo,* 17/01/2003, p. A7.

GOUGH, Ian (1982). *Economia Política del Estado del Bienestar.* Madri, H. Blume Ediciones.

GRUAT, Jean-Victor (1999) Pertinência, princípios de la seguridad social y reforma de las pensiones. In: GARCIA, Alejandro Bonilla e CONTE-GRAND, Alfredo H. *Pensiones en América Latina. Dos décadas de reforma.* Peru, OIT.

GUSHIKEN, Luiz; FERRARI, Augusto Tadeu; GOMES, José Waldir; FREITAS, Wanderley José e OLIVEIRA, Raul Miguel Freitas de (2002). *Regime próprio de previdência dos servidores: como implementar? Uma visão prática e teórica.* Brasília, Série Estudos, MPAS.

HABEL, Janete (2000). Integração forçada das Américas. *Le Monde Diplomatique*, Portugal, Ed. Campo da Comunicação, n. 19.

HALIMI, Serge (2001). Eterna recuperação da contestação. *Le Monde Diplomatique*, Porto, Portugal, abril.

HECLO, Hugh (1995). Toward a new Welfare State? In: FLORA, P. e HEIDENHEIMER, A. J. *The development of Welfare States in Europe and America.* Transaction Publishers.

HEWIT, Patrícia e MILIBAND, David (1994). Política social nacional: possibilidades e restrições. *Revista Política e Administração*, Rio de Janeiro, Fundação Escola de Serviço Público, v. 2, n. 2 e 3.

HOUAISS, Antônio (2001). *Dicionário da Língua Portuguesa.* Rio de Janeiro, Editora Objetiva.

IANNI, Octávio (1992). *A sociedade global.* Rio de Janeiro, Civilização Brasileira.

INSTITUTO ETHOS (1998). *Responsabilidade social nas Empresas. Primeiros Passos*, São Paulo.

INTROÍNI, Paulo Gil (2003). Ministro debate com UNAFISCO propostas de reforma do sistema previdenciário. Entrevista à *Folha de S. Paulo*, 21/1/2003. Disponível em: www.unafisco.org.br

IPEA (2002). *Políticas sociais. Acompanhamento e análise*, n. 5, Brasília.

JIMENEZ, Luis Felipe (2001). Experiência latino-americana. *O Papel dos fundos de pensão no incremento dos investimentos na economia. As experiências latino-americanas.* In: Reforma dos sistemas de pensão na América Latina. Brasília, MPAS.

JOVCHELOVITCH, M. et al. (1993). *A municipalização e a Assistência Social.* LBA e FAMURS.

KHAIR, Amir Antônio (2001). *Gestão fiscal responsável. Simples municipal: Guia de orientação para as prefeituras.* Brasília, BNDES, Ministério do Planejamento, Orçamento e Gestão, Ministério do Desenvolvimento, Indústria e Comércio.

KLIKSBERG, Bernardo (1993). Gerencia social: dilemas gerenciales y experiências innovativas. In: *Pobreza: un tema impostergable*, CLAD, FCE, ONU.

_____. (2000). *Desigualdade na América Latina. O debate adiado.* São Paulo/Brasília, Cortez Editora/UNESCO.

LAHÓZ, André (2003). *É para ontem. Por que a reforma da Previdência é a principal tarefa do governo Lula em 2003.* Exame, n. 783, 15/1/2003.

LEHER, Roberto (1999). O Bird e as reformas neoliberais na educação. *PUC Viva*, São Paulo, APROPUC, nº 5.

LIFTON, Robert Joy (1987). *O futuro da imortalidade. Ensaios para uma era nuclear.* Ed. Trajetória Cultural.

LIPPI, Roberta (1999). Terceiro setor espera retomar o crescimento. *Gazeta Mercantil*, 18/5/1999, citada por Melo Neto e Froes (1999).

LISBOA, Marco Aurélio de Freitas (s/d.). *A reforma da Previdência e a nossa aposentadoria*. Disponível em: www.unafisco.org.br

LUSTOSA, Eliane (2001). *Comentários*. O Papel dos fundos de pensão no incremento dos investimentos na economia. As experiências latino-americanas. In Reforma dos sistemas de pensão na América Latina. Brasília, MPAS.

MACEDO, Fausto (2003a). Para Marco Aurélio, reforma só com revolução. *O Estado de S. Paulo*, 15/1/2003, p. A8.

_____. (2003b) Presidente do STJ aprova reforma, com transição. *O Estado de S. Paulo*, 17/1/2003, p. A6.

MARQUES, Gabriel Garcia (2000). O enigma dos dois Chávez. *Le Monde Diplomatique*, Portugal, Ed. Campo da Comunicação, n. 17.

MARQUES, Rosa Maria; BATICH, Mariana e MENDES, Áquilas (s/d.). *Previdência social brasileira: um balanço da reforma FHC*. São Paulo.

_____ & MENDES, Áquilas. Muito além da reforma da previdência social pública. *Economia em perspectiva*. Carta de Conjuntura, CORECON-SP, São Paulo, n. 175.

MARSHALL, T. H. (1967). *Política social*, Rio de Janeiro, Zahar Editores.

MARTINS, Valdete de Barros e PAIVA, Beatriz Augusto (2003). A implantação da Lei Orgânica de Assistência Social: uma nova agenda para a cidadania no Governo Lula. *Serviço Social e Sociedade*, São Paulo, Cortez Editora, n. 73.

MASTRÂNGELO, Jorge (2001). Experiência chilena. O Papel dos fundos de pensão no incremento dos investimentos na economia. As experiências latino-americanas. In: *Reforma dos sistemas de pensão na América Latina*. Brasília, MPAS.

MATIJASCIC, Mildo e RIBEIRO, José Olavo Leite (coordenadores da pesquisa) (s/d.). *Seguridade e desenvolvimento: um projeto para o Brasil*. Direitos de publicação cedidos a ANFIP — Associação Nacional dos Fiscais de Contribuições Previdenciárias, Brasília.

MCKINSTRY, L. (1998). Welfare: the monster that keeps growing. *Daily Mail*, Londres, 15/7/1998.

MELO, Marcus André B. C. (1995). Ingovernabilidade: desagregando o argumento. In: VALLADARES, Lícia e COELHO, Magda Prates (orgs.). *Governabilidade e pobreza no Brasil*. Rio de Janeiro, Civilização Brasileira.

MELO NETO, Francisco Paulo de e FROES, César (1999). *Responsabilidade social e cidadania empresarial. A administração do terceiro setor*. Rio de Janeiro, Qualitymark Editora.

MESA-LAGO, Carmelo (1997) La reforma estructural de pensiones en América Latinas: tipologia, comprobación de presupuestos y enseñanzas. In: GARCIA, Alejandro Bonilla e CONTE-GRANDE, Alfredo H. (1999). *Pensiones en América Latina. Dos décadas de reforma*. Peru, OIT.

MESTRINER, Maria Luiza (2001). *O Estado entre a filantropía e a Assistência Social*. São Paulo, Cortez Editora.

MIRANDA, Rogério Boueri (1997). *Três modelos teóricos para a previdência social.* Brasília, IPEA, Texto para discussão, n. 516.

MIRANDA, Sérgio (2001). *Verdades e mentiras da Lei de Responsabilidade Fiscal.* Brasília, Câmara dos Deputados, Centro de Documentação e Informação.

MISHRA, Ramesh (1984). *The Welfare State in crisis — Social Thought and Social Change,* Grã-Bretanha, Harvester Wheatsheaf.

MISHRA, Ramesh (1990). *The Welfare State in Capitalist Society.* University of Toronto Press.

MONTAÑO, Carlos (2002). *Terceiro Setor e questão social. Crítica ao padrão emergente de intervenção social.* São Paulo, Cortez Editora.

MORAES, Marcelo Viana Estevão (1999). O futuro da seguridade social. In: *Reforma previdenciária. Vetores do debate contemporâneo.* São Paulo, Centro de Estudos da Fundação Konrad Adenauer, Série Debates, n. 19.

MOTA, Ana Elizabete (1995). *Cultura da crise e seguridade social. Um estudo sobre as tendências da previdência e da assistência social brasileira nos anos 80 e 90.* São Paulo, Cortez Editora.

MPAS (1999). A nova regra de cálculo dos benefícios: o fator previdenciário. Informe de Previdência Social, v. 11, n. 11, nov./1999, Brasília.

_____. (2002). *Tudo o que você quer saber sobre a previdência social.* 2. ed., Brasília.

MURRO, Ernesto (2002). *Uma visión sobre la seguridad social en America Latina.* Disponivel em: www.redsegsoc.org.uy

NASSIF, Luís (2003). A síntese de reforma da Previdência. *Folha de S. Paulo,* 13/10/2003.

NUNES, Marcos Alonso (1996). *Agências autônomas: projeto de reforma administrativa das autarquias e fundações federais do setor de atividades exclusivas do Estado.* Brasília, MAFRE, ENAP.

O'CONNOR, James (1977). *A crise do Estado capitalista.* Rio de Janeiro, Paz e Terra.

OFFE, Claus (1979). Capitalismo avançado e o Welfare State. In: CARDOSO, F. H. & MARTINS, C. E. (orgs.). *Política e Sociedade,* São Paulo, Cia. Editora Nacional, n. 2.

_____. (1981). *Contradicciones en el Estado del Bienestar.* Barcelona, Alianza Editorial.

_____. (1985). *Capitalismo desorganizado.* São Paulo, Brasiliense.

OLIVEIRA, Cleiton de (1999). A municipalização do ensino brasileiro. In: *Municipalização do ensino no Brasil.* Belo Horizonte, Ed. Autêntica.

OLIVEIRA, Francisco E. Barreto de (1994). *Sistemas de seguridad social en la región: problemas y alternativas de solución.* Brasil, Red de Centros de Investigación Econômica Aplicada, Banco Interamericano de Desarrollo.

_____. (2000). Quando chegará o dia da reforma da previdência? *Economia em perspectiva.* Carta de Conjuntura, São Paulo, CORECON-SP, n. 175.

OLIVEIRA, Francisco E. Barreto de; BELTRÃO, Kaizô Iwakami e PASINATO, Maria Tereza M. (1999). Entidades de previdência privada: financiamento do desenvolvimento no Brasil. In: *Reforma Previdenciária. Vetores do Debate contemporâneo*. São Paulo, Centro de Estudos da Fundação Konrad Adenauer, Série Debates, n. 19.

ONU (2000-2001). *Panorama social da América Latina*. Santiago do Chile.

_____. (2002). *Relatório sobre a população mundial*. Disponível em: www.unfpa.org

ORNÉLAS, Waldeck (2001). *A experiência internacional e brasileira sobre cobertura e solidariedade dos novos sistemas de previdência*. In: *Reformas dos sistemas de Pensão na América Latina*. Brasília, MPAS.

OSBORNE, David e GAEBLER, Ted (1995). *Reinventando o governo. Como o espírito empreendedor está transformando o setor público*. MH Comunicação, Brasília, 8. ed.

PALMER, Edward (2001). *A experiência sueca*. Seminário Regional sobre reformas dos sistemas de pensão na América Latina. In: Debates, Brasília, MPAS.

PELIANO, Anna Maria T. Medeiros (coord.) (2001). *Bondade ou interesse? Como e porque as empresas atuam na área social*. Brasília, IPEA.

PENNA, Antonio Fernando (1999). *O fator previdenciário: o destino de todos*. Caderno Especial, Publicações ADUNICAMP, Disponível em: www.adunicamp.org.br

PEREIRA, Luiz Carlos Bresser (1995). *A reforma do aparelho do Estado e a Constituição Brasileira*. Brasília, MAFRE.

PEREIRA, Potyara Amazoneida P. (2000). *Por uma nova concepção de seguridade social*. Revista Ser Social, Brasília, UNB, n. 7.

PERSIANI, Mattia (1994). *Diritto Della Previdenza Sociale*. Padova, Itália, Casa Editrice Dott Antonio Milani.

PETRAS, James (1999). O Mercosul é mera formalidade. *PUC Viva*, São Paulo, APROPUC, PUC-SP, n. 6.

PICÓ, Josep (1996). Modelos sobre el Estado del Bienestar. De la Ideología a la práctica. In: BÉJAR, R. C. e TORTOSA, J. M. *Pros y Contras del Estado del Bienestar*. Madri, Tecnos.

PIERSON, Christopher (1997). *Beyond the Welfare State?* Reino Unido, Polity Press.

PINHEIRO, Vinícius Carvalho (2001). A experiência brasileira. In: *Reformas dos sistemas de Pensão na América Latina*. Brasília, MPAS.

PIOLLA, Sergio Francisco (coord.) (2001). *Tendências do Sistema de Saúde Brasileiro*. Brasília, IPEA.

FÓRUM NACIONAL EM DEFESA DA ESCOLA PÚBLICA (2000). *Plano Nacional de Educação — Proposta da Sociedade Brasileira*. In: Caderno do III CONED — Congresso Nacional de Educação, Brasília.

PRESIDÊNCIA DA REPÚBLICA (1995). *Plano Diretor da Reforma do Aparelho do Estado*. Brasília, Câmara da Reforma do Estado.

PURICELLI, Gabriel (2002). Fracasso do modelo neoliberal. *Linha Direta*, São Paulo, n. 531.

GESTÃO DA SEGURIDADE SOCIAL 253

RABELO, Flávio Marcílio (2001). Experiência Brasileira. O Papel dos fundos de pensão no incremento dos investimentos na economia. As experiências latino-americanas. In: *Reforma dos sistemas de pensão na América Latina*. Brasília, MPAS.

REBELO, Aldo (2001). Estado mínimo para quem? *Diário Popular*, 25/4/2001, São Paulo.

REIS, Elisa P. (1995). Governabilidade e solidariedade. In: VALLADARES, Lícia & COELHO, Magda Prates (orgs.). *Governabilidade e pobreza no Brasil*. Rio de Janeiro, Ed. Civilização Brasileira.

RIBEIRO, Renato Janine (2001). *A democracia*. São Paulo, Publifolha.

RIFKIN, Jeremy (2001). Quando os mercados se apagam ante as redes. Uma transformação radical do capitalismo. *Le Monde Diplomatique*, Porto, Ed. Campo da Comunicação, ano 3, n. 28, julho.

RODRIGUEZ, Sérgio (1999). A integração como resposta à nova ordem. *PUC Viva*, São Paulo, APROPUC, PUC-SP, n. 6.

SADER, Eder (2003). *Terceira via entre Davos e Porto Alegre*. Disponível em: www.correiodacidadania.com.br

SANDRONI, Paulo (1994). *Novo dicionário de economia*. São Paulo, Editora Best Seller.

SANTOS, Boaventura de Sousa (1995). *Pela mão de Alice. O social e o político na pós-modernidade*. São Paulo, Cortez Editora.

SANTOS, Jair Ferreira dos (1986). *O que é pós-moderno*. São Paulo, Ed. Brasiliense.

SCHAFF, Adam (1995). *A sociedade informática*. São Paulo, Ed. Brasiliense e UNESP.

SCHWARZER, Helmut (1999). Algumas anotações sobre equívocos conceituais na discussão das reformas previdenciárias na América Latina. In: *Reforma previdenciária. Vetores do debate contemporâneo*. São Paulo, Centro de Estudos da Fundação Konrad Adenauer, Série Debates, n. 19.

SHUMPETER, Joseph A. (1984). *Capitalismo, socialismo e democracia*. Rio de Janeiro, Zahar Editores.

SILVA, Ademir Alves da (1992). *Política social e cooperativas habitacionais*. São Paulo, Cortez.

_____. (1997). *Política social e política econômica*. Serviço Social & Sociedade, São Paulo, Cortez Editora, n.55.

_____. (1999). As relações Estado-Sociedade e as formas de regulação social. In: *Capacitação em Serviço Social e Política Social*. Módulo II, Brasília, CFESS, ABEPSS, CEAD-UNB.

SILVA, Sebastião Orlando da (2001). Estilo de administração de secretários municipais de Educação de três municípios do Estado de São Paulo em processo de municipalização do ensino. In: GIUBILEI, Sonia (org.). *Descentralização, municipalização e políticas educativas*. Campinas, Ed. Alínea.

SILVEIRA, Sérgio Amadeu (2001). *Exclusão digital. A miséria na era da informação*. São Paulo, Ed. Fundação Perseu Abramo.

SIMIONATTO, Ivete (1995). *Gramsci: sua teoria, incidência no Brasil, influência no Serviço Social*. São Paulo, Cortez Editora; Florianópolis, Editora da UFSC.

SOARES, Laura Tavares Ribeiro (1999). *Ajuste neoliberal e desajuste social na América Latina*. Rio de Janeiro, UERJ.

SOUZA, C. L. (1994). Estudo Comparativo de Planejamentos Previdenciários. *Política e Administração*, Rio de Janeiro, Fundação Escola de Serviço Público, v. 2, n. 2 e 3.

SPOSATI, Aldaíza e FALCÃO, Maria do Carmo (1990). *A Assistência Social brasileira: descentralização e municipalização*. São Paulo, EDUC.

STEIN, Rosa Helena (1997). *Descentralização e Assistência Social*. Cadernos ABONG, São Paulo, ABONG, n. 20.

SZAZI, Eduardo (2001). *Terceiro Setor — Regulação no Brasil*. 2. ed., São Paulo, GIFE e Fundação Peirópolis.

TEIXEIRA, Aloísio (1994). *O ajuste impossível*. Rio de Janeiro, UFRJ.

THE CORPORATE REPORT CARD (1998). Dutton, N. York, EUA, Council on Economic Priorities.

TOKMAN, Victor (1999). Prólogo. In: GARCIA, Alejandro Bonilla & CONTE-GRANDE, Alfredo H. (1999). *Pensiones en América Latina. Dos décadas de reforma*. Peru, OIT.

TRUONG, Nicolas (2001). Resistir ao e-mundo. *Le Monde Diplomatique*, Porto, Editora Campo da Comunicação, ano 3, n. 28.

UTHOFF, Andras (2001). A experiência internacional e brasileira sobre cobertura e solidariedade dos novos sistemas de previdência. In: *Reformas dos sistemas de pensão na América Latina*. Brasília, MPAS/SPS.

VIANNA, Maria Lúcia T. Werneck (1998). *A americanização (perversa) da seguridade social no Brasil. Estratégias de bem-estar e políticas públicas*. Rio de Janeiro, Ed. Revan, IUPERJ/UCAM.

_____. (1991). Notas sobre política social. Revista *Phisis de Saúde Coletiva*, Rio de Janeiro, IMS/UERJ/Relume/Dumará, n. 1.

_____. (2001). O silencioso desmonte da seguridade social no Brasil. In: BRAVO, Maria Inês Souza & PEREIRA, Potyara A. P. (2001). *Política social e democracia*. São Paulo, Cortez Editora.

VIEIRA, Evaldo Amaro (1992). *Democracia e política social*. São Paulo, Cortez Editora.

WITKER, Ivan (1999). O interesse nacional do Chile. *PUC-Viva*, São Paulo, APROPUC, PUC-SP, n. 6.

ZYGBAND, Fanny (2001). Burocracia trava regulação de ONGs. *Valor Econômico*, São Paulo, 6/6/2001.

Brasil: códigos, leis, decretos, emendas constitucionais, resoluções, ordens de serviços, projetos de lei

A nova Legislação da Previdência Complementar. Coletânea. Ministério da Previdência e Assistência Social. Brasília, 2002.

Código Civil Brasileiro

Código Tributário Nacional

Decreto nº 4.206 de 23/4/2002 — *Regime de Previdência complementar no âmbito das entidades fechadas.*

Emenda Constitucional nº 1 de 1º/3/1994 — *Fundo Social de Emergência.*

Emenda Constitucional nº 20 — *Reforma do sistema de previdência social.*

Emenda Constitucional nº 27 de 21/3/2000 — *Desvinculação de Recursos da União.*

Emenda Constitucional nº 29 de 13/9/2000 — *Vinculação de recursos para a Saúde.*

Lei nº 4819 de 21/11/1955 sobre *utilidade pública municipal.*

Lei nº 6015 de 31/12/1973 sobre *registros públicos.*

Lei nº 8212 de 24/07/1997 sobre *requisitos para isenção de contribuições ao INSS.*

Lei nº 9608 de 18/2/1998 sobre o *serviço voluntário.*

Lei nº 9637 de 15/5/1998 sobre as *organizações sociais.*

Lei nº 9732 de 11/12/1998 sobre a *filantropia.*

Lei nº 9790 de 23/3/1999 sobre o *terceiro setor.*

Lei nº 9983 — sobre *crimes contra a Previdência Social.*

Lei nº 10843 de 08/1/2002 — sobre o *reconhecimento automático de direitos com base nos registros da Previdência Social.*

Lei Complementar nº 101/2000 de 4/5/2000 — Lei de Responsabilidade Fiscal.

Lei Complementar nº 108 — *Relação entre governos e entidades fechadas de previdência complementar.*

Lei Complementar nº 109 — Regime de Previdência Complementar.

Ordem de Serviço nº 210 de 26/5/1999 do Instituto Nacional de Seguridade Social.

PEC nº 40/03 — Proposta de Emenda Constitucional — *Reforma da Previdência.*

Projeto de Lei Complementar nº 9/99 — *Instituição de regime de previdência complementar pelos governos das três esferas e Distrito Federal.*

Resolução nº 116/99 do Conselho Nacional de Assistência Social.